企业阅读 本土实践

史幼波／著

新儒学的开山之作

史幼波《周子通书》《太极图说》讲记

中华工商联合出版社

图书在版编目（CIP）数据

新儒学的开山之作：史幼波《周子通书》《太极图说》讲记/史幼波著．—北京：中华工商联合出版社，2015.12

ISBN 978-7-5158-1501-5

Ⅰ.①新…　Ⅱ.①史…　Ⅲ.①周敦颐(1017～1073)－哲学思想－研究　Ⅳ.①B244.25

中国版本图书馆CIP数据核字（2015）第255795号

新儒学的开山之作：史幼波《周子通书》《太极图说》讲记

作　　者：史幼波
责任编辑：于建廷　王　欢
责任审读：郭敬梅
封面设计：久品轩设计
责任印制：迈致红
出版发行：中华工商联合出版社有限责任公司
印　　刷：三河市文阁印刷有限公司
版　　次：2016年3月第1版
印　　次：2016年3月第1次印刷
开　　本：710mm×1000mm　1/16
字　　数：360千字
印　　张：21
书　　号：ISBN 978-7-5158-1501-5
定　　价：58.00元

服务热线：010－58301130
团购热线：010－58302813
地址邮编：北京市西城区西环广场A座
19－20层，100044
http：//www.chgslcbs.cn
E-mail：cicap1202@sina.com（营销中心）
E-mail：gslzbs@sina.com（总编室）

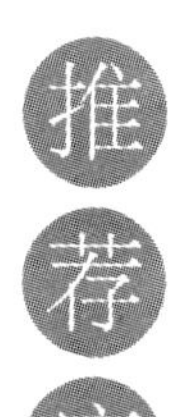

祖灯慧焰 继往开来

广东省佛教协会副会长
广东四会六祖寺方丈

欣闻史幼波居士的国学经典讲修系列丛书即将出版，特嘱予作序，在致以最诚挚祝贺的同时，对于古圣先贤之慧灯延续能够真正后继有人，也深感宽慰和欣喜。

《心经》是佛教的总纲，也是生命的终极密码；《易经》被儒家誉为群经之首，是中华文化的源头活水之一，也是通达宁宙人生奥义的生命地图；《大学》是儒家通达生命本源的纲目；《中庸》是儒家实证生命实相的内核心法与窍要；《周子通书》是儒家通达人生、直趋真理的基础；《禅与易》以“方山易”的内核彰显了“十世古今始终不离于当念，无边刹境自他不隔于毫端”的禅者心髓。在史幼波居士行云流水的讲述中，这些古籍经典的内核被层层剥开，一切都清晰明亮了起来。

“人能弘道，非道弘人”。在中华文明的最核心智慧的传承与传播道路上，历代祖师最为关怀和重视的就是道心的开发与培养，“十年树木，百年树人”，诚非虚言。真理是涵容一切的，一切古德智慧传承的关键就是需要不断地能够有人悟道、有人证道。

史幼波居士，早年以诗人和知名媒体人的形象进入大众视野。其后为探究文化的源头及解决自身对生命的困惑，先后参究多位密宗上师，于红尘滚滚中潜移密运，得以发明心地。后得遇当今禅宗大德冯学成先生，经多方钳锤，引为栋梁，并得以亲近禅宗硕德佛源老和尚。近年来又往参台湾百丈山慧门禅师等大德，于诸仁者耆老处，至心参叩，日益圆明自在，诚可赞叹！

受冯学成先生嘱托，史幼波居士在接任四川龙江书院第二任院长期间，即以意气风发之气象，将儒释道的核心智慧做了系统梳理。后受六祖寺的邀请，也陆续承担了柬埔寨“西哈莫尼国王大学——国际惠能禅学院”的教授和六祖寺禅文化大学堂导师等工作，并受六祖寺的嘱托和东莞居士的礼请，承担了东莞“慧韬书院”的组建工作并任院长至今。

传统书院作为中国文化传播的重要载体，曾经在历史上，立足对中华文化内核的揭示及道智的开发，对文化的发展起到了非常重要的作用，并形成了非常优良的道统及学统。而当代书院的创立及呈现，也在中华文明核心智慧及核心价值与当代社会大众普遍需求间建立了一个非常有效的沟通桥梁。一切教化的终极目的，都是为了众生的究竟幸福与解脱。当代书院若能够立足于生命的究竟智慧，能够开发大众生命智慧的源头活水，以大胸怀、大视野、大格局，“化现代、现代化”，是功在当代、利在千秋的大事业。

一方面有虚云长老和太虚大师这两位当代佛教奠基人一脉相承的法雨法脉的滋润灌养，一方面有成都居士禅的道统洗涤，同时深具中国优秀知识分子深厚的学养与人文关怀精神，史幼波居士以现代书院为载体，对传统文化最高明、最核心的智慧的开发与传播做出了卓绝的努力。对此，在表达由衷赞许的同时，也衷心期望以“慧韬书院”为代表的一大批为无量众生谋取究竟幸福的行者们，继往开来，再传佳音。

以此为序，以为推介。

2015 年 8 月 3 日

目录

前言：
这是怎样的一本书

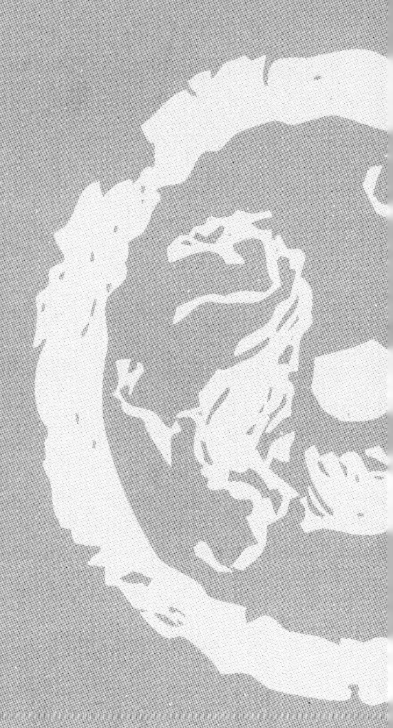

【理学鼻祖周敦颐】

如果说唐朝是自先秦以后中国文化发展的第一个高峰期，那么两宋之际，则可以称为第二个高峰期。唐朝时期文化的辉煌，准确来说，应该是佛教文化的鼎盛期。尤其是玄奘大师从印度回来，翻译佛经，在大唐广传，再加上禅宗的兴起和其他佛教宗派的推波助澜，使佛教在整个唐文化中，起到了支撑性作用。

唐朝的儒、道两家虽然也有所发展，但比起轰轰烈烈的佛教运动来说，就相形见绌了。唐王朝以老子后人自居，老子传说叫李耳，李家就拉来当自己的祖宗。最初在朝廷上，我们还能看见道士站在右边，和尚站在左边，道教还高出一头。到了后期也就拉平了，甚至让位于佛教了。唐代有代表性的儒家人物，比如韩愈，一开始辟佛很厉害，很排斥佛教，觉得佛教是外来的学术，与儒家正统思想有差别。但是到了后期，韩愈的思想也有所改变，但是后世著文化史的人都有儒学正统的思想，认为韩愈是儒家的代表人物，以排佛著名，却忽略了他后期受佛教的影响。

从中国文化史的角度上看，真正把儒家心性之学确立起来的，还是宋明理学的开山鼻祖，就是周敦颐先生。周敦颐先生活动在北宋初期战乱之后稍稍安顿下来的时期。他比苏东坡大 20 岁左右。在周敦颐的时代，中国文化史上的巨人纷纷同时出现，虽然他们很独立，各有其学术思想和学术建树，有时候也有争论，但他们相互都是朋友，能够互相沟通学习。

与周敦颐同时和稍晚，北宋产生了五位了不起的大儒，后人称之为“北宋五子”，他们分别是周敦颐、程颐、程颢、邵雍、张载。传说当时是“五星聚奎，上应天象”，是整个宋代人文兴盛之预兆。周子为宋代理学的宗祖，湖南道县人；他的两个学生，程颐、程颢，史称“二程”，学术上都很厉害；邵雍是北宋哲学家，在《易经》研究上有独到之处，人称邵子；另外一位是张载——横渠先生，其名言：“为天地立心，为生民立命，为往圣继绝学，为万世开太平”，已经成为后世儒者的励志标杆。

周敦颐生前并不太为人所知。他当过官，退休后隐居在庐山濂溪旁讲学，自号濂溪先生。“二程”兄弟的父亲，大理寺丞程珦在南安认识了周敦颐后，见他“气貌非常人”，与之交谈，更知其“为学知道”，便同他结为好友，随即将两个儿子程颢、程颐送至南安拜周敦颐为师。所以，周敦颐的学术思想，还是在“二程”这里发扬开来的。周敦颐留下的最重要的学术著作是《周子通书》和《太极图说》。我们书院有很多同学在学习太极拳，太极图就是周敦颐创建出来的。《太极图说》是对太极图进行高度凝练的理论发挥。有些人说，太极的思想源远流长，是从老子那里就开始流传的，实际上，《易经》的思想更早。只不过把太极理论用简洁的图像表达出来，还是从周敦颐这里开始的。

【宋儒之学，入门皆禅】

周敦颐的学术思想来源，实际上是学习了五代末期很著名的道士陈抟老祖。陈抟老祖创立的是无极图，周敦颐在《太极图说》里面也说，“无极而生太极”。另外，周敦颐早期受禅宗的影响很大，在禅宗的学修上，先后跟随寿涯和尚、东林常总禅师等人学习，通过禅悟，他找到了对自己的学说开宗立派的感觉。

明末大儒黄宗羲在谈及周敦颐的学术渊源时，讲了一个故事，说是周敦颐参禅找到感觉后，觉得明心见性并不是西方（印度）独有的东西，应该用中国本身的文化来解释。这个时候，寿涯和尚就传给他一首偈子：

有物先天地，无形本寂寥。
能为万象主，不逐四时凋。

天地在形成之前，本来就有个东西，但是你又找不到。它是世界宇宙万象，是自然、社会、人生等一切的主宰。我们看一年四季变化，春天草长莺飞，欣欣向荣，秋天又落叶满地，一片肃杀，所以大自然的春花秋月，也是有盛有衰的。但是，这其中有一个东西，是不随着四季变化而增减、而改变的——我们可以自己试着找一下，这个不生不灭、不受生老病死左右的东西，到底在哪个地方？

我们一生下来，就是从无到有，婴儿的时候，什么都不懂，然后学习了很多东西，身体一天天长大，经过青春期成熟，然后结婚生子，最后年老体衰，生命消逝，这和四季的变化是很像的。用佛教的话来说，生命都是轮回的，但是，我们能不能在自己的精神当中，找到这个主宰轮回的东西？我们的精神当中，有没有这个“不逐四时凋”的东西呢？脱离了生老病死的东西，我们在精神和生命中，找不找得到？如果真正找到了，你就和周敦颐一样，就明心见性了，真正就能在一方面开宗立派。但是没找到又怎么办呢？没找到就要继续找啊！不然，你就会在生老病死中，在天地之间找不到归宿。

古代传偈子，并不是现在这样随便写个四言八句，所谓“真传一句话，假传万卷书”。讲了那么多理论，真正把一个偈子搞明白了，就像周敦颐一样，你就能够把圣贤经典拿来为我所用，就会有“六经注我”的气概。周敦颐先生开创的宋明理学，在中国流传千年。他虽然推崇儒家，也从不排斥佛教，但是到了后来，“二程”、朱子这些人，总觉得我们中国的思想文化，怎么能被外来的佛教所压倒呢？就很排斥佛教。这就违背了《周子通书》之理，就是学问不完全通达的表现。如果真正通了，就是“东方有圣人，西方有圣人，此心同，此理同”，只是名词、术语、说法不一样，学修入手的方法不一样而已。实际上，东西方圣人说的都是同一个东西。所以，将儒家要命的心性之学得以彰显出来，周子《周子通书》可以说是功莫大焉！

明朝的黄绾在其《明道篇》中说：“宋儒之学，其入门皆由于禅。”所谓宋儒，就是理学，他们入门都是从禅开始的。“濂溪、明道、横渠、象山则由于上乘”，濂溪就是周敦颐，明道指的是“二程”兄弟中的老大程颢，横渠就是张载，象山就是陆九渊，他们的学说来源于禅宗的上乘。“伊川、晦庵则由于下乘”。伊川就是“二程”兄弟的老弟程颐，晦庵是朱熹，他们在心性证入的程度上，确实不如上面的几位。近代的陈寅恪先生，也有这样的看法。如果没有受到禅宗的启发，后世儒家想要形成一套完整的学术体系是很不容易的。在此以前，其在形而上的精神上，没有完全说清楚，只是对社会、伦理、人生这些方面涉及得比较多。

我们在学习的过程中，要看到中国的儒释道三家既是三足鼎立，又是互相补充的。我们在学修过程中不要妄生分别，不要有门户之见。

【心物相通，时空相通】

下面，我们来谈谈《周子通书》的题解。通书，其实就是从《易经》易理的角度，结合四书的内容，构建起了从形而上的本体论到形而下的社会、政治、经济、文化等各方面的一套系统，并把这些系统落实在个人的心性修养上面。

既然称为“通书”，关键就在一个通字。通，是个很大的问题。人类社会越发展，越往后走，社会分工会越细密，学术的专业性也越强，所以，要想真正大通，不容易。但是，如果你还有不通，就不能掌握开启传统文化的那把钥匙；你在什么东西上还有障碍，还有门户之见，你把社会生活和自己的精神结合不起来，就没有真正打通，也说明没有学到家。所以，通书里的这个“通”字，又包含了以下几个方面的含义：

其一是心物相通。中国传统文化的核心，都在说明心和物的关系。心就是我们自己的精神，物就是各种自然现象、社会现象、文化制度、世间百业。如果心物不通，不管在自己的学修上还是在生活中、事业上，都无法形成和谐一致，无法找到人与世界的这个平衡点。所以，不管是学儒家、道家还是佛家的经典，都强调心物相通。我们自己在对通的体会上，能不能够把握心物之间的这种规律性？你把握了心物之间这种规律性，对社会、历史、自然的发展，乃至于个体精神发展的规律性，就会有所把握和体会，就能达到通的状态。

其二是时空相通。禅宗讲“十世古今，始终不离当念；无边刹土，自它不隔毫端”，时间上的过去、现在、未来，我们是否能打成一片？佛教中说“过去心不可得，现在心不可得，未来心不可得”，到底是什么意思？时间上我们是否能了知过去、现在、未来？

现在我们在这里，对于教室以外的事情，乃至于社会、自然、宇宙以外的事情，只要我们想到这个地方，心就到了这个地方。我们经常说宇宙，宇宙在哪里呢？我们的心发出了这个概念，才会有对宇宙的认识，哪怕你硬要说宇宙之外还有世界，那也是从你的念头上衍生出来的，从自己的观念上体现出来的。通，并不是什么好高、好玄的东西，其实在平日里，我们的心随时都处在通的状态，只不过没有在意它。真正不通，是精神上出了问题的人，那才叫不通。精神上有问题的人，无论你说什么，他都听不进去，听不懂，他有自己的意识状态，但是没有办法与人沟通。

关于这个通，我们可以从最简单、最亲切的地方去体会，推而广之，就像《周子通书》一样，儒释道三教都通，都有所体会。

【儒履、道冠、释袈裟】

周敦颐的本来就有禅宗的底子，他的太极学说又来源于道士陈抟，同时，他又从四书，特别是《大学》《中庸》里面找到了精神架构的点，融会贯通以后才形成了《周子通书》。通书通三教，就是这么自然的结果。

其实，三教相通的理念，从南北朝时期就已经有了，当时佛教传入中国的时间并不长。禅宗里有个公案，傅大士见梁武帝。在佛教传说里面，傅大士是弥勒菩萨的化身。化身不化身，我们不用管，但他确实是最早提出了三教相融的理念，虽然嘴上没说，却在行动上表达出来了。

傅大士见梁武帝，头戴一顶道冠，身穿一件僧袍，脚上又穿着一双儒履。梁武帝看他打扮得这么奇特，就问他："你怎么这身打扮呢？你戴着道冠，难道是道士吗？"傅大士就把自己身上的僧袍扯了扯，梁武帝就又问："难道你是僧人吗？"傅大士又把脚抬起来给皇帝看，梁武帝看是儒履，就问："难道你是儒士吗？"傅大士又扯了扯头上的道冠。这时候，皇帝就没有话说了。

这个公案说明什么？说明他既不是道，也不是僧，也不是儒。但是呢，他又是道，又是僧，又是儒。

梁武帝在中国历史上，也是很传奇的一个皇帝，他很喜欢佛教，一生几次出家，害得大臣们还花钱把他从庙里面赎回来。面对这样一个皇帝，傅大士就是通过这些举止打扮来告诉他，你太执着于佛法了啊！你当皇帝就好好当，就是在普度众生，就是慈悲为怀啊！你非要出家干什么呢？你还想把头发剃光，穿一身和尚衣服，太着相了啊！所以傅大士就以这身打扮提醒他，不要太着相。戴道冠、穿僧袍、穿儒履，跟我这个心性本体有什么关系呢？真正该做的事，是你的心该往哪里放。他是希望用这身打扮来劝化梁武帝，跟他说明形式与本体是毫无关系的，要消除梁武帝对佛教的执着。同时，也体现出了三教相融最初的苗头。

当然，后人从三教相融的角度来谈傅大士也很少。傅大士之后，达摩祖师才到的中国。如果大家喜欢看南怀瑾的书，就会发现后来禅宗的很多影响，都是从傅大士那里开始的。南怀瑾认为，傅大士是中国早期禅宗的代表人物，因为当时达摩祖师还没有到中国，还没有正儿八经传禅法。傅大士的行为很颠倒，说话也是东一句西一句，后期的很多禅师都继承了这一特点。比如他的一首偈子说：

空手把锄头，步行骑水牛。
人从桥上过，桥流水不流。

像这类的偈子，都具备后世禅宗的行为特点，在达摩祖师那里，反而没有这些行为和语言。达摩当时到了中国，因为与梁武帝一言不合，于是到了少林寺，也不和人说话，找个山洞就面壁打坐，一坐就是9年。传法的时候也很实在，还要用《楞伽经》来印证。

【南老太爷的高明处】

我前两天还在给几个朋友说，南老太爷（南怀瑾）这辈子出版了很多书，就我个人的看法来说，只有三本书是没什么水分的、非常精炼的书。他的《禅海蠡测》，很经典，直性谈禅，是什么就说什么；还有两本就是《楞严大义今释》和《楞伽大义今释》。

《楞伽大义今释》就是把达摩祖师当年用来印心的《楞伽经》，做了一个类似于白话翻译的阐释，偶尔有些地方有点发挥，但基本是原封不动意译。至于后来他讲的课，因为他本身有那么多的坎坷经历，具有相当的传奇色彩，所以讲经说法的时候，可以为了一小段东西摆一大通故事，听众都觉得津津有味。只不过呢，加了水的汤药，大家要好吞一些，容易接受一些。如果你把南老太爷的这三本书看懂了、看通了，就会觉得后面讲的都无关紧要了。但是呢，灌水有灌水的好处，毕竟里面穿插了很多历史文化知识，甚至还有讲演技巧、语言机智在里头，这都是南老太爷的高明之处。

三教相融虽然从南北朝就开始了，但是到了唐朝，真正的各派之间，大家的笔墨官司也打得非常热闹。几百年一直打到宋初陈抟老祖那里，总算有了点融通的感觉。到了宋朝，理学建立起来了，有很多人还从佛教的角度阐述了儒家的经典。周敦颐先生，也还是用佛教的体证来慢慢体会《易经》、体会四书，越到后期，三教相融的思想就越明显和明确，形成了一种趋势。后来民国有个叫一贯道的团体，有点旧社会的帮会性质，把儒释道耶回，把释迦牟尼、老子、孔子，甚至把西方的穆罕默德、耶稣都供在一起，放在一排，香火平均分配。

我们看儒释道三家里面，确实有共同的思想成分，只不过就像冯老师在书院讲课中说的一样，不是谁比谁高明，而是三教的侧重点不一样。

儒家偏重的是社会性，在社会伦理道德上有很健全完备的一套东西；道家偏重的是自然性，是从修身养性、天人合一、道法自然这些角度来阐释他的学说；佛家偏重的是精神性，是从人的精神世界中寻找最本真的东西。侧重点不同，本源却是相同的。社会有不同的需求，学说也就有不同的分化。就像我们社会分工一样，越往后面走，分工就越细越密。如果没有打通，就会觉得儒是儒，道是道，佛是佛，相互没有关系，还会觉得中间有很多针尖对麦芒的东西，是相互攻讦的。这种攻击现在也依然有，而且不光是三教之间相互攻击，同一种宗教中的各个学派内部也有争论。比如佛教里，就有学禅宗的看不起净土宗，净土宗看不起密宗，密宗又抨击禅宗是显教，是表面上的东西，没有真东西。但是，如果我们真正学习了《周子通书》，这些相互诋毁的说法，我们都可以明确地下个判断，都是学问不通的缘故。

《周子通书》就是这样一本书，它把形而上的宇宙、天地与形而下的社会、人生、经济、文化，甚至是法律制度、音乐艺术等，都融合在一起，形成儒家的一整套学修系统。在此系统之下，又纳入了每个人的心性，纳入实际的修养和行为之中。

诚上第一：
在天地间立个诚心

诚者，圣人之本。“大哉乾元，万物资始”，诚之源也。“乾道变化，各正性命”，诚斯立焉。纯粹至善者也。故曰：“一阴一阳之谓道，继之者善也，成之者性也。”元亨，诚之通；利贞，诚之复。大哉易也，性命之源乎！

——《通书·诚上第一》

今天讲《周子通书》，说实话有点诚惶诚恐，因为除了听冯老师讲，以及编辑了老师的《周子通书》讲稿后，还没有仔细找过标准的《周子通书》原文的版本，也不知道到底哪个版本好一些。原文里面的字句，涉及过筋过脉的地方，也没有来得及仔细推敲。

现在对于周敦颐的研究很少，感觉很遗憾，真正在市场上找一本规范的经典原文，也很不容易。所以，如果有讲得不对的地方、含混的地方，还请大家多加指正，多加批评。

【正心诚意与明心见性】

《周子通书》开篇这三章，都是在讲一个“诚”字，甚至在“圣第四”里面，也涉及很多关于“诚”的内容。这是《周子通书》最重要的一个概念，也是要贯通全篇的核心。对“诚”的理解和体会，是我们学修的关键。

“诚者，圣人之本。大哉乾元，万物资始，诚之源也。”说到“诚”，大家都不陌生。现在社会上都在提倡诚信，人与人之间要讲信用，朋友之间要真诚，做生意要诚实，等等。但是，“诚”并不只是这些意思。如果诚只具备这些表面的道德意义，那么周敦颐先生就不可能把“诚”放在全篇的最前面，用好几章反复来讲。我们在社会上所认为的诚实、诚恳、诚信等，仅仅是“诚”表现出来的现象和行为，还没有深入到“诚”的本体。

前段时间，我给大家汇报学修的心得体会时，讲过在冯老师家中听本光法师的讲课录音。本光法师在讲到禅宗和儒家的关系时，说得很清晰，我到现在脑子里还回响着老和尚那四川平武音调的讲话。本光法师说：“禅宗讲明心见性，儒家讲正心诚意，其实，都是相互对应的。这个明心，就是正心；见性，就是诚意；明心见性，就是正心诚意。”以本光老和尚的见解来看，周敦颐先生可以说是把儒家的“诚”提到了最高点。“诚者，圣人之本”，这个最高点就是至圣之本体。我们想要明心见性，就一定要正心诚意，这个高度一定要有。学禅宗的人都晓得，明心见性是一辈子追求的目标。如果是学修儒家的东西，只要做到正心诚意，就一定会明心见行。所以，我们要把儒家讲的正心诚意，放到禅宗明心见性的高度上来对待。

“大哉乾元，万物资始，诚之源也。”乾元，就是天道本体，天地万物都是从这个天道本体中产生的，而这个“诚”，正是其源头活水，能资生天地万物。

《中庸》里讲：“诚者，天之道；诚之者，人之道。”诚，为什么是天之道呢？因为诚本身就是天道。我们试想一下，如果老天不诚，就不会平等地对待万物、生发万物，就不会让万物在宇宙中生生不息。老天如果没有诚的本质，有分别心，喜新厌旧，喜好恶坏，万物就不能平等生存。诚，没有取舍心、是非心，是全然的平等性。从人的角度来说，为什么“诚之者，人之道”呢？佛教不是讲“三心”吗？平等心、清净心、慈悲心，对不对？《中庸》里的这两句话很有力量啊！“诚之者，人之道”，我们生而为人，就应该把这个“诚”显现出来。这个“诚”字我们要注意，在古语之中，名词有时候是可以用作动词的。诚之，就是“使之诚”，就是要把“诚”这个东西显现出来、体现出来。真正的人道、人生的意义，就在于把作为天之道的“诚”，在人间社会体现出来。

我们平时也常说“心诚则灵”，为什么？因为它体现了天之道，周敦颐先生把它放在最本源的地位。人应该以诚为本，每个人都要把“诚”这个本质显现出来。天地人三才，三才人为大。这是因为尽管天地的作用相当大，但是如果没有人，天地的德性就体现不出来。只有具备了完美精神性的人，才能体现天地的这种德性。所以，人在天地间最重要，只有圣人以诚为本，才能成就、彰显天道之诚。

【安于吉凶，成就大道】

我们接着看原文：“乾道变化，各正性命，诚斯立焉，纯粹至善者也。”从《易经》中来看，宇宙中的万事万物，皆从乾卦衍变而来，所以乾卦至关重要。如果乾卦每一爻都从其反面来看，把每一爻都转换为阴爻，那就化为坤卦。乾坤二卦相互作用，就产生了单八卦。单八卦两两相重，相互叠加，就产生了八八六十四卦。总之，从这个推理上来看，《易经》中的所有卦，都是由乾卦变化出来的。

乾道变化，乾为天，实际上就是指天道变化。我们在座的每一个人，也都是乾道变化的结果嘛！

有雅兴的话，我们每个人不妨打一卦，看看自己现在处于什么样的位置？卦象不同，就说明每个人的位不一样，精神特征也不一样。天地万物各自不同的位置，都要在“正”上去体现。“乾道变化，各正性命”，是《易经》中的原文。如果我现在打一卦，很凶险怎么办？那就要看到这个卦的正位在哪里。我已经处于这种状态、这种环境中了，那么，就必须要在其中找到正位，才能渡过难关。怎样找呢？就要体会乾卦六爻的正位。乾卦的正位在哪里呢？我个人体会，就是在九三爻上。不光是乾卦，我们随便打个卦来具体分析，也要找到正位在哪里。这个正位，正是通过“诚”表现出来的。我们内心中的一念之诚要树立起来，才能谈得上正。而“诚”最纯粹的表现，就是“至善”。什么是至善？至善，就是大善，也就是大至不善、无善无不善境界。

不管我们在什么位置、什么境况之下，都要找到这个正、这个诚，在“纯粹至善”上面寻找安身立命之处。《中庸》里讲“素富贵行乎富贵，素贫贱行乎贫贱，素夷狄行乎夷狄”，不管这个“乾道变化”把我放在什么处境下，即便是把我变到南美洲的丛林里去当印第安人，那我也要在印第安人的部落里找到自己的位置，要把自己的土著部落搞好，用至善的方式来面对自己的命运。所以，即便是面对毫无光明的困境，我们也要在里面找到“诚”的感觉，找到“纯粹至善”的感觉，这样的话，你的人生也不会坏到哪里去。

《易经》六十四卦，每一卦都不是纯粹的凶，也不是纯粹的吉。我们以为乾卦很吉祥，但中间也有很多危险的地方，比如九四爻讲“或跃于渊”，也有落到深渊里的危险啊！同样的，即便是看上去很不好的卦，里面也有转机。所以，《易经》是活的，是生生不息的东西。我们在学习的时候，一定要体会到“诚斯立焉”的感觉，这样才会真正明白什么叫作“乾道变化，各正性命”。

【至善无善无不善】

再往下看，就是一个小结论。“故曰：一阴一阳之谓道，继之者善也，成之者性也。”这仍然是《易经》中的原话。任何对立的事物，都可能发生相互转变。我们该怎么去辨析它、理解它呢？我们既要看到事物的阴暗面，也要看到事物的光明面。从个人来说，也要看到自己精神上的光明面和阴暗面，更要明白自己的精神中的两面性是如何发生转化的。

我有一个师兄，一天到晚老爱责骂自己，以前见面了常常就说：“师弟啊，你不晓得，我这个人龌龊得很啊！随时都有偷心、恶毒心，好后悔啊！”我就对他说：“你怎么能这样想呢？你身上也有很多优点啊！你对佛法和上师的信心都非常足，这么多年来，我们其他师兄弟几乎没有给师父什么供养，都是你一人承担的。有人遇到困难，你也是不遗余力地去帮助别人啊！”但是呢，他也有个问题，就是没有恒心。你让他打坐念经，他就是坐不住，念不下去；你让他数息观想，他也三天打鱼两天晒网；你让他念佛持咒他搞两天又没劲了，总之，就是心定不住。所以我们要看到，其实每个人都有光明的一面，要看到自己的长处，尽量把注意力投放到自己的光明面上，这样一来，你阴暗的那一面，不用去管它、理会它，自然而然就会慢慢减少，甚至消失了。

面对自己的心性如此，面对社会生活也同样应该如此。我以前在报社工作，就有很深的体会。那里知识分子多，接触到的社会阴暗面也比一般人多，所以我们听到的怨言也比较多，对社会抨击性的语言也很多。这个也有问题啊！因为很多人都不停地去找社会的、制度的阴暗面，却忽略了很多光明面。

比如春节期间，我们看电视就知道，那些国家领导人，哪一个是能回家过年的呢？你在享受安宁的日子的同时，他们或许正站在最忙碌、最危险的地方布署工作。这些就是政府的光明面嘛。但是，很多人往往是看不到这些，不明白“一阴一阳之谓道”的道理。社会有阴暗面，就一定有光明面，只不过处在此消彼长的状态中，就推动了社会的不断发展。我们要立足当下，多检视于自己，看自己能否为社会走向光明面而多尽一份力。

“继之者善也，成之者性也”，这个善，你只要体会得到、继承得到，并且一代代传承它，就肯定能明了这一阴一阳之道，就肯定能明了心的本性。我们套用《道德经》上的语句，那就是至善无善，大善不善，无善而无不善。

“至善”，是达到了顶尖的善。对这个“一阴一阳之谓道”，如果我们了解清楚、认识透彻之后，这些社会现象变化背后的大道，我们也就清楚了。这样一来，我们就处于一种善的地位、有利的地位，就不会产生不好的结局。“成之者性也”，你能够完成它、成就它，成就这一阴一阳的变化之道，就是因为你的本性与大道变化的本体是相通的，你就是大道手中的一枚棋子，当然能够成就其道了。

【人人都有做圣人的本钱】

我们再来看下面一句："元亨，诚之通；利贞，诚之复。"什么叫元、亨、利、贞？这四个字是乾卦的卦辞。元是看不见、摸不着、玄之又玄的东西，同时又是万物的本体、世界的最初状态。如果落实在自己的心性上，这个"元"，就是我们一念之诚的状态。亨，就是亨通。所谓"财运大发，事业亨通"，就是这个意思。

周敦颐先生在这里说"元亨，诚之通"，就是指我们的一念之诚与外部世界、与社会人事等方方面面都通达无碍的。儒家关于"诚"的概念，是提升到本体论上来谈的，如果我们运用"诚"这样一种心性状态去面对世界，就会完全地通达无碍。

"利贞，诚之复"。利是什么呢?《乾卦·文言》里面对"元亨利贞"都有解释："元者，善之长也；亨者，嘉之会也；利者，义之和也；贞者，事之干也。"元，本元，是诸善之长，是所有的善中最根本的至善、至诚；亨，亨通无碍，所有的上佳的因缘就会汇聚到一起来，你做事情就会非常亨通、通达。利，就是利益，人与人之间只有达到和谐共赢的状态，才会真正有利。如果不和谐，就肯定有不利。哪怕是做一件大事，处很高的位置，如果不和谐，也不会真正得利。我们看有些人很辛苦地奋斗，位置坐得很高，结果却不慎被别人暗算了，这样就很不利。只有做到"义之和"，才是真正的大利大吉。乾卦就有这种大利的感觉。贞是什么呢？我们平时说坚贞，其实坚就是贞，都是一个意思。"贞者，事之干也"，真正要完成一个事情，要把一件事情做好、做成功，就要有坚贞的信念、坚忍不拔的恒心。周敦颐说"利贞，诚之复"，我们普通人经常会被阴暗的东西遮蔽住"诚"的本性，如果通过"利贞"的方式，就可以把"诚"这种至善的本性，在我们精神中恢复过来。

"大哉易也，性命之源乎！"最后这句就作者发出感慨了，这个大易之道真是很伟大的！它是宇宙万物、也是我们人类身心性命的本源、来处。

上面对这个"诚"字，我们讲得比较详细，也算是这一章的破题。我们把这个“诚”字透彻地理解了，对这一章正文的学习才有把握，甚至对于整个《周子通书》的学习，它都是至关重要的。

“诚者，圣人之本。”《周子通书》在一开篇要阐述的核心思想，就是要立一个人极。所谓人极，就是人的终极意义。《太极图说》里面也说到了这一点，说到了人在天地之间的地位。诚，就是一切圣人的根本。

实际上，说一句“圣人之本”都没有把这个“诚”字概括完全。诚，应该是一切人之本。甚至可以说也是小人、恶人之本！如果你理解了“诚”的本体论的意义，就会晓得圣人与小人的区别。只不过在于圣人显现出了“诚”，这是他一切行为的本源；而小人只是没有把这个“诚”显现出来而已。对于每一个人，我们都不能认为他是十全十美的，也不能认为他是十恶不赦的。

我的一位师父曾经讲过这么一件事。他到香港的一个监狱去探望犯人，给他们讲佛法。师父修为那么高，真正是有菩萨心肠和圣贤之智的，但是他在监狱里面却对那些人说：“其实，我们都是一样的！我们都有千万个念头，都有好念头和坏念头。你们心里出现的念头，我都出现过，而我心里的念头，你们也出现过。我和你们的区别，只不过是你们掩埋了好念头，没有让它们付诸实践，显现出了坏念头，没有把它们克制住，就造成了坏的行为。而我呢，只不过是警惕性比较高，尽量做到隐藏坏的念头，显现出好的念头并变成行为而已。我们就是这点差别。但是，就是因为我们的这一点差别，我们的遭遇就不一样，我就很自在，而你们则失去了自由。”

圣人与小人，其实在“诚”这个本源上都是一样的。只不过，小人身上的“诚”被遮蔽了，所以在第二章里，周敦颐也提出了“非诚非也，邪暗塞也”，并不是说小人身上没有这个诚，而是被邪暗闭塞了，被各种乱七八糟的想法、阴暗的心理遮蔽了。

当然，周敦颐这里提出的“诚者，圣人之本”也没有错。他是在一开始，就把这个“诚”提到绝对的高度。中国文化里一直有这样的观念，那就是人人都可成为圣人，人人都有佛性，都可以成佛。孔夫子说：“我欲仁，斯仁至矣！”一个人从心里真正发起了仁爱的念头，仁爱在刹那间就到你身上来了。佛教中常说“心、佛、众生，三无差别”，不管是与阿弥陀佛，还是药师佛、大宝法王等，这些圣者的心，与一切众生的心在本体上是没有任何差别的。

【一切都是因果】

“大哉乾元，万物资始，诚之源也。”这是《易经》乾卦的《彖辞》中的句子，是作者对易道乾元的赞美。

对《易经》有了解的人都知道，《易经》首立乾坤二卦。如果对乾坤二卦没有清晰的了解，对它们的属性没有一个很深的体会，学《易经》就是个空事。“大哉”，宏大广阔，无边无际的。“元”，就是本元、初始，元旦就是第一天，最开始的一天。在古代，元字又通玄，也有混沌初开、模糊不清的感觉。《道德经》里讲“玄之又玄，众妙之门”，就是这么一种感觉。

“万物资始”是什么意思呢？就是说一切万物都来源于乾元。《易经》把宇宙万象归纳为八个基本卦象，最终又归纳入乾坤二卦。乾坤二卦又以乾卦为主，乾为天、为父，坤为地、为母。乾为主，坤为随，这和中医火神派“阳主阴从”的说法基本相同。中医火神派的阴阳学说，就是来源于乾坤二卦，虽然中医具体的原则是以坎离二卦作为立论的依据，实际上归根结底，还是本于乾坤二卦。“诚之源也”，我们前面讲了要从本体论的高度来看这个“诚”字，但是在这一句里，重点还是把“诚”放在人极上来阐述的，为人立极。这个极，并不是极端的意思。天极、地极、人极，是三个范畴。诚的本源意义，在周敦颐那里，主要是从人的角度来阐发的，其根源还是从《易经》的乾卦而来。

以后有机会的话，我们可以学学《系辞》。系统学习了之后，就会知道《易经》不是算命打卦、神奇得不得了的东西。几个铜钱一扔，好像啥子事情都晓得了，生老病死、富贵荣辱，诸如此类。实际上，算命打卦是《易经》中最次要的东西，而最高明的地方，要从理、气、象、数这四个方面来体会。

易理，就是解释天地宇宙间的真相、规律。哪怕是一件具体的事情，也可以从易理上对其分析。不光是理论，在看《易经》每一卦的卦辞和爻辞时，要看到你为什么会陷入这种行为境况，什么是最佳的处理方式，等等。比如，我们打出一个困卦，陷入了困境当中，如果你懂得易理，就知道该怎么解除这个困境。易气，主要是在阴阳上的体现，就是阴阳二气在整个卦象中的盈虚消长，针对这个，有一些专门的学派。易象是什么呢？我们常说八卦，然后相互重叠，得出六十四卦、三百八十四爻，基本就能概括出了宇宙天地、人间社会的各种现象。通过易象，我们就可以直观地了解具体事物的发展变化规律。

易数，是推演卦象变化的一套数学模型。这个就比较复杂了，要掌握就得专门长时间研究。不过，无论再复杂的变化道理，说白了，无非就是因果。过去说“善易者不卜”，真正懂了因果，还需要打卦吗？一个娃娃从小就不学好，长大肯定会有恶果。任何一件事情都是如此，只要我们看清了其中的因果，自然就会很好地面对，不需要占卜打卦。

这几天，我们书院的几个朋友看了冯老师讲的《易经片鳞》，也学会了用几个硬币来打卦玩。这也没有什么，打卦玩卦的过程中，也可以对卦象卦辞有个熟悉。但是，我们不能太当真，不要遇到一个不好的卦就觉得完了，这事情太糟糕了；也不能因为打一个好卦，就以为什么事都搞定了。不能这样！如果学通了易理，就知道宇宙万物运行的根本规律，明确地说，就是因果！这是不需要算命打卦来判断解释的。

【九三精神最值得推崇】

乾卦的《彖辞》里面说：“大哉乾元，万物资始，乃统天。云行雨施，品物流形。大明始终，六位时成，时乘六龙以御天。”周敦颐引用了开头一句。这是什么意思呢？乾卦在《易经》中之所以首屈一指，有着最重要地位，就是因为他能够“统天”。如果打卦打到乾卦，乾为龙，金庸小说里的降龙十八掌，完全用的就是化用乾卦的爻辞。乾卦有变化，万事万物才能产生。所以后面又说了：“乾道变化，各正性命，保合大和，乃利贞。”

我们看《易经》的乾卦，就是六根直线组成的卦象，从初九到上九组成卦象后，就会在时空中产生很多变化。这并不是说，你打了个乾卦就有多么了不得，一个婴儿出生后打到乾卦，不是说以后他就可以当皇帝，要变成真龙天子。如果你把时空中的变化把握不好，中间也有曲折，也有很危险的地方。

比如“初九，潜龙勿用”，这时候你就必须藏起来，隐藏起来，这时不能轻易显现你的德行、功劳，不能轻易显现你的才华。如果打卦打在乾卦，动爻在初九上，就要特别注意，再有钱也不能显山露水，再有才也要藏起来，潜龙勿用嘛。

“九二，见龙在田，利见大人。”《易经》是特别讲究“位”的，故有“二多誉，四多惧，三多凶，五多功”之说。初爻和上爻，一般都不谈，一个是刚刚萌芽，一个是快要衰竭，没有多说的了。二为什么多誉呢？二是下卦的中爻，居中得位就有利。初九之时，一切时机还没有成熟，所以只有自己在家积累基础知识，就像学生一样，要通过小学中学大学，才能进入社会之中。九二爻正好是下卦的中位，相对来说比较吉利、稳定，可以显现出一些功德，并能在社会中体会到一些做事的感觉。

“九三，君子终日乾乾，夕惕若，厉，无咎。”九三爻就有讲头了，是下卦的上爻，但是还没有上升到上卦中，所以这个位置比较危险。厉，就是很厉害、很危险，但是如果你是一个真正的君子，每天都很警惕，随时都在体会“乾乾之德”——就是“天行健，君子自强不息”，你能随时不忘这个，知道乾卦是万物本源，能够自己做主，那就很好了。其实说白了，终日乾乾就是终日做主！你每时每刻都做得了主，困难再大，运气再差，也不会对你造成多大的伤害。乾坤二卦里面，乾为主，终日乾乾，就是终日都能在意识上做主。怎么做主呢？我们的思想其实都是一个个念头发出来的，喜欢的东西就愿意去追求，讨厌的东西就想去躲，害怕的东西更要逃。总之一切行为都是念头构成的。“终日乾乾”，就是每时每刻都要小心地照顾自己的念头，在精神上做自己的主。“夕惕若”，夕就是晚上，惕就是警惕，若就是如此。这句话是说，就算到了晚上，也要警惕这个事情，随时都要警醒。如果做到了前面所说的，那么君子就可以虽厉而无咎。虽然你处的这个位置、这个时段比较凶险，但是也没关系，你能够时时做自己的主，也就不会后悔，不会有什么真正让你过不去的坎。

乾卦是非常有意思的，初爻是“潜龙勿用”，九二是“见龙在田”，九四是“或跃在渊”，九五是“飞龙在天”，上九是“亢龙有悔”。这五爻，都说到了“龙”，让人觉得有一种特殊的身份感。九四虽然没有明确说龙，但是“或跃渊”，其实也说的是龙的状态，这条龙要么就飞上天，要么就掉到深渊里面去了。唯有九三，“君子终日乾乾，夕惕若，厉，无咎”，说的是君子，而不是龙。这一爻就没什么特殊身份，对每一个有心学修圣贤之道的人来说，恰恰都个个有份。

在整个乾卦里面，我们可以认知到：初九的时候要小心，要隐藏，不能显山露水。九二的时候，有一定积累之后，可以出山了，可以像诸葛亮一样从隐居南阳的卧龙山庄出来了，有了九二的状态。出山后到了九三，位子就很危险，因为要和诸侯打仗呀，稍不注意就会被人家给灭了。如果一辈子都潜龙勿用，藏在深山里当隐士，还是很舒服的，一生都潇洒自在。“见龙在田”的状态也很好，诸侯需要你，要你来出谋划策，可以很洋盘了。但是洋盘完了后，就到了九三创业的时候，就很危险啊！所以说“诸葛亮平生惟谨慎，关云长大意失荆州”，九三就是这种感觉，一定要体会到。九三过了，天下平定了，就到了九四“或跃在渊”的状态了。“或”是什么意思呢？就是不确定的状态，或者这样，或者那样，有可能一跃而上，达到九五的状态，得大自在，但是也可能一下子就落到无底深渊中去，彻底被洗白下课。所以，九四这个位置更危险，事情做到快到顶的感觉，非常紧张，已经是“一人之下，万人之上”了。

听到这里，也许就有人要问了，乾卦九四爻给你出了一道要么这样，要么那样的选择题，但答案没告诉你啊！怎样才能跃上去，而不会掉到深渊里去呢？实际上，整个乾卦的功用，都表现在九三上。你处在九四的位置上，如果能够做到九三的“终日乾乾，夕惕若”，你保证就不会掉到深渊里去，起码可以持盈保泰。当然到了九五，你就坐上正位了，那是天子之位啊！九五至尊，随便怎样，也没人惹得起你了。但是，最后还有个上九“亢龙有悔”，虽然贵为天子，没人惹得起，但做过分了遭天谴，还是要后悔的。

乾卦看起来是很大气、很了得的状态，我们具体分析每一爻，还是感觉乾龙之性，变化多端。整个乾卦最重要的，确实是九三爻。如果你已经达到了九五的状态，却还能保持九三的警惕性，还能终日乾乾，早晚三省，那晚年也不会犯什么错误。就算到了命终之时，知道自己要走了，也不会后悔，就像得道高僧一样含笑往生，坐脱立亡，仍然很吉祥。

虽然说乾卦的每一爻都很好，很有意味，但是对于我个人来说，还是九三的精神最值得推崇。从心性修养上来说，也是要把九三放在最重要的位置上。

诚下第二：天下归仁诚而已

圣，诚而已矣。诚，五常之本，百行之源也。静无而动有，至正而明达也。五常百行，非诚非也，邪暗塞也，故诚则无事矣。至易而行难，果而确，无难焉。故曰：一日克己复礼，天下归仁焉。

——《通书·诚下第二》

《周子通书》，也叫作《读易通书》，如果对《易经》有一定的了解，就有方便的下手之处。我看在座的朋友，大多数以前都没有学过《易经》，所以我在讲解《周子通书》的同时，也准备把《易经》基础知识简略地介绍一下。

周敦颐把《易经》的地位看得很高，说它是性命之源。在中国古代，不管是儒家还是道家，都把《易经》看得很重要，儒家把《易经》推为“群经之首”，道家称之为“大道之源”。孔夫子说过：“加我数年，五十以学易，可以无大过矣。”如果我们学了《易经》，而且真正是学懂、学通以后，就没有什么可以忧虑的了。

【本光法师与方山易】

除了儒、道两家之外，其实，后来的中国佛教也非常重视《易经》。佛教传入中国以后，自然有它的一套系统，比如它的宇宙观、世界观，它讲六道轮回，上有天界，下有地狱，中有饿鬼、畜生等道。但是在中国上古时代，是没有这些思想的，所以佛教在中国的早期传播并不那么顺利。

到了唐代，一些高僧大德开始寻求佛教中国化的道路。比如禅宗，开始在《庄子》中寻求一些方法和技巧，纳入自己的修学系统。另一些佛教宗派，比如说华严宗，就经过“枣柏大士”李通玄的著述《新华严经论》，把《易经》纳入了华严宗的修学体系之中。《华严经》是佛教里非常重要的经典，佛教界一直以来盛传着一句话，叫“不学华严，就不知佛家之富贵”。读懂了《华严经》的人就知道，原来佛教不是倡导人们整天什么都不管，只是念经修苦行，你要知道，华严境界是无与伦比的，所谓“一花一世界，一叶一菩提”，都是从《华严经》中来的。有了对华严境界的描述，佛教的世界就变得非常辉煌，玄妙繁华，风光无限。

说到这里，我就必须要介绍一下了。唐代华严宗大师李通玄，人称“枣柏大士”，他当时是在山西盂县的方山隐居了四十年，独自研究《易经》并注释《华严经》，将《易经》的体系完整地纳入了华严修学系统中。他所创立的一个易学流派叫作“方山易”。方山易号称是“佛家易学”，是将易理易卦的精义，融合到身心性命的修炼之中，将《易经》的精神理念提到了一个新的高度。方山易代代传承，一直到了民国时期，由第42代方山易传人林际微大师，在浙江萧山传给了当代大德本光法师。大家都知道，本光法师是冯老师的师父，也是在学修上最得力的老师之一，尤其是在《易经》上面，冯老师是深得本光法师真传的。

本光法师唯一公开出版的一本书，叫作《周易禅观顿悟指要》。这本书的前半部分是禅宗，有《碧岩录》《坛经》的学修要点，也有马祖、百丈禅法、药山禅指要、赵州禅的方法特点，等等。这本书的后半部分讲的就是“方山易”，也可以说是方山易秘籍，主要是讲了《说卦传》《系辞传》，以及《乾坤文言》。本光法师所讲的《易经》，放到现在的学术界来说，简直可以说是惊世骇俗，因为他推翻了很多以前传统的《易经》说法。

比如说《系辞》，一直以来大家都认为是孔夫子所作，认为相当了不起，称之为“易大传”。一个人如果学通了《系辞》，那么《易经》基本上也就学通了。但是，本光法师却对《系辞》中的某些内容做出了批评。他认为《系辞》中的有些东西是非常高、非常妙的，但同时也有混淆视听、鱼龙混杂的东西在里面。所以，本光法师认为，《系辞》不是一个人所作，是从战国到汉初的易学者们代代积累的集体创作产物。历代能入他老人家法眼的《易经》研究者，可说是寥寥无几，但是，在谈到宋代易学时，他老人家就首推周敦颐先生。他认为《周子通书》在易学上前后连贯，非常通顺透彻，真正是宋明理学的奠基之作，是最高妙的东西。所以，本光法师在宋代大儒之中，第一个推崇的就是周敦颐先生。

【三教圣人，无非诚而已】

我在决定要讲《周子通书》之前，查阅过很多资料，发现解释都存在很多差异，有些解释甚至完全相反。上次借了胥老师的《太极图说通书义解》回家，仔细看了看，发现中间还是有点问题。关于社会道德伦理这些，没有什么大问题，但是在“本”的解释上，我个人认为问题就大了。比如作者在谈“诚”的时候说，诚就是完全不动的，一动就非诚。这就有问题了，对心体之“诚”的认知，还是落入到一边去了。

下面我们来看这一章的原文，第一句是一个断语："圣，诚而已矣。"周敦颐让我们不要把圣人看得太高，也不要把他们神圣化、神秘化，实际上，圣人不过就是做到了"诚"而已。

我们前面讲过"诚者，圣人之本"，也讲过"乾道变化，各正性命，诚斯立焉。"孔夫子为万世师表，被后世尊为"大成至圣先师"，也没有显现出什么神通广大的本事。当年周游列国的时候，也曾经有过"丧家之犬"的状态。当代学者李零写过一本书，叫作《我读论语：丧家狗》，可见当年孔夫子的状态是很惨的。但是，就算在最困难的时候，被围困陈、蔡的时候，孔子仍然没有消极绝望，随时其乐融融，非常自在。所以，我们对圣人的理解，不管是孔子、老子还是释迦牟尼，都不要神圣化、神秘化。

平常听人们说，老子是道教鼻祖，是太上老君，但实际上，他也只"诚"而已嘛！《道德经》中说："曰慈，曰俭，曰不敢为天下先。"你看，他不过如此而已啊，哪里有后来传说的那样神通广大啊！那么佛教呢？释迦牟尼的佛教是什么？不就是"诸恶莫作，众善奉行，自净其意，是诸佛教"嘛，也是朴朴实实的道理啊！所以，三教的圣人，都是真正立足于我们人间、立足于现实的，无非一个"诚"而已。

我们这些世间人总是偷心不死，总是打妄想，哎呀，佛来了，神仙来了，袖子一挥，就可以把我们的烦恼全部扫净。哪里是这样呢！他们和我们的确不一样，但不一样在哪里呢？就是他们对"诚"，对这个最根本的东西，在知行上都是非常清晰、透彻和圆满的。

【动静之中明体用】

再看下面一句："诚，五常之本，百行之源也。"五常，大家都知道，就是"仁义礼智信"。周子认为"诚"是五常之根本；而五常不过是"诚"在社会生活中的显现。"诚"不仅是五常的显现，同时也是我们一切行为的出发点，所以称为"百行之源"。

"静无而动有，至正而明达也。"这一句，涉及体和用的关系，而体和用，又要根据不同的情形来认识。

在中国古汉语中，有很多的用法，同样的一个字，既可以用作名词，也可以用作动词。就像这个“诚”字，在不同的章节里面，就有不同的理解。在第四章里面说“寂然不动者，诚也”，好多人就只抓住这一个地方，以为“诚”就是不动的意思。其实，这也只是从“诚之体”的说法，即诚的静相；然而在用上，就不止如此，所谓“静无而动有”，就是“诚之体”所显现的动静二相。那么，怎样理解“静无而动有”呢？这个就要在我们自己身上找体会了。

以前我们在小组研学《六祖坛经》的时候，陈萍利老师就讲了个昭觉寺清定上师的故事。大家平时看老上师的时候，觉得他整天笑眯眯的，很和蔼可亲，问他什么，他都很清楚明了。他常说：“你们不问我的时候，我心头啥都没得，空空净净，但是你们一问，我就啥都有了，哈哈。”这就是“静无而动有”嘛！实际上是功夫到位的一种感觉。我们平时在做功夫的时候，就要时时体会这种“空和无”的感觉，但是，当念头一生发，你该做什么事情的时候，什么都有了。所以，这个“静无而动有”，其实是体和用的关系。我们自己本身这个体，本来是空荡荡，找不到一点杂质的，也超出我们的感官之外。但是一旦要做事情了，心头就会源源不断地冒出很多东西来。

禅宗有个说法叫作“物来则应，物去不留”。当我们这个心体没有外界东西对应的时候，它就是空空荡荡，一无所有，处于静止状态。这就是“静无”。但是，当外界有东西掠过，在你心中产生了对应，那就是“动有”了。事情来的时候，你可以看得清清楚楚；等事情过去之后，你的心体又空净了，又恢复到“静无”的状态。如果念头功夫做得深入的人，就在这一句“静无而动有”上，就会感觉很自在。就算事情再多、再复杂，都不会影响我们的心性，事情来了就做，做完就放下，了了有何不了？如果功夫没有做够，就放不下、了不了。我们有些人，事情还没有来，本来不该东想西想，该好好休息睡觉的时候，却把控不住，白天黑夜都使劲去想，成功失败都想到了，结果事情反不是预想的这样。另外呢，事情就算已经过去了，我们往往还是放不下，会想如果当时我这样做会更好，换一种方式做会糟糕，等等。想得多了，你就体会不到“静无而动有”的感觉。

一个人不管多么聪明、多么有能力，如果在做事时做不到“拿得起、放得下”，在“静无”“动有”上没有很好的体会，那你的功夫就不够，做事就没把握。这也可以作为我们检验自己心性修养水平的一把尺子。

那么，怎样培养“静无而动有”的功夫呢？就是下一句“至正而明达”，就是在心性的一念之“诚”上下功夫。功夫下够了，达到“至正”的状态，自然也就明了通达啦！

【不要蒙蔽自己心中的诚】

我们再往下面看：“五常百行，非诚非也，邪暗塞也，故诚则无事矣。”如果我们的行为没有从“诚”这个角度出发，我们的心体就会被邪恶阴暗的东西所阻塞，所以“诚”是一切行为举止的保证。

《周子通书》全篇，讲的就是一个“通”字，而“通”的基础，就是“诚”，所以，我们无论在动静之中，都要时时体会这个“静无而动有”的主体——诚。如果我们没有达到这个状态，不诚，那我们的心体就肯定不通。我们的心体就像道路，心念就像道路上行驶的车辆。虽然路上有很多车辆，但是只要道路不堵塞，交通秩序井然，照样会很顺畅地到达目的地。但是，如果路上的车辆虽然很少，却有一辆车出了车祸，交警处理事故，此处禁止通行，那你就走不了了，就不通了。

“诚则无事”，并不是说我们不做事情，而是指心头不留事情。该做的事情一定要做，但是再好的事情，做完就要了事。不要以为自己升职赚钱了，就整天笑呵呵的，晚上觉都睡不着；也不会因为贬职赔钱了，整天闷闷不乐，要上吊跳楼的。

“至易而行难，果而确，无难焉。”上面说的都非常简单，道理很多人明白，但真正做到却是很难的。为什么会难呢？就是因为我们平常都没有用圣贤之道，没有用仁义礼智信来要求过自己。从婴儿开始，世间的观念带给我们的就是贪执。我们对孩子的教育往往也是这样啊！从小就鼓励要去竞争，将来要功名富贵样样都有，这样造成孩子之间相互攀比，将孩提时期本该很干净的心灵污染了，干扰了我们寂然不动的诚的本质。说起容易做起难，但是，只要我们体会到了“诚”，对这种感觉很深入、很确定了，也就不是难事了。

毕竟圣人之道给出的方法，也是凡夫可以行、可以做的。比如儒家，就让我们从仁义礼智信中，一步步去体会；佛家就从五戒开始，要你不饮酒、不杀生、不邪淫、不妄语、不偷盗。从这些地方着手，就很好解决。诚，就是要从自己入手，从基本的东西上入手。

我们经常说“骗得了别人骗不了自己”。做了坏事的人，哪怕是瞒得了所有的人，也瞒不过自己。只不过，当我们做了坏事的时候，第一念冒出来，嗯，这事不好。很多人都知道不对，但第二念开始，又来粉饰了，就会自我开脱，觉得占点小便宜、搞点小贪污没关系，大家都是这样做的嘛。所以，人的第一念，往往都是发乎“诚”的，但在第二念开始的时候，实际上已经对这个“诚”进行包裹和遮蔽了，这就失去了最真诚的本性。所以我们说，再坏的人，都会有一念的良知。

王阳明先生说，这一念良知，是每个人都具备的。有一个关于王阳明的故事，说王阳明做官剿匪，抓到了一个十恶不赦的匪首。这个匪首非常猖狂，又不怕死，根本不理阳明心学的那一套良知之说。后来，王阳明在审问他的时候，也不问他犯法的事情，先把他衣服脱了，这个人毫不在乎。然后把他裤子也脱了，他以为是脱裤打板子，也不在乎。然后王阳明说：“来人啦！把他的内衣内裤都脱了。”这个犯人突然大怒，跳起来大骂道：“你要杀便杀，要剐便剐，何必侮辱人呢?!”王阳明一见就笑了，说：“这就对了嘛，你还是有一念良知嘛。”

所以这个“诚”，是每个人都拥有的，只不过不同的人，显现出来的程度不一样。圣人是让“诚”的本性自然而然地显现出来；贤人，则是要通过努力修行，才能显现；而我们普通的人呢？如果不明晰这个道理，就会懵懂一生，把这个最要命的东西遮蔽了、丢弃了。

我们学习了圣贤之道，就要懂得从最细微的地方开始，修正自己，改变自己；从善待身边事、身边人开始，这样做起来，其实是不难的。

【克己复礼，天下归仁】

下面是引用了孔夫子《论语》中的话：“故曰：一日克己复礼，天下归仁焉。”克己复礼，正是儒家修行的具体功夫。

在“批林批孔”的时代，这句话被批判得很厉害！是孔夫子的大罪状之一。那时的主流思想就认为，克己，就是把人性给克掉，不要人性；复礼，就是要恢复封建制度。实际上，“克己复礼”是从内、外两方面来体现儒家修学的方法。克己，是要我们克服自己身上的弱点；复礼，是恢复人与人之间、人与社会之间的良性关系。礼，实际上是儒家思想中的核心理念。《大学》《中庸》都是从《礼记》中找出来、单独列出来的。《礼记》中还有很多历代推崇的经典，比如

《儒行》《孝经》，等等。受过去扭曲教育的影响，我们以前都以为《礼记》，无非就是人际交往的繁文缛节。

其实，这个“礼”也有体、相、用之分。礼的本体就是“诚”，就是由我们内心的一念诚意开始的。而我们平时说的“以礼为貌”这类的东西，都是一些现象。比如宫廷有宫廷的礼仪，家庭有家庭的礼仪。礼的本质，还是从我们上次说到的，是从“乾道变化，各正性命”中来的。

“克己复礼”这一句，可以说是儒家的修行纲要。世间的万事万物，纷繁复杂，都是从乾道变化而来的。我们每一个个体在社会层面所处的位置都不一样，所以要找到自己当下所处的正位，找到自己应该有的礼仪和风貌。乾道变化，如果把我变到父亲的位置上，在孩子面前我就要体现出父亲的礼；把我变到丈夫的位置上，夫妇之间，我就应该尽丈夫之礼；变到某个社会地位上，也要尽到与之相应的礼。礼在现象上有高低尊卑，但是在心性本质上却没有差别。《论语》中讲“礼之用，和为贵”，处在不同的社会位置，就要遵从不同的礼法，这样人与人之间才能保证真正的和谐。

如果每个人都能找到自己的位置，把“诚”放在最本质的地方，外化而各安其位，各行其礼，和谐而不越位越轨，那么，整个人类社会就会充满太和之气，就可以称为“一日克己复礼，天下归仁焉”。

诚几德第三：本立而道生

诚无为，几善恶。德爱曰仁，宜曰义，理曰礼，通曰智，守曰信。性焉安焉之谓圣，复焉执焉之谓贤，发微不可见、充周不可穷之谓神。

——《通书·诚几德第三》

刚才课间休息的时候，有同学在问，第三章这个“诚几德”是什么意思？在《周子通书》中，我们从前几章的章题就可以看出，周敦颐先生对“诚”是多么重视。前两章是分了上、下两部分来谈“诚”，这一章又讲到了“诚”的另一层内涵。

古汉语以单字为意思，“诚几德”，实际上是讲了三个概念，即：诚、几、德。虽然这是三个概念，但在心性之体上来说，又是一而三、三而一，不可截然分割开来。下面我们一边看正文，一边来理解这三个概念和它们之间的关系。

■【心念一动，善恶之几】

“诚无为”是什么感觉呢？如果单纯从学术、考据、思辨上来分析，很难找得到心性修养上的感觉，那么，就只会在“空”“有”“无为”这些字眼上打转转、犯迷糊。这一章其实是全书的重点，也是全书的难点，指出了儒家性命之学的根本出发点和着眼点。“诚无为”，说的是我们的本体之诚，它是无为的，显现出来的是一个静相。

说到“无为”，对《金刚经》比较熟悉的朋友，脑子里就会冒出一句“一切贤圣，皆以无为法而有差别”。这句话念起来很顺，但是有几个人真正理解了呢？有人说“无为”就是一种方法，也有人说要以“无”、以“没有”为方法，古今中外的一切圣贤人物，都是以这个“无”为根本大法的，在这个上面狠下功夫。的确是这样，前面讲“静无而动有，至正而明达”，你这上面的功夫下足、下够了，你就可以成为圣贤。我们一般人认为，这个“无”，就是什么都没有，“无为”就是什么都不要去做，但是，真正在心性修养上有感觉的人，就会知道正是因为这个“无为”，才会成就万法，所以才叫作“无为而无不为”。其实，“静”和“动”、“无”和“有”，都来源于一个地方，都是一个东西所生。“无为”，是事物本体，即心体之“诚”所显现的一个静相；但是我们的心体还有动相啊！这个“诚”的动相就是“有为”，就是“无不为”。

“诚无为，几善恶”，这又怎么讲呢？其实这一句讲的，都是上面那一句

“静无而动有”。这一章是在解释这个“静无而动有”之心体，是怎么推演变化，是怎么自然发动的。

什么叫作“几”呢？这就要回到《易经》的基础知识上来说了。《系辞》里面讲：“几者，动之微。”平时我们都会说“时机”“机会”“转机”等词语，古文中这个“机”就是与“几”相通的。几，给人的感觉是处在一种转折状态中，或者事物处于阴阳交汇状态时，突然产生的变化。一个事物刚刚产生瞬间变化的这个时间点，就叫作“几”。这几天天气很好，树叶也开始冒出小芽，这个就叫作生机勃发。但是，当我们真正看到的时候，这个“几”已经过了。“几”是什么状态呢？就是刚刚冷到极点又重新转暖的那个瞬间，就是在事物将动未动之时。这是一个时间点的概念，一旦事物的转化已经生发，这个“几”就过去了，已经成为一个事实。

“诚无为”，心体本相既无所谓静，也无所谓动；既没有所谓的是非，也没有所谓的善恶。本体是超越了二边对立的绝对之物。诚者不欺嘛，它不是单指善良的、好的东西，而是指不论好坏善恶，都是明明了了，真实不欺。我们做了好事，心中一念之“诚”就晓得这是好事；我们做了坏事，这一念之“诚”也知道这是坏事。“诚”本来是心念纯粹的状态，没有任何念头，不加丝毫区分，但是“几善恶”，即在善恶是非之念生发出来的一瞬间，这就是“几”。当我们的种种善恶是非的念头一出来，这个“诚”之心体，马上就能抓住这个“几”，它知善知恶的作用马上就生起来了，是非善恶就立判了。

我们看学术界的很多哲学义理的思辨，什么性善论、性恶论、有性论、无性论，千古以来争论得不可开交。实际上，他们都是在第二义上的思辨，跟第一义的性体本身，没有丝毫关系。诚，是我们的性命本元，它本来是不静不动、不生不灭，但是我们一分别、一思维，善恶美丑马上就产生了。

【禅客相逢只弹指】

我们不妨再来体会一下“几”的状态。我们刚才说，这个“几”是事物发展变化即将出现的一个瞬间，它是促成事物从这个状态转化成那个状态的关键点。但是，对我们个人的日常生活体验来说，这个“几”又体现在什么地方呢？我们平常说的“生机”“时机”“心机”，到底在哪个地方去体会呢？

你听到这一句话，马上就知道答案了。“几”在什么地方？就在我们这当下一念，就在这一瞬间。这一瞬间既是过去的结束，又是未来的开始，我们时时处处都在这个临界点上。但是这个临界点，这个当下的瞬间，它是极细极微、极精极湛，以至于看不见、摸不着、无影无形、无声无臭。

一切生命都只有放在时间中，才有存在的意义。这个当下的瞬间，也是时间中的概念。但是，我们想过没有，时间到底是个什么东西？世界上有没有时间这个东西？

其实，时间本来就是虚幻的，只是人为的概念而已，只因为这个虚幻的概念太好用了，我们都弄假成真了。所谓过去、现在、未来，这些都是人为的概念，所以《金刚经》里才说“过去心不可得，现在心不可得，未来心不可得”。唯一能够被我们真实感受到的东西，只是当下这一念，就是这个“几”。一秒钟以前的事情，已经过去了、虚化了、没有了，一秒钟以后的事情，它根本就没有，还没有来到嘛，怎么会是有呢？未来只存在于我们的想象之中。我们真实能把握到、体会到的，就是现在这一瞬间、当下这一念。除此之外，都是虚幻不实的。我现在说的每一句话，当你们听到并传到大脑中的时候，已经有一个时间间隔了，不是当下这一瞬间了。所以，虽然这个当下的瞬间真实可感，但也是留不住、抓不着，所以《金刚经》里说这个“现在心”，也是不可得的。

几，就是当下一念。周敦颐先生从《易经》中把这个概念提出来，并且作了一番重要的发挥，与他早年参禅有很大的关系。禅宗就特别讲究这个“几”。所谓的机锋棒喝，就是两个禅者碰到一起，那是要在语言上过招，相互勘验对方，要机锋上见高低。这种交流方式，不是我们现在这样顺口说话，念两天经就满嘴佛言禅语，这是很严肃、很要命的事情。所谓：“禅客相逢只弹指，此心能有几人知？”两个禅客相遇后，通过一弹指、一句话或者一个眼神，就在这电光石火的一瞬间，就能够了解到对方的心性和状态，能够捕捉到这个禅机。

【像德山禅师一样知几】

禅宗里有德山见沩山的公案。德山宣鉴禅师悟道后四处行脚，因为沩山老和尚名气大，他就到沩山去参访。德山悟道很早，气魄很宏大，他的师父龙潭崇信很喜欢他，曾经夸他说：“宣鉴这个家伙，将来是要孤身一人在孤峰顶上立吾道去！”

以前的禅师悟道之后，都会四处寻求高明的禅师，互相印证体会，使自己悟到的东西更稳固，更能经受考验。德山到沩山的时候，沩山老和尚正坐在法堂之上，丝毫不受外人来来去去的影响，有点《庄子·齐物论》中南郭子綦隐几而坐的味道。

德山走到法堂上，包袱行李都不放下，东走西走，东瞧西瞧，不停大嚷："有没有哦？这里面有没有哦？"沩山和尚稳得住，也不理他。德山转了半天见没人理，就不屑一顾地说："没有！没有！"然后出门走了。他走出山门的时候，心头又有些不安，心想：这个老家伙咋的呢？我进去试探了半天，都没有把他的话掏出来，没把机锋打起来，感觉很失败，丢了面子。于是，德山又重新进了法堂，这次就非常谦和了，把行李放下，展具铺开，恭恭敬敬地在老和尚面前要顶礼。沩山老和尚一看，嗯，这个家伙把傲慢心放下来了，好，那我就说点真东西。于是，他伸手就去拿他桌上一个拂尘。可是，拂尘刚刚拿到手里，德山和尚就变脸了，站起来冲沩山大喝一声，转身就跑掉了。大家明白这段公案的意义吗？不明白也没关系，先疑着也好。德山和尚就知道这个"几"在哪里呢！就在沩山拿拂尘的这一瞬间，德山已经知道他下一步要做什么了。他大喝一声，无非是要告诉老和尚：我知道你想干什么！我已经占尽先机了！

沩山和尚见他转身走掉了，就继续坐着没动，到了傍晚，出了法堂，才找到知客师问："下午来的那个小伙子跑到哪里去了呢？在禅房里住下没有呢？"知客师说："老和尚啊，当时他离开法堂，下山就再也没回来了。"沩山听了就说："哎呀！这个家伙以后要到孤峰顶上，盘草结庵，呵佛骂祖去了！"

这个公案非常精彩啊！中间就把这个"几"展现得相当细腻，可说是淋漓尽致。大家注意！不要被公案牵住了鼻子！当下，就在你念头将动未动之际，这个就是禅机！我们能像德山禅师一样把握住吗？

经常练太极拳的同学，可以在练拳的时候好好体会这个"几"。大家在练习推手时一搭手，还没有用劲动招，就要知道对方的功力到底有多深。这在太极拳中叫"听劲"，实际上，就是训练"知几"的功夫。搭手就在试探，谁先动，谁反而可能先失了先机，就容易被对手看出破绽。所以，"知几"是整个太极学修系统中是最重要、最根本的东西。一切功夫都在当下这一刻、当下这一念、当下这一"几"中。

我们还可以在日常生活中去体会。比如晚上睡觉，由清醒到睡着的这一个瞬间，就是“几”。你知道自己是怎样睡着的吗？早上起床，在由睡眠到醒来的这一个瞬间，也是“几”。你知道自己是怎样醒来的吗？从无到有，就是一几；从有到无，仍是一几。我们睡着了以后有什么呢？确实没有啊！如果不做梦的话，一点感觉都没有，转眼就到第二天早晨了。但是，我们一旦醒来，一念生发，所有的事情就统统涌上心头了。

“诚无为，几善恶”，一旦睡着了，我们就处于“诚无为”的状态；只要一醒来，随着第一个念头的产生，马上就有善有恶有分别，这就是“几善恶”。

【五常之义，人伦之本】

再往下看原文：“德爱曰仁，宜曰义，理曰礼，通曰智，守曰信。”就儒家学说而言，“仁义礼智信”被称之为“五常德”，简称五常。它既是儒家思想的核心理念，也是理想社会的人伦基础。周敦颐先生讲完了“诚”与“几”之后，再来讲“德”——对五常之义作了更为深入和本质的探索。

“德爱曰仁”，德爱是我们内心的修养。《易经》里讲“君子以进德修业”，这是坤卦的坤德，同时也是我们内在的涵养。爱，体现在外部，体现在人与人之间的关系中，甚至体现在人与万物之间的关系中。如果内心的德行修得很好了，表现在外面，呈现出来的就是爱。如果内德的器量小，表现出来的就是小爱，反之，就是大爱。如果内心之德是没有局限性的，表现出来的就是博爱，就是对一切众生的慈悲情怀。“德爱曰仁”，由内德而生发出来的对一切众生、一切生命的热爱，就是儒家修养的最高精神——仁。

“宜曰义”，宜就是合适、恰当。这里的“义”不是我们平时说的哥们义气。义气可不是恰到好处的“义”，而是过分的、有偏执的私情私义。在这里，周敦颐先生把“义”的含义界定得相当严格，也正好把一般人偏颇的理解纠正过来。义，不是非理智的为朋友两肋插刀，而是恰如其分的、适宜的、分寸感恰到好处的勇猛担当。

“理曰礼”，这个“理”就是合理的意思。宋明理学的这个“理”字，也是这个意思。礼，是儒家学说最核心的成分。一个人内在的修养好不好，表现到外在来，就看他在人与人的关系中、在各种人间事务中，他的言行举止是不是合于“礼”。如果非常合理，非常合于先圣所订立的“礼”，那么，说明他的心性修养就到家了。智慧，也可在“礼”上面表现出来。仁、义、智、信，都是要表现在“礼”上面的。如果我们对仁、义、智、信的修养没有达到“礼”这个层面，表现出来的行为举止总是不合理，总是与社会礼法、道德人伦相悖离，那么，只能说明你在仁、义、智、信的修为上出大问题了。

“通曰智”，智慧到底是什么东西？什么样的状态才叫有智慧？我们平时都会说，智慧就是心性、本体、真如、般若。那么，般若到底又是什么呢？佛教里称般若之为根本智慧，得了般若这个根本智，那么，其他的一切差别智就会通达无碍。如果我们的心中还有不通的地方，还有让我们堵心堵肺的事放不下，那就谈不上有智慧。这里的智慧并不是学术水平、理论水平有多高。我们经常会遇到有些学问很好的人，他仍然有解不开的心结，道理他都懂，但就是解不开、放不下。这有什么办法啊？只要心不通，再能说会道都不能说有智慧。真正的智慧是什么？就是拿得起、放得下，内心洞明，通达无碍。自己的内心通达了，与人交往自然通达，同时，在对事情的判断分析时，也能一理而通之。能够做到这一点，才可以称之为有智慧的人，用佛教的话来说，你得到的就是活般若。

“守曰信”，仁义礼智信这五常，“信”放在最后来说，用的是一个“守”字，非常精湛！我们对自己的信念和理想，能不能坚守？且不说别的，就说我们学习传统文化，能不能坚持下去、坚守下去？能坚守，就是有信；不能坚守，就是无信。

这个“信”字，古人可看得相当重啊！李白在《长干行》中写道：“常存抱柱信，岂上望夫台。”讲的是一男一女，从小青梅竹马在一起玩耍，后来慢慢长大，结婚了，男的出去经商，女的就在家中料理家务。“抱柱信”，这个典故出自《庄子》。庄子讲了一个叫尾生的人，他和情人本来约好晚上在桥下见面，结果这个女孩很久都没有来。这个时候，桥下涨水了，尾生觉得自己要守信用，就抱着桥柱子不放，结果被水淹死了。他是守信用守到了极端，连命都不要了。

信，就是要守，要坚守。如果不坚守内心的信念，所谓的抱负和事业也成就不了。中国社会的诚信，现在已经成为大问题了！假货到处是，谎言满天飞，人与人之间的不信任感，已经到了非常严峻的地步！原因是什么？就是大多数人没有信仰，缺乏坚守。

【从一线生机到春光无限】

对于“诚”“几”“德”这三个概念，不是明白了意思、掌握了内涵外延就可以了，而是要知而能行。这就是“性焉安焉之谓圣，复焉执焉之谓贤”。

这两句说的是“性”和“复”的两种境界。“性焉安焉之谓圣”，如果一个人的本性自然就能安住在这个地方，安住于“诚”“几”“德”这三重境界，并且优哉游哉，安然自得，那么毫无疑问，你就是一个天生圣人。那么，“复焉执焉之谓贤”又是什么意思呢？这个“复”字非常关键。也就是说，我们的本性虽然已经被污染了，被遮蔽了，对于“诚”“几”“德”也经常迷失了，但是我们下定了决心，决定要恢复它，只要一门心思这么做，非常坚贞，非常执着，非常守信，最后终于达到了“反身而诚”的目标。这就是贤人的境界。虽然圣贤之间，表现出来的状态有所不同，但是，最后达到的目的还是一样，所谓条条大路通罗马。

下面还有两句，“发微不可见、充周不可穷之谓神”。这又是什么状态呢？“发微不可见”，比如寒冬快要过去了，春天快要来了，树枝内部已经有了一线新的生机，但是这点生机太微小，我们一时还看不见。但是，等到春天真正到来的时候，你就会看到周围都是百花盛开，处处新绿，满眼都是春光无限。我们的精神规律也是这样，在精神的细微之处，很精微渺小，你就是想找都找不到。如果继续追寻，追寻到了最后你才会发现，就是一种“诚无为”的状态。但是，如果你想从这个细微之处生发出种种精神现象，生发出各种念头的话，它又会遍染一切，弥漫一切处。说实话，这个世界五花八门的东西，都是我们心中一念所产生的，人类社会的种种文明也是如此。

这两句话我查过不同版本的注释，都自说一套，几乎与我们今天所说的意思毫不相干。有些注释将圣、贤、神，当成不同的境界，说达到了什么状态就是圣，达到了什么状态又是贤，达到了什么状态就是神。其实，圣和贤都是人，“诚”是圣贤之体，“神”是圣贤之用。这个“诚之体”是怎么用的呢？就是“发微不可见、充周不可穷”。

“发微不可见”，这个也很奇妙啊！对于我们凡夫来说，发微，往往就是外界的一点点刺激，我们的念头就随着外缘生灭变化了；而对于圣人来说，这种发微却是来源于一念之诚。一念之诚发动之后，我们的精神就可以抵达一切、充满一切、周遍一切。大家学到这里，就不要迷信有些学者半生不熟的注解，以为在圣贤之外，还有一个更高级别的神存在。

圣第四：
圣人的神妙之处

寂然不动者，诚也；感而遂通者，神也；动而未形、有无之间者，几也。诚精故明，神应故妙，几微故幽。诚、神、几，曰圣人。

——《通书·圣第四》

第四章很短，讲如何是圣人境界，同时也是对前几章的一个小结。我们来看原文："寂然不动者，诚也；感而遂通者，神也。"实际上，这一句仍然是对《易经》思想的发挥。《系辞》里讲了嘛："易无思也，无为也，寂然不动，感而遂通天下之故"。

前面我们讲过了，周敦颐早年参禅的时候，寿涯和尚曾赠他一首《先天地偈》曰："有物先天地，无形本寂寥。能为万象主，不逐四时凋。"这个偈子的核心精神，说的也是这个，就是"寂然不动者，诚也"。我们学习传统文化，要时刻注意从体、相、用三个不同的角度来找感觉，来领会每一个词汇的意义。

上一章最后我们明确地提出"诚"为圣贤之体，"神"为圣贤之用。圣贤之体就是"诚无为"，圣贤之用就是"发微不可见、充周不可穷"的这个"神"。既然"感而遂通者，神也"，那么，真的有一个"神"在那里感通吗？其实，"神"就是我们的精神，就是我们的心，除此之外，哪里去找一个能主宰一切、创造一切的神呢？我们的精神之体，就像一面干干净净的镜子，物来则应，物去不留。本来"诚"是无为的，我们的心本来也是空净的，但是外来事物出现了，我们的心就与它发生了感应，来了就自然应对，去了就任它去，也不挽留它，让自己的精神时时恢复到"诚无为"的状态。

"动而未形、有无之间者，几也。"这是在对第三章做出更进一步的阐释。"动而未形"，就是快要动了，但还没有显现出来，处于有无之间。胥孔林老师（成都太极拳名家）以前讲太极拳的时候说过，我们一定要找到阴阳之间的那条线，"有"是阳的一面，"无"是阴的一面。我们随时要找到先机，体会这种先机，并抓住这个时机。

"诚精故明，神应故妙，几微故幽。"注意，这几句话非常精妙！我们很多对圣贤之道有怀疑的人，可以从这十二个字中找到答案。

我们听《周子通书》真的听进去了，听到这里了，就应该对"诚无为"的这种心体有所感悟了。感悟归感悟，但是，为什么圣人是圣人？我们为什么还是凡夫？我们为什么就达不到圣人的境界呢？对此我们要反复问自己：我们是不是真的找到了“诚”的感觉？我们心里感觉到的这个“诚”，是不是到了“精”的地步？“诚精故明”，只有达到诚而又诚、精湛深邃的修养功夫，才会“故明”。这个因“诚精”而达到的“故明”，用禅宗的话来说，就是明心见性，顿悟菩提。禅宗祖师有一句话讲：“以思无思之妙，反思灵焰之无穷，思尽还源，性相常住，事理不二，真佛如如。”我们只有在一念之诚上不断下功夫，达到洁净精微的程度，那么，心性的光明才会显现出来，才能生起妙用，生起大机大用。

“神应故妙”，心地法门上的修养达到一定的境界，我们的精神就可以达到一种奇妙的状态，深不可测，高不可攀，应用无穷。

前段时间我看到一个故事，讲的是一老一小两个天使结伴到人间旅游。他们来到一个富人家，祈求留宿。这个富人很吝啬，把他们弄到阴冷潮湿的地下室去住。老天使看到地下室的墙上有个洞，就发善心帮他补好了。但是，小天使就有意见了，觉得这个富人那么坏，你还帮他补墙啊？老天使就说，有些时候，事情并不是我们看到的那个样子。第二天，他们又来到一个穷人家中请求留宿，穷人相当慷慨，竭尽自己所有的能力安排他们吃好睡好。第二天一早，穷人夫妇哭泣不止，原来他们家赖以生存的耕牛死了。这回小天使更生气了，说：“我们遇上这么好的人，你为什么不帮人家避灾？为么好坏都不分了呢？”老天使就说：“事情并不是你所看到的那个样子啊！实话告诉你吧，那天我们去富人家，我看到地下室那个洞里面全是金银财宝，但是因为主人吝啬，所以这些都不该是他的，我就把洞封好了；在穷人家中，我知道女主人当晚有灾，会死去的，所以就把噩运转移到她家的牛身上。你还没有修炼到位，所以只能从表面上评析好坏呢！”

天地万物，当它们发生变化的时候，我们往往很惊奇，自以为了解的东西、了解的人，为什么一下子就变了呢？为什么就捉摸不透了呢？因为我们每个人心中，都有自以为是的看法。

“几微故幽”，我们对“几”的体会，要越细腻越好，越精微越好，要达到“幽”的程度。幽，就是暗，也就接近于“空”“无”的状态了。我们对当下这一念之诚的体会，一定要在精微深细处下功夫，才会产生妙用。

下面一句就是打总结了：“诚、神、几，曰圣人。”诚，要至诚，要精诚；神，要变化莫测，要妙用无穷；几，要深细精微，精微又精微，以至于达到“空”“无”的临界。如果我们完全做到了“诚”“神”“几”，那么我们就可以成为圣人，成为人世间真正了不起的人。

慎动第五：君子之道德

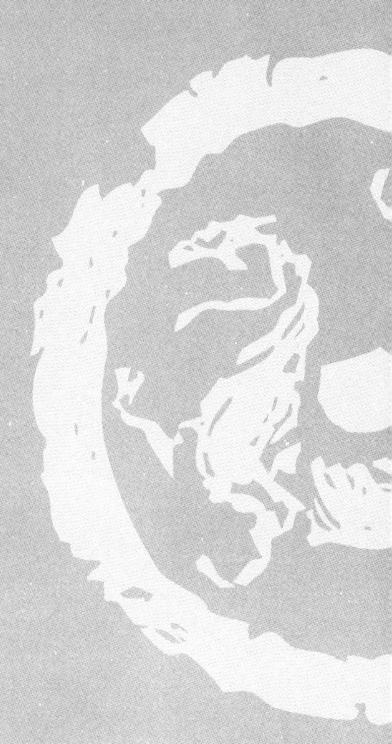

动而正曰道，用而和曰德。匪仁，匪义，匪礼，匪智，匪信，悉邪也！邪动，辱也；甚焉，害也。故君子慎动。

——《通书·慎动第五》

在这里，周敦颐先生自己给“道”和“德”下了个定义，和我们平时说的道德不一样，和道家老子所讲的道德也不太一样。对此，周敦颐先生有自己的体会，所以讲：“动而正曰道，用而和曰德。”

老子在《道德经》里讲：“道，可道，非常道。”他谈的是宇宙间的大道，而周敦颐先生，则是把道德落实在人这一极上，是在人生修养上的体会。我们这一念的心体都是寂然不动的，但是，只要心念一动，就有正邪善恶。“动而正”是什么呢？周敦颐说这就是“道”。怎么理解这个道？既然这是《读易通书》，只有从《易经》乾坤二卦的变化来体会，才最权威。《易经》有很多流派，有的流派是从易理方面来理解，而更多的流派，是从易数方面来理解，比如从预测学、命理学上来体会。实际上，这些流派最明显的差别，就是在对乾坤二卦的体会上。

乾坤二卦到底该怎样解读呢？我们明确地说，乾为先天，坤为后天。那么，先天和后天之间的关系，放到人生修养上又该怎么体会呢？乾卦讲“天行健，君子以自强不息。”自强不息是什么呢？自强嘛，本来就如此强，本来就如此生生不息啊！那么坤卦呢？“地势坤，君子以厚德载物”，如果说乾卦是先天之体的话，坤卦就是后天之用、后天之相。我们要提升自己的心性修养，就要在坤卦上找到进德修业的感觉。坤卦初六讲“履霜，坚冰至”，脚踩到了霜，就表明冬天快要到了，快要结冰了。坤卦乃顺应之道，一切后天的东西，都是要顺应、遵循先天之道。这也是我们生而为人所必须体会到的，要顺应天道而进德修业。

“动而正曰道”，实际上体现的是乾卦的精神；“用而和曰德”，体现的就是坤卦的精神。实际上，乾卦的先天之道对于我们来说，是看不见、摸不着，是不可捉摸的。人们拿《易经》来打卦，打出一个乾卦来，已经不是乾卦在易理上的本意了。乾卦是先天的、本来的东西，是不可以被人触摸到的。我们生命本身其实就体现着乾卦的精神，但是，你要摸它看它，摸不着也看不到。你从镜子里看见的已经不是自己了；你左手能摸到右手，但左手能摸到左手吗？不能。因为你不能又是主体，又是客体。所以，我们只能从坤卦上来体会厚德载物的精神，让我们在德业修行上去不断接近、不断体会乾卦的精神。

明白了乾坤二卦在我们精神修养中的作用，下面的句子就比较简单了。“匪仁，匪义，匪礼，匪智，匪信，悉邪也!”仁义礼智信，都是一念之诚在动，当然是动而正。如果起心动念是非仁义礼智信的，那就是非正道，是邪的东西，不合于道。

“邪动，辱也”，非正道的东西，或者说是非正道的心念一动，发之于外就会自取其辱。“甚焉，害也”，如果行为超出非正道很远了，就会带来很大的危害。

最后是下结论的时候了：“故君子慎动。”真正的君子，心念一动都非常小心。我们做每一件事情之前，都会有一个初始念头。比如我今天要去做一个策划，一定会先动念，这个时候就处于“几”的状态，要千万小心，关注它是正还是邪，这一念会生发出一系列的念想，最后才是付诸行动。《中庸》里讲“君子慎独”，这里又说“君子慎动。”慎独和慎动，一静一动，实际上都离不开“诚”的观照。我们在社会上为人处事，一般都能够做到彬彬有礼，虽然达不到仁义礼智信的规范，起码在公共场合还能够很和气、很和谐。但是，在我们独处的时候，能不能在心念上管住自己呢？这就说不清楚了。

禅宗心地法门的修行，有很多具体的指标。首先，白天能不能做主，管住自己的念头？如果能，很好，证明你有一定的功夫了；其次，晚上做梦的时候，能不能管住自己的念头？在梦里面你能不能够做主？能不能够不去做歪门邪道的事情，不乱打妄想？如果做梦都能够做主了，你已经非常高明，功夫也非常高了。做到这种功夫，你离明心见性、大彻大悟也就不远了。但做到这一层还没到底，禅宗里面还有个终极话头要你参透：“无梦无想时主人公何在？”做梦都能做主，已经很好了，但是无梦无想的时候，你在哪里呢？你又能不能做主呢？如果把这个问题解决了，你就大彻大悟了。

慎独，直接产生的结果就是无过，哪怕是自己独处时，也能保持心性上的清明状态，让自己心不散漫，无咎无过。那么，慎动又有什么作用呢？慎而后动，你做到了，就可以成就一番事业。慎动，并不是不让你动、不让你做事业，而是要你在做事业的时候小心谨慎。如果你从起心动念开始，每一步都能做到乾卦九三所说的“君子终日乾乾，夕惕若”，这样事情还做不好的话，就只能怪自己没这个命了。

道第六：道不远人

圣人之道，仁义中正而已矣。守之贵，行之利，廓之配天地。岂不易简？岂为难知？不守，不行，不廓耳！

——《通书·道第六》

在这一章里，周敦颐先生一上来就说："圣人之道，仁义中正而已矣。"要践行圣人之道，也不是多么了不得的事，入手之处还是很亲切的，无非就是"仁义中正"。

【从仁义中正到天人合一】

大家都知道，中国的传统文化是以儒、释、道三家作为主干，但为什么儒家一直被当作主流呢？就是因为儒家修为的入手处最平易亲切，同时社会涵盖面又最大最广。"仁义中正"这四个字如果要发挥的话，需要很大的篇幅。比如说这个"中"字，整部《中庸》都在谈这个，所谓"喜怒哀乐之未发谓之中，发而皆中节谓之和"，只要我们能够仔细体会，遵照着去努力践行，就能在圣人之道上坚定不移地走下去。

"守之贵，行之利，廓之配天地。"这就是儒家修学的步骤和方法。"守""行""廓"，就是三个阶段。对于仁义礼智信，我们首先要去"守"，只要体会到了这内心的一念之诚，将它发之于外，就是仁义礼智信。这就是我们要坚持、坚守的根本。同时，我们还要让自己的心性保持在"中正"的状态。"守之贵"，就是能坚持这种操守的人，那是非常尊贵、非常稀少难得、非常了不起！守住这种心念之后，还要去行。"行之利"，我们把这种稀有难得的精神状态，在日常生活中、工作学习中落实下来，以圣贤之道为道，这样的话，你的行为就会无往而不利。

"廓之配天地"，如果我们能把自己体会到的、守到的、做到的这些仁义之事扩展开来，就可以体会天地之道，就可以与天地同在。廓，就是扩展的意思。这个说起来似乎很玄，但是《易经》本身就是谈这个事情，人之所以能够体会天地之道，是因为天人合一，天人本一，我们只要从社会人伦的基础上入手，扩而充之，推而广之，就能天地之道，从而"参赞天地之化育"。

后世的儒家都认为，仁义礼智信这五常，是人人都应该具备的天性，所以，

“廓之配天地”，就把五常与五行、五音、五方等自然向度的概念相匹配。

比如仁，与木性相配，东方甲乙木，代表万物之生气。义，与金性相匹配。金代表锋利、有决断，与义所代表的属性相当，西方庚辛金，为肃杀之气。礼，与火性相配，南方丙丁火，通过燃烧带来的热量。礼，正好可以把人与人的关系融合在一起，有火的属性在。以前有个禅师去问老和尚：什么是佛？老和尚说：“丙丁童子来求火。”丙丁童子代表南方，就是火，你本身就是火，又来求什么火呢？什么是佛？你就是佛嘛。智，与水性相配，北方壬癸水。水能滋养万物，上善若水。人的心灵只要常常处在流通灵动的水性状态，就是智慧通达的表现。信，与土性相配，中央戊己土。土旺四季，说明一切人都必须在“信”上面得到受用，才能够深厚、坚固、长久。

当然，这只是古人的思维方式，与现代自然科学的认知相比较，显得还是机械了一些，也未必都能一一对应。但是，即便是在科学昌明的今天，我们仍然要看到中国传统思维方式的合理性和优越性。这种思维将生命内外的联系打通，从而使中国人对天地宇宙与世道人心的认识，有了一个完整一体的系统经验。这就是中国文化传统中的核心理念——天人合一。大家想一想，如果自然宇宙的知识没办法体现在社会人事上，那么，自然宇宙对人类的生存而言，又有什么意义呢？那就毫无用处了。

【知道了，就要贯彻落实】

“岂不易简？岂为难知？”我们看《易经》所讲：“易简，而天下之理得矣。”其实，真理是很简单的，《易经》的八个卦一布，就熟知天地方位。圣人设卦观象，通过观察天地日月水火这些自然现象，设立了八个卦，很简单。我们学习《易经》，就要体会其“易简”这个大易精髓。

《易经》历来有“三易”之说：一曰变易，生生不息，变化多端，非常复杂。首先从很简单的乾坤二卦开始，乾坤相交，一阴一阳，就产生了其他六个卦。八个基本卦产生后再相互组合，又产生了六十四个卦象，基本能概括人类社会的种种现象了。如果再对易卦加以重叠组合，那么宇宙万物就都不出乎其外了。

二曰简易，学易要越学越易，越学越简。我们不要从细枝末节上面去追寻，而是要掌握易道的根本规律。这个规律是什么？一阴一阳之谓道。就像爱因斯坦的相对论一样，宇宙万物都可以用一个公式来表达。从乾坤二卦上，你懂得了推演方法，掌握了阴阳二气的变化规律，就能推演出其他复杂的现象，就可以掌握大千世界的种种复杂的现象。

三曰不易。不易怎么讲？周敦颐先生提出我们心性的本体是“诚”，这个“诚”就是不易，所以在第四章里才有“寂然不动者，诚也”。诚又来源于乾卦的精神，是本体意义上的认知。这个“诚”如果落实到具体的人上，那是人人具备，个个现成，不管男人女人、好人坏人，内心的一念之诚从未丢掉过。用佛教的话来说，这个“诚”“不易”，就是人人本具的天然佛性。《易经》所提示的宇宙人生，不管如何千变万化，这个东西始终是不易的。

所以，“岂不易简？岂为难知？”这个本来就是很简单的东西，有什么难懂的呢？就看你愿不愿意贯彻落实，愿不愿意去守、去行、去廓。我们之所以去圣日遥，永远只是凡夫一个，无非就是“不守，不行，不廓耳！”

【白居易与袁焕仙】

唐代大诗人白居易，其弟弟叫作白行简，一个居易，一个行简，“易简”的道理在兄弟俩身上都得到了体现。白居易在禅道上的修为是非常高的。当年他在杭州任太守，听说西湖边上有个怪僧叫道林禅师，在树上搭了个鸟巢，每天就住在树上与鸟雀为伍，又叫鸟巢禅师。道林的师父径山国一禅师，是当朝皇帝诏见过的大禅师。道林在径山那里得法以后，也不住寺庙，也不给人讲经说法，而是一个人跑到山上，找了一棵百年大树，筑巢而居数十年。

有一天，白居易专程去拜访他，看到老和尚真的住在很高的树木上，就说：“老和尚啊，您住的这个地方危险得很啊！”老和尚却回答他说：“我有什么危险？我看太守更危险。”白居易听了，很不以为然地说：“弟子位镇江山，乃当朝要员，一方诸侯，人人见到我都非常尊敬，你凭啥说我有危险呢？”鸟巢禅师就说：“薪火相交，识性不停，能无险乎！”意思是你屁股底下的火都烧得很旺了，你却还在往里面加柴，真是太危险了！这只有官做到一定位置上的人，才体会得到这种状态。这就是乾卦九三、九四的状态，不上不下，相当危险。“识性不停”就是自己的精神与意识刹不了车，随时处于紧张状态。白居易一听，震住了，于是恭恭敬敬问道："如何是佛法大意?"禅师回答道："诸恶莫作，众善奉行!"白居易原本以为禅师会给自己开示深奥的佛法道理，谁知是如此的平常话，就失望地说："这是三岁孩儿也知道的道理呀!"禅师说："三岁孩儿虽道得，八十老翁行不得!"这个道理确实简单，但是到了八十岁，你也未必能做得到啊!

再讲一个近代的公案。有一次，维摩精舍的袁焕仙老先生在开法会，只见他往法台上一坐，半天不开腔说话。下面的弟子纷纷猜测，以为老师今天可能要掏点真东西出来了，于是恭恭敬敬等待他老人家说法。袁老太爷眼睛一睁，说道：今天，我要给大家传个密法。传什么密法呢？六字真言。大家听好了，今天我只传这一个东西。大家坐在下面洗耳恭听，只见袁老太爷一字一顿地说：忠、孝、礼、义、廉、耻!

这是中华文化中真正的六字真言啊！这个说起来容易，做起来也可以有入手之处，不像一般人以为修道，是玄之又玄，妙之又妙，要闭关要打坐，还要调呼吸，观气脉明点。真正的禅宗，就在最简单、最亲切的地方来体会。我们之所以做不到，是因为不能守，不能一直坚守自己的信念；不能行，不能按照这个信念一步步贯彻落实到生活之中；不能廓，不能扩大自己的信念与行愿，不敢把自己的心量放之四海。如此而已!

师第七：师道立则天下善

或问曰："曷为天下善?"曰："师。"曰："何谓也?"曰："性者，刚柔善恶，中而已矣。"不达。曰："刚：善为义、为直、为断、为严毅、为干固；恶为猛、为隘、为强梁。柔：善为慈、为顺、为巽；恶为懦弱、为无断、为邪佞。惟中也者，和也，中节也，天下之达道也，圣人之事也。故圣人立教，俾人自易其恶，自至其中而止矣。故先觉觉后觉，暗者求于明，而师道立矣。师道立，则善人多。善人多，则朝廷正，而天下治矣。"

——《通书·师第七》

这一章是以对话的形式出现的。有人问：什么才是天下最好、最完美的事啊？答曰：是师道。其实不管是儒家也好，道家也好，还是佛教也好，都非常重视师道，如果尊他人为师，那是表达了非常高的敬意。

【师道尊严话三教】

释迦牟尼号称是"天人之师"，孔夫子被后人称为"大成至圣先师"，非常了不起；道家呢，他们觉得自己的鼻祖老子，比孔夫子还要高一筹，于是老子被道家尊为"圣人之师"。

《史记》里面有孔子见老子的记载，孔子在老子那里请教了关于"礼"的种种问题。出门之后，孔夫子非常惊叹地说："鸟飞得再高，也是有迹可循的；鱼潜得再深，也有网可以捕捞，但是老子就像龙一样，是神龙见首不见尾的啊！"所以，道家后来就有个人，写了一本关于老子的传记，叫作《犹龙传》，用的就是孔子赞叹老子的话——"吾今日见老子，其犹见龙耶！"所以，后来道教就把老子当成孔子的老师，称之为"圣人之师"。

实际上，后来的道教和老庄时期的道家，几乎是不相干的。东汉时期，五斗米教的创立，标志着道教的正式开创。其创始人张陵，把巴蜀民间的巫术、符咒之术，还有驱神役鬼的这些法术，都统统纳入其所创立的天师道中，作为了其"正一盟威之道"的传教手段。这就与《道德经》《庄子》思想中的境界，完全不在一个层面上了。道教发展到了后来，只要不属于儒家的中国民间方术，道教都统统拿来收入《道藏》，纳入了道教文化之中。他们把老子推崇为道教的宗祖，说老子一气化三清，认定他为道教之祖。

不管怎样，我们看得出道教对师道也是非常推崇。道教的实际创始人张陵，就被尊为“张天师”，而五斗米教也因此正式命名为“天师道”。

在佛教里，释迦牟尼被认为是“天人师”，其实，这只是佛的十种名号之一。佛教讲六道轮回，天道是六道中很高的一道，处于整个宇宙生命的高层。六道有天道、人道、阿修罗道、畜生道、地狱道、饿鬼道。人道、天道和阿修罗道属于“三善道”，而畜生道、地狱道、饿鬼道则属于“三恶道”。佛被尊之为“天人师”，就表示他既能做天上神仙的老师，也能够做人间众生的老师，当然，“三恶道”里的众生就更不在话下了。

我们从这里就可以看出，作为中国文化三大主干的儒、释、道三教，对师道的态度，都是相当重视、完全一致的。

【从师卦中来看师德】

这里专门将“师”列为一章，可见其重视的程度。《周子通书》是周敦颐参悟《易经》时所写下的著作，那么，这里我们先看看《易经》，其中有一个“师卦”，一般被认为是讲出师打仗的卦，实际上，也与师道是相通的。

我们看师卦的卦辞：“贞，丈人吉，无咎。”师卦的卦象呢？下坎上坤，其大象辞说：“地中有水，君子以容民畜众。”前面我们说了乾为天，坤为地；乾为阳，坤为阴。坎卦代表水，学中医的就知道，坎水在人身中指的是肾。大象辞讲的“地中有水”，这意味着什么呢？像撒哈拉、塔里木盆地的那些大沙漠，地中无水可是很麻烦的事，但是，一旦沙漠里有水，那就很好了，就有绿洲啊、森林啊、庄稼啊等，生命繁衍的基础就有了。现在提倡保护湿地、保护地球的肺，这就是“地中有水”的感觉。中国文化向来是要把自然宇宙的种种现象与世间人事结合在一起，那么，作为人间之事，师卦又象征什么呢？大象辞接着就说了：“君子以容民畜众”。如果君子能够按照“地中有水”这样来教化大众，那么，就能够容纳、养育更多的民众。在古代，这一点可是非常重要的，你所吸纳的民众越多，你地盘上的人口越多，就意味着你的领地更加强大。

以上是师卦本身所代表的自然现象和引申出来的人事关系，那么，卦辞说：“贞贞，丈人吉，无咎。”又怎么讲呢？首先，卦辞肯定了这个卦总体是不错的，“贞者，事之干也”，故有成事之象。“丈人吉”，就是老人、长辈，老成持重之人，占到师卦，做别人的老师，这是很吉祥的事情。“无咎”，即使你很年轻，但你能以师道作为标准去做事，不会有后悔的事情发生。

下面我们再看看师卦的彖辞：“师，众也。贞，正也。能以众正，可以王矣。刚中而应，行险而顺，以此毒天下，而民从之，吉又何咎矣？”

大家应该知道《易经》的一些基本概念才行啊！很多人翻开《易经》都是一头雾水，觉得很麻烦，有什么大象辞啊、小象辞啊、卦辞啊，还有彖辞啊、爻辞啊，光这些就把人都搞晕了。实际上，象辞，是解释每一卦爻所代表的自然现象与人事之间的关系；卦辞，是解释整个卦所代表的吉凶祸福；彖辞，则是用来解释卦辞的。那么，师卦的彖辞是怎么解释卦辞的呢？

“师，众也。”师道乃动众之道，老师的“师”与出师的“师”，从“动众”的角度而言，几乎是一致的。怎样才能够既动众而又不乱呢？“贞，正也。”贞正之义，既有光明正大，同时还有坚守正道、牢不可摧之义。师卦的品德，就是以己正而能正众人，这正是师道的核心之所在。“能以众正，可以王矣。”当你的品德能够坚贞中正、牢不可摧，同时也能让别人追随你学习，让大家的德行都能够坚贞中正，那么就“可以王矣”，你就可以当领导，带领大家行人间正道。

后面就结合具体卦象来解释了。“刚中而应”，指师卦下卦为坎，中爻是阳爻刚中，也就是说一个真正具有师德的人，他的内心一定很刚正，有自己不可动摇的原则，不会人云亦云、左右摇摆。“刚中而应”，应什么呢？应的是上卦中爻。正所谓“一阴一阳之谓道”，下卦阳爻刚中，对应上卦阴爻之柔，自然就有一种上下呼应。另外，下卦又称为内卦，上卦则称外卦，落实在具体的人事之中，内卦即自身，外卦即外部环境。“刚中而应”，体现了上下卦互相呼应，内外卦和谐统一，所以很吉祥。

那么，“行险而顺”又怎么讲呢？坎卦代表水，同时也代表着沟壑、陷阱等，表明一种险境。但是对于师卦而言，因为有师德“刚中而应”，所以即使是“行险”于坎陷之地，仍然能够顺利。为什么呢？从卦象看，下卦之坎虽然是“行险”，但上卦之坤代表顺天而行，所以才能“行险而顺”。

“以此毒天下，而民从之，吉又何咎矣？”这里的“毒”，是荼毒之义。在现代人眼里，“荼毒”是贬义词，但是这里则不然，它表明如果以师道来面对天下、教化大众，那么，“而民从之”，天下人都会闻风而动，被人民所认同和追随，结果自然是“吉又何咎也”。

【刚柔之中分善恶】

我们先把《易经》的师卦拿出来分析一下，就可以知道为什么周敦颐乃至于儒家、道家、佛家会把师道看得那么重。因为有了师德，有了师道尊严，就能够教化一方，教化民众，进而教化天下，得到大家的拥戴，成就一番事业。

下面我们一起来看原文："或问曰：曷为天下善？曰：师。曰：何谓也？"为什么师道是为天下善？刚才我们通过《易经》师卦就对此解释了一番，这里让我们看周敦颐是如何解释的："性者，刚柔善恶，中而已矣。"人的本性，也可以说是性格、品性，它体现出来的表象就是"刚柔善恶"。我们前面学习了，"诚"是一种"中"的状态，《中庸》也说"喜怒哀乐之未发谓之中"。那么，"刚柔善恶"还没发出来的时候，也同样处在"中"的状态，也就是"诚"的状态。

在生活之中，有些人显得很刚强，有些人则显得很柔弱，有的人处处与人为善，而有的人则处处与人为恶，这些都是"诚"在每个人性格中的不同体现，这些现象都是从"诚"、从"中"生发出来的。

如果你不懂，为什么同样的"诚""中"，会生出"刚柔善恶"不同的现象来呢？周敦颐先生就接着解释道："刚：善为义、为直、为断、为严毅、为干固；恶为猛、为隘、为强梁。柔：善为慈、为顺、为巽；恶为懦弱、为无断、为邪佞。"这一段的意思是说，如果不能维持"诚"这么一种"中道"的状态，就会出现下面一系列的偏差，就会有刚善、刚恶、柔善、柔恶之分。

对于刚而言，它表现出来的善恶之分是如何的呢？"刚：善为义、为直、为断、为严毅、为干固"。刚，所表现出来的"善"，主要有以下几个方面。首先是"为义"，这个人很有道义，讲义气，能够为朋友两肋插刀，不会给人三心二意的感觉，和这种人交往很舒服。"为直"，这个人很直率，很耿直，不会转弯抹角。"为断"，具有金木水火土中"金"的属性，拿得起放得下，有决断之力。"为严毅"，能严格要求自己和别人，毅力非凡，不苟不且。"为干固"，根基很牢固，做事积极肯干，并且能持之以恒。通过周敦颐的这些分析，我们就可以体会到"刚"性很好的一面。

刚，虽然有善的一面，有那么多的优点、好处，但如果把握不好的话，也会出现一些很不好的现象。“恶为猛”，我们在生活中可以看到有些哥们义气重的人，性格很豪强，做事莽撞，不管三七二十一。“为隘”，为人狭隘，器量狭小，容不得他人。“为强梁”，为人凶暴、强横。这些呢，都是刚恶的表现。

“刚”的反面是“柔”，同样地也表现出来善恶之分。“柔：善为慈”，大家都能体会得到什么是慈，佛教里面有一位大慈菩萨，就是我们熟悉的弥勒菩萨，他很慈祥啊，整个脸都笑豁了。我们到庙里面，进山门看到的第一个菩萨就是弥勒佛，肚子大大的，所以山门上的对联一般都写的是“大肚能容，容天下难容之事；开口便笑，笑天下可笑之人”，总之是一种很温柔、很善良、很慈和的表情。“为顺”，是一种柔和的体现，有顺承之意。《易经》所推崇的坤道，就是以顺承为主。我们的心性修养、进德修业，就应该以承顺为主。这里我们也可以结合佛教思想来理解，比如《华严经》里面普贤菩萨的十大愿，第九愿就是“恒顺众生”，就是要恒常、常常、坚持不懈地顺从众生的愿望，当然这是指好的愿望、符合佛陀教义的愿望。如果是众生所发的恶愿，那就不能顺，当然，也不是让你以很武断、很粗鲁的方式去解决，而是尽量以一种柔和的方式来引导、化解。“为巽”，巽卦就《易经》而言，其卦象是下面一根阴爻，上面两根阳爻。巽为风，就像阳春三月的和风一样，很柔和，很舒心。

那么“柔恶”的状态呢？“为懦弱”，不能坚守，意志薄弱，胆心如鼠。“为无断”，做事犹豫，拿不起放不下，没有决断能力。“为邪佞”，这就更不好了，像那些阿谀奉承、奴颜媚骨之人，就一种“柔恶”的精神状态。

【中庸岂是和稀泥】

下面就是周敦颐先生对前面所说的“刚柔善恶”做的一番总结：“惟中也者，和也，中节也，天下之达道也，圣人之事也。”我们面对前面所言的“刚柔善恶”，应该怎么做呢？应该去寻找“中”的状态。

这里的“中”，并不是说骑在中间，左也不偏，右也不靠；更不是墙头草、两边倒，而是让我们努力做到“刚善”与“柔善”的最佳状态。如果你的性格比较刚，属于刚强之人，那就应该多往“柔善”这方面去体会，这样协调好了，才能理解什么是中道；反之，如果你性格比较柔韧，平时就应该多往“刚善”这方面去体会，这样才能调节好你的性格，弥补你的性格缺陷。当然，这些都是我们作为一个普通人的理解，如果还要往更深一层去讨论、去体会这个“中道”，那就需要真正的心性功夫。

我们学习《中庸》，要好好体会什么叫作“喜怒哀乐之未发谓之中”。实际上，上面所举的“刚柔善恶”都还只是第二义的、非本质的、居于从属地位的精神或者心理状态。那么，第一义的本质是什么状态？就是中啊！这是一种“喜怒哀乐之未发”的状态，所有的“刚柔善恶”都只是在这个本质基础上派生出来的。如果我们能够随时体会这个“中”，找到这个“中”的感觉，这时候，就无所谓刚柔善恶，就可以说是无刚无柔、无善无恶！因为“中”，意味着情绪还没有生发出来，不管是“刚善”也好，还是“刚恶”也好，也不管是“柔善”也好，还是“柔恶”也好，这些性格特征都还没有产生出来。这就是“喜怒哀乐之未发谓之中”的精神本质状态。

那么，《中庸》里的下一句“发而皆中节谓之和”呢？我们都见过竹子，一节一节地往上长，其最关键的部分就在那个节上，要破竹，就要“中节”，从节上入手就很容易破掉。节，就是节点、关捩，是最关键的部位。如果你对“中”的感觉很好，并且能够保持得很好的话，那么不管是喜怒哀乐，还是刚柔善恶，当你情绪一发出来，一定都能够“中节”，都可以应势而发，正中问题的节点。需要“刚”的时候就刚发，那就是“刚善”；遇到需要用柔和的方式来解决问题的时候，那就柔发，就是“柔善”。这个时候，不管是刚发还是柔发，都是中节的，都是直击了事物的关键，都能够很好地解决问题。所以“致中和，天地位焉，万物育焉”，如果能达到“中”“和”的这么一种状态，那么天地万物就能够各就其位、各行其道，万事万物都能健康正常地繁衍生息。

所以，中庸之道，并不是我们以前所理解的什么好好先生、和稀泥之类。不是！中庸是一种真正体道而行的生命状态。我们只有这样去体会，才能理解周敦颐为什么会说“惟中也者，和也，中节也，天下之达道也，圣人之事也”。天下之达道和圣人之事业，都是通过“中”“和”生发出来、体现出来的。

【南泉斩猫公案】

真正的中道而行，如果不是悟了道的过来人，很少有人能看懂的。我们看过去那些老禅师，他的喜怒哀乐、杀活纵夺，一般人根本就无法看懂。

比如唐代就有一个非常著名的公案——“南泉斩猫”。大家都知道出家人是慈悲为怀，普度众生，绝对不能犯杀戒。但是有一天，南泉老和尚从外面回来，一进到庙里面，就发现庙里面东、西厢房的寺僧们正在争吵不休。他很奇怪，就问大家争吵的缘由。有人说了，是为了一只能逮耗子的猫，东厢房的说这猫是他们东厢房的，而西厢房的则认为这只猫是他们西厢房的。实际上呢，寺庙里面一般也没专门养猫，估计是不知哪里跑来的野猫，可能先窜到了东厢房，逮了几只耗子，后来又窜到了西厢房。总之这窜一下、那窜一下的，于是彼此就互相争这只猫的归属权，争得不可开交，结果一天下来什么正事都没做，尽围着猫打转转。

南泉老和尚弄明白后，就让他们把猫交给他，跟着从怀里掏出戒刀，说道：“你们都想得到这只猫，好，那你们认认真真回答一句，你们从这只猫身上体会到了什么？如果你们谁说对了，这只猫就有救；要是答不对或者没人答出来，那这猫的命就没了！”数分钟过去了，众僧皆无语，都搞不懂老和尚啥意思，或者是不敢说，或者是说不出来。老和尚见大家都哑口无言，结果手一挥，就把猫拦腰斩成两截！到了晚上，赵州和尚回来了，他是南泉老和尚的得法弟子，刚进门，就有人给他说，你等会儿最好不要去见老和尚，老和尚今天脾气凶得很，杀戒都犯了，杀了一只猫。赵州和尚听了不以为然，就跑到老和尚那里请安。南泉见到他就说：“白天的事你都晓得了吧？”赵州说：“嗯，晓得了。”南泉老和尚接着说：“今天要他们下一句转语，他们都答不出来，所以我把猫杀了。”老和尚突然话锋一转，将赵州一军：“你也来回答一下吧！”赵州和尚听了，将脚上的鞋子脱了，顶在自己脑壳上，转身就出去了。正走在到门口的时候，老和尚追了他一句肯定的话：“如果你白天在的话，那猫就有救喽！”

这个公案说明了什么？对于公案的内容我们且放在一边。老和尚自有他的作用，他在这件事情上就表现得非常“刚”，非常有决断。他逼拶大家回答这个问题，回答不出来，立马就下手，没有丝毫的犹豫，体现出来的是一种“刚”。但这是“刚善”还是“刚恶”呢？我们大家看得懂吗？

大家都知道，在禅宗里面，南泉和尚可是一代大宗师啊！他是赵州和尚的师父，柏林寺赵州禅茶可是很有名的，传到了日本、韩国，一直流传到今天。禅茶之说，就是从赵州和尚这里来的，而赵州和尚是被南泉和尚熏陶出来的。这样的祖师爷好生了得！但是，他在这件事情所表现出来的这种“刚”，就太惊世骇俗了。这个公案背后有什么东西？这个我们现在不谈。当然，如果有人能在禅道上慢慢有所体悟，自然也就能品味到这则公案所隐藏的禅机。不过，我们今天在这里学《周子通书》，是要从“刚柔善恶”上面去体会。

按理来说，和尚是不能杀生的。前面我们还说到普贤菩萨十大愿的第九大愿是恒顺众生，结果这里南泉老和尚不仅没有随顺众生，而且还更进一步犯了杀戒。这个我们如何理解？是否能体会得到？

其实，真正开了悟的人，他心中是空空如也，他时时处在一种“中”的状态，那么他心念一发，都是因事而发。如果需要他“刚”发，于是就给人很刚的味道；如果需要他“柔”发，那就会给人如沐春风的感觉。如果需要“恶”，呵呵，猫都杀了，还不恶吗？大家下来可以参一参南泉和尚的这则公案。其实，南泉和尚和徒弟之间的公案，也有很多是给人一种非常优美、自在的感觉，都能启发人的智慧。当你内心真正达到空明的状态，那就不会被我们平常人所感觉到的喜怒哀乐、刚柔善恶所左右，都能收发自如，都能发而皆中节，能够解决问题难事。

【圣人立教，师道放光】

再看下面的原文：“故圣人立教，俾人自易其恶，自至其中而止矣。”圣人立教，立的什么教呢？在周敦颐先生看来，首先要立的肯定是孔夫子的圣人之教。当然，周敦颐本身也赞同三教互通，所以，老庄之教、释迦之教，也都是圣人之教，肯定都要立起来的。

那么，三教圣人立教的目的是什么呢？就是让众生自己改正自己身上不好的那一面，把喜怒哀乐等各种影响我们情绪、影响我们思维、影响我们精神状态的不良情绪，慢慢改变掉。改变到哪种状态呢？改变到“自至其中”的状态，也就是自己达到“中”的状态。这个地方的“中”，就是《周子通书》开篇所提的“诚”。达到了这种状态后又如何呢？还要“而止矣”。这个“止”，不是停止，而应该做保持来领会。达到了“中”的状态之后，还要保持下来，要安住下来，要将自己的身心性命真正安住于这个地方。所以，圣人立教的根本目的，就是要让我们“自易其恶”，并“自至其中而止矣”。当然，反过来讲，如果我们真正做到了这些，那么自然而然也就达到了圣人的境界，我们就跟圣人们排排坐、吃果果了。

“故先觉觉后觉，暗者求于明，而师道立矣。”先觉悟圣贤之道的先辈们，历代祖师们，通过“圣人立教”，而使后面的人达到觉悟的状态。那些心性上被遮蔽、比较阴暗的人，借助“圣人立教”，也能够使自己发生改变，趋向甚至达到光明的状态。正是这样薪火相传，从而使师道放光，人类最伟大的精神才真正得以传承。

“师道立，则善人多。善人多，则朝廷正，而天下治矣。”周敦颐的《周子通书》，除了讲如何体道修身之外，其中也包括帝王之道，包含有不少经世治国的道理。

在古代，这样的书也不是一般人看得到的，毕竟那时候生产力相对低下，大多数人在更多的时候，要把主要精力放在如何生产上，要花很多的时间去解决自己的温饱问题。一般人日出而作，日落而息，很少有时间来学习圣贤经典。所以，能够真正学习《周子通书》的人，一定是那些处在某个层面上、处在一定位置上的人。

幸第八：闻过有幸，知耻后勇

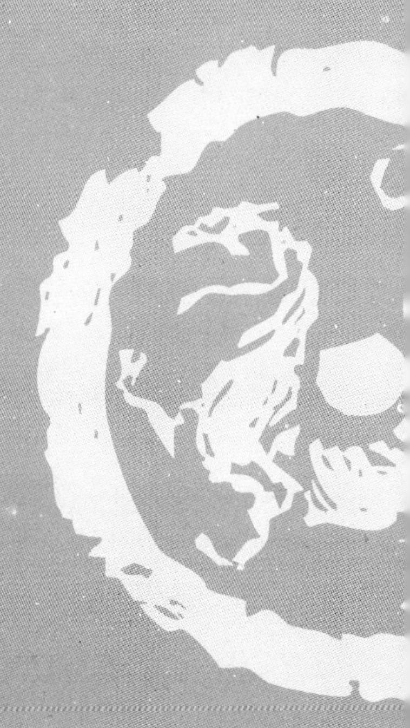

人之生，不幸不闻过，大不幸无耻。必有耻则可教，闻过则可贤。

——《通书·幸第八》

这一章通俗易懂，但是，在“闻过”“知耻”这两个方面，我们实际又做得如何呢？我们该如何进一步落实下来、深入体会呢？《周子通书》是周敦颐先生自己学习《易经》后总结出来的学修系统，又叫“读易通书”。这一章讲“过”，什么是真正的过呢？

在《易经》里面涉及“过”的有两个卦，一个是大过卦，一个是小过卦。我们先从《易经》这两个卦的卦象上来看看，《易经》中说的“过”到底是什么东西？我们平时所理解的“过”，又是什么东西？我相信通过对小过卦和大过卦的学习，大家可能会有启发，体会到比平常更深的含义。

【小过，飞鸟之象】

小过卦的卦象从两个部分来看，上震下艮，雷山小过，艮为山，震为雷。如果我们有事打卦，打出一个小过卦，我们该如何去理解它呢？学习《易经》，如果单纯是为了占卜的话，很简单，拿几枚钱币扔一扔就搞定了，但是结果出来后，该如何去解，恰恰有很深的学问。

我们看小过的卦辞是：“亨。利贞。可小事，不可大事。飞鸟遗之音，不宜上，宜下，大吉。”易卦的卦辞是谁写的？不知道，传说是周文王，但是史籍记载，周文王只是推演了六十四卦，卦辞是不是他撰写，也是众说纷纭。卦辞很古奥，怎么理解？要靠彖辞。

我们来看小过卦的彖辞，彖曰：“小过，小者过而亨也。”我们平时的为人处事中，哪个没有过错呢？伟人也好，百姓也好，都会有小的过错。过了就过了，错了就错了，吸取教训，不必再挂记闹心就好了，就亨通了。“过以利贞，与时行也。”如果是小错误，你认识到了，决定改正了，那么还是可以继续去做自己该做的事，还可以对以后做事有利。“柔得中，是以小事吉也。”这是讲卦象，上震下艮，二五位上都是阴爻，中位都是阴爻，以柔为主，所以是“柔得中”，有点小麻烦、小过错没有关系，只要你把这些错误改掉了，这些都是小事情，过了以后就好了。

小过卦的彖辞后面继续说："刚失位而不中，是以不可大事也。"真正要成大事的人，必须要阳刚中正，要有坚固的信念，并且在执行的时候也能一以贯之，这样才能够成事。"刚失位"是个什么状态呢？二、四、六是阴位，一、三、五是阳位。如果第五爻是阳爻，那么刚就没有失位。如果阳爻在阴位，那么就不好。小过卦中第五爻是阴爻，第四爻本来是阴位，卦爻却是阳爻，所以这个卦的第四、五爻阴阳都失位了，所以"刚失位而不中，是以不可大事也"，一个没有刚正决断的人，当然不能担当大事。"有飞鸟之象焉"，我们看这个小过卦，中间两根阳爻是身体，两边都是阴爻，象柔弱的羽毛，看起来就像鸟在飞一样。

"飞鸟遗之音，不宜上，宜下，大吉，上逆而下顺也。"飞鸟，按古人的说法，"鸟"并不是像我们现在这样泛指一切鸟，而是指小形的鸟雀。就像古书上说到"河"，不是泛指一切河流，而是特指黄河。古书所说的飞鸟，指的是很小的鸟雀，飞一小会儿就没有力量了，就要向下飞，找个树枝屋檐休息一下。由于地心引力的作用，往上飞就是逆地心引力，往下才是顺应地心引力。当然，这是我们现在的说法，古人是怎么说的呢？从这个卦上看，上卦是震，阴在上而阳在下，为逆；下卦是艮，是阳在上阴在下，是顺，所以说是"上逆而下顺也"。放到我们日常的情形来说，遇到小过卦时，就不要一味逞强、积极进取，而是要收敛收敛，多随顺因缘，善处人之下，这样才行得通、得吉利。

我们再来看大象辞："山上有雷，小过。君子以行过乎恭，丧过乎哀，用过乎俭。"艮代表山，震代表雷，所以说是山上有雷。这里明确指出了小过是什么样的状态。"君子以行过乎恭，丧过乎哀，用过乎俭。"一个君子在日常行为中，恭敬得有点过余了；遇到自己家或别人家办丧事的时候，哀伤得过了，就会伤害自己的身体；用过乎俭，就是平常日用过于节俭了。这些就是小过的表现，这种状态当然"可小事，不可大事"。

【大过时，须浩然之气】

以上说的是小过卦，那么，大过卦又有什么样的表现呢？平时我们如果打卦，打到一个大过卦，一般人心里就会有点不舒服，觉得不是那么吉祥。我经常说，《易经》最了不起的地方，不是只给你一个准确的结果，而是教会我们在不同时节因缘下的处世之道。卦象表现出来的，并不仅仅是好或不好的结果，主要还是要指导我们去解决这些问题。

一般的打卦算命只会给你说吉凶怎么样，《易经》却是要教你从卦辞、象辞、彖辞上面去理解现实处境，去找到解决问题的办法。就像上面说的小过卦，大象辞讲“君子行过乎恭，丧过乎哀，用过乎俭”。这些都是小过，这就指点我们遇小过卦时该如何自处了。“过乎恭”就要稍微随意一点，免得令人太拘束；“过乎哀”就要稍微节制一点情绪，节哀顺变嘛；“过乎俭”就要稍微松一松，不要太刻意，不要让节俭变成苛刻、吝啬了。如果我们认识到了这些错漏，然后加以弥补改正，事情就会向着好的方面发展，不利因素也能很快过去。

下面我们来看大过卦。大过卦的卦辞是：“栋挠，利有攸往，亨。”这个房屋的栋梁已经弯曲了、朽坏了，这时候怎么办？赶快离开嘛！所以是“利有攸往”，离开到别的地方才有利，才行得通。

我们再看彖辞的解释：“彖曰：大过，大者过也。栋挠，本末弱也。”大过，就是太过了，这个过错已经很大了。挠，就是弯曲的意思；“本末弱也”，就是栋梁的上下两头，都比较弱，快要坏掉了。我们来看大过的卦象，初爻、上爻都是阴爻，属于柔弱的状态。中间四爻都是阳爻。“刚过而中”，虽然二、五位中位都是阳爻，但是也太过了，二爻本属阴位，让阳爻给占据了；上下本末又弱了，所以大过之时，是处在一种很危险的状态下。

遇到这种状态应该怎么办呢？还有救吗？彖辞下面继续说：“巽而说，行利有攸往，乃亨。”巽为风，要和风谦下才能顺畅。攸，有悠远之义；“攸往”，就是说要离开得很远、走到很远的地方去才好。“大过之时大矣哉！”这是一个很重要的时机，可以说是一个生死攸关的重大转折。

再看大象辞：“象曰：泽灭木，大过。君子以独立不惧，遯世无闷。”大过上卦为兑，兑为泽，就是沼泽的意思；下卦为巽，巽为风、为木。一个真正明白事理的人就知道，这个卦一打出来，做事的时候困难非常大，哪怕勉强做到后来，也会有更大的麻烦等着你。本末都不行嘛，当然整个事情都麻烦多多。在这种状态下，我们该怎么办呢？一个君子处在这种时候，真正要做的就是要“独立不惧”，该怎么做就怎么做，哪怕周围的人都走光了，都垮掉了，你该立起还是要立起。另外，即便是全社会的人都不了解你，不接受你，也不会心生郁闷。

我们读《孟子》，处大过卦之时，就要有孟子提出来的“浩然之气”，要有“虽千万人，吾往矣”的大勇气才行！

【知耻近乎勇】

通过对小过卦和大过卦的分析，我们就可以进一步体会《周子通书》这一章的宗旨。“人之生，不幸不闻过，”人的一生，可能会犯多个错误，但是如果没有人提醒我们，或者我们自己无法认识到这些过错，确实是很不幸的。

我自己在这方面的体会很深。过去，我跟着师父学习佛教中观，那时候刚到成都，时间很充裕，周围的朋友也不多，专心学习了一段时间的《中观四百论》《入中论》，自己觉得很好，好像对每一个东西都理解了。师父问起来，我还理直气壮地跟他辩论，一来二去，发现怎么每次都辩不过呢？师父就对我说：“你自认为学得很好，其实都是学在嘴巴上的。如果遇到实际的问题，把理论变为实际的话，你就会找不到方向。比如说空，问你哪个事物是空的，你可能就答不上来。你呀，没有把知识学到心里面去，这是不行的。”这个时候，我知道自己的问题出在什么地方了，下一次跟师父再辩论到这里的时候，就知道该如何应对了。知道自己的不足，闻过了，就好办得多，这是很幸运的。如果没有人来对你讲你身上的缺点、毛病，这是很不幸的。

“大不幸无耻。必有耻则可教，闻过则可贤。”闻过，是由外而内的一个感觉，是由别人给我们指出过错。关键是，别人给我们指出了之后，你认不认这个过错？这就需要内在的精神体会，这就要知耻。知耻，就是承认自己的错误，但是我们很多人都很难做到这一点。只有知耻之心产生了，别人指出错误，你才会落实到自己的行动上去改正它。如果不知耻的话，内因没有产生作用，外因不管别人怎样苦口婆心地劝说你，你都不会去改。古人讲“君子闻过则喜”“知耻近乎勇”，如果我们能够在别人指出缺点的时候，不怒反喜，甚至有幸运的感觉，那你行君子之道上就会很容易了。

这一句话看起来是非常简单的，实际上跟我们的现代人非常近，也非常当机。哪怕是再大的过错，只要你有了忏悔之心，能够知耻，就是近乎勇敢。知耻而能改正，就还是可以继续在正道上走，再进一步，仍然可以成为贤人，甚至可以成为圣人。

思第九：
圣功之本，吉凶之几

《洪范》曰："思曰睿，睿作圣。"无思，本也；思通，用也。几动于彼，诚动于此。无思而无不通，为圣人。不思，则不能通微；不睿，则不能无不通。是则无不通生于通微，通微生于思。故思者，圣功之本，而吉凶之几也。《易》曰："君子见几而作，不俟终日。"又曰："知几，其神乎！"

——《通书·思第九》

这一章开篇就引用了《尚书·洪范》里的句子。《尚书·洪范》里的片段，讲了"貌言视听思"，这五个方面。这是最早的察颜观相之术。貌，就是我们的外貌；言，就是我们的言语；视，就是我们的眼睛；听，就是我们的耳朵；思，就是我们的思维状态。古人从这五个方面来观察一个人的品性，观察一个人的心性状态，观察一个人的修养水平。

《洪范》中提到的五个方面，前四个都是从外貌来体会。从相术上来说，"貌言视听"实际上是"外相"，我们看一个人的气色、眼睛，通过见闻就可以观察出一个人外部的情况。但是，如果要真正了解一个人，真正明白一个人的心灵，更重要的是看他的所思所想。这在相术中叫作"内相"。所以，周敦颐在这里只把"思"提出来，前面的"貌言视听"都没有提。其实要认清一个人，必须从"外相"到"内相"有一个全面的考察，在这个过程中，对"内相"的考察当然是更关键的。

【无思为本，思通为用】

《洪范》曰："思曰睿，睿作圣。"睿，就是智慧的意思，智慧通达而谓之圣。如果我们善于思维，就可以达到睿智通达的状态；如果真正在内心有了智慧，可以通达一切事理，就能够成为圣人。这都是"思"的作用。

前段时间，我看到了一篇文章，大概内容是如何看待学术与文化。我们有些喜欢传统文化的朋友，尤其是一些喜欢参禅打坐、研习丹道之类的朋友，会在这些地方产生一些误会和疑惑。因为很多学道的人，都喜欢把"空"这个字牢牢抓在手上，希望自己能够空下来，希望自己的思维能够断掉，空掉。其实，周敦颐在解释这个"思"的时候，已经分析得非常透彻了。

我们往下看。"无思，本也；思通，用也。"无思是本，思通是用。为什么无思是本呢？我们每个人都有自己的思维，有自己的精神，对不对？我们学过《道德经》，学过《金刚经》，对无也好，空也好，都会有一定的概念。那么，我们不妨结合佛学来体会一下什么是“无思，本也”。

其实，佛学最精华的部分，就是在对空性的阐释上。整个六百卷《大般若经》都在谈这个空、这个无、这个本。但是，我们该如何体会它呢？周敦颐在这里，只用了几句话就阐释清楚了，而佛教可是用了整整六百卷的经典来谈这个东西啊！“无思”是一个什么样的状态？“无思，本也”，就是我们思维的本体。我们所说的“思”，都是从“无思”这个本源处生发出来的一个一个的念头。我们也可以换个名词来解释，比如用佛教的真如、般若、佛性来解释。比如我们说，“般若，本也”“真如，本也”，学佛的人在概念上就会很明确，但是说“无思，本也”，很多人就会犯迷惑。实际上，般若就是无思，无思就是般若。无思是般若之体，思通是般若之用。

过去的禅宗祖师对这一点，是运用得最活泼的。比如著名的“云门三句”：截断众流、涵盖乾坤、随波逐浪。截断众流，就是截断我们的思维之流嘛！让我们的一刻也停不下来的思维，一刹那回到“无思，本也”的状态。你认识到这种状态，并且敢于承担它，禅宗里就称之为开悟，称为明心见性。所以，过去在大禅师身边参禅，有时候弟子刚提出问题，就会被禅师棒打，或者是冲你大喝一声。在这种状态下，你的思维会产生什么样的感觉？会有什么客观效果？当你怀着满腔热情来问佛法时，突然被大喝一声，或者劈头盖脸打来一棒，这个时候，就算你有再多的思维、再多的意识，都会一下子被打掉，立刻处于一种“无思”的状态。禅宗之所以要行棒行喝，就是要让你在这一瞬间，找到这个“无思，本也”的感觉。很多学人就是在这种棒喝之下，自己的思维流突然断掉，一刹那就找到了自己空明的精神本体，见性开悟了。

“思通，用也”，我们说无思为本，并不是说随时都要处于“无思”的状态。如果你要发挥自己的心性，想要把一件事情做好，就必须要通过念头来产生作用。每一个细小的念头都是思。无思，是我们思维的基础；思，是我们思维的内容，是本体的起用。搞清楚了这一点，我们才能知道“无思”作为本，“思通”作为用，它们是一体不二的，用不离本，本显为用。只有这样体会，我们才能把握好自己的精神。

“几动于彼，诚动于此。”上次讲过了，我们的心本身就像一面镜子，这面镜子是物来则应，物去不留。一面镜子挂在那里，如果有外物在它面前晃动，它就可以照出外物的形象；外物不见了，镜子就会恢复它原有的状态，变得空空净净。这一句，也说的是外物产生变化，内心达到的感应。“几动于彼，诚动于此”，外界任何细微的苗头一动，我们的内心立刻就会产生反应，发生作用。这种反应和作用，是“诚”这个心体本身所具有的功能。

【无思而无不思】

“无思而无不通，为圣人。不思，则不能通微；不睿，则不能无不通。”这一句有点《道德经》里“无为而无不为”的意思。“无思”，是我们本然的一种状态；“无不通”，则是我们遇到外界刺激后正常的反应。如果反应准确、恰当，时时通、处处通，那么你的境界和能力就非常强。

“不思则不能通微，不睿则不能无不通。”这是从另一个角度的反证。这里的“不思”和前面“无思而无不通，为圣人”的“无思”是两个概念。

“无思”是指我们思维的本体，是我们思维的基础。当我们处在一种非常静的状态中，当我们的思维还没有发动的时候，就像我们早晨刚刚醒的那一瞬间。如果还没有醒，那自然什么都不明了。也许在座有人有过这样的体验，当清晨刚刚醒来的时候，念头还没有产生，而周围的一切你都知道，但是你的判断力还没有发生作用，比如今天要不要去上班？今天要不要去会朋友？等等。总之，这个时候你的思维还没有发动，对于周围的一切你心头都是清清楚楚，明明白白，但是意识还没有对此加以分别。在这种状态下，体会“无思，本也”就比较容易。有些朋友通过参禅打坐，并借助观想、呼吸，一段时间后，突然一下就进入到一念不生，对周围事物清清楚楚、明明白白的状态，这种状态就是“无思，本也”。前面说过“寂然不动者，诚也”，其实，“无思”也就是“诚”的状态，就是我们思维的本来面目，就是我们真正的心体。

“不思”则不然，它可以说是一种懒惰的状态，是无思的一个消极作用。其实，周敦颐先生在这里，是要我们勤思，要勤于思考，要勤于思维，要用我们的真心来体会万事万物，要把“思”的功夫下到位。

现在很多参禅修道的人，往往很容易把“无思”和“不思”这两个概念搞混淆了，认为自己参禅修道打坐，就是应该百不思、百不想，以为进入什么都不想的状态，这才是对的。但实际上，这已经落入到顽空、死水一片的偏颇状态中去了。禅宗讲大机大用，那就应该达到这里所说的“不思则不能通微”，即勤思入微。如果你在这方面一旦懒惰，或者什么都不想、什么都不思，那么你对事物的理解，对事物的判断，对事物运行发展的方向、规律等，你就不能明了，以至于无法把握。这就陷入愚痴之中了。

当年临济祖师撒手西归，在弥留之际，在众弟子的请益下，留下一首偈子作为临终开示：

沿流不止问如何？真照无边说似他。
离名离相人不禀，吹毛用了急须磨。

什么是沿流不止？就是我们的意识之流，它就像河流一样，连绵不断。有些人想学道，想空掉，怎么个空法呢？这里也在问，沿流不止问如何？面对这种情况该怎么办呢？我们的意识不听我们的指挥，它始终都在流动，怎么办啊？这里临济祖师接着开示道：“真照无边说似他。”念头来了，不要刻意去管它，等它各自走，但是你的心头，你的一念之诚，是有它的作用的，你只需看着、观照着它就行了，这种观照的作用是无边无际的。比如我们此时起了一个念头，我们的心是知道的，念头是一个客体，知道这个念头是我们心的主体。这个主体就像灯一样，它具有照见的功能，它能够照见周围的一切，也就是说真照是无边无际的。

为什么说这个真照无边的本体，是离名离相的呢？正是因为它是无思的，我们这个无思的本体虽然能照见一切，但如果要给它画一个具体的相是不可能的。

我们一说到“无思”，有人脑子里面马上就在想：什么是无思？是没有思维吗？可是不管你如何思维，如何定义，都会发现那是错觉，都会发现要找这个思维的本体，你是找不到的。因为你一找，就是在思了嘛！所以它就是无形无相的。“吹毛用了急须磨。”当我们遇到事情，我们心头产生了念头，当事情结束后，不留下它，马上回到无思的状态。不断地通过这种方式，使自己的心不断地处于一种空灵流通的状态。不管遇到什么样的事情，哪怕就是芝麻大点的事情，做完以后都不能把这件事情放在心上，不能让它把自己的心遮蔽了，随时要把自己的心清空，使自己的心处在最优化的状态。

“无思而无不通为圣人”，如果做到这样的境界，就会非常高了，达到了儒家所说的圣人的境界。“不思则不能通微”，如果一念不起，那么你对事物的观察就不可能细致入微。“不睿则不能无不通”，如果你没有理性的思维，没有产生睿智，那么就不可能通达无碍，在面对纷纭的事物时，你就不能游刃有余，就不能一下抓住事物的关键。

“是则无不通生于通微，通微生于思。”前面所说的“无思而无不通”就达到了圣人境界，那么，圣人境界又产生于哪里呢？就产生于“通微”，即对最微细之处都无不通达。什么是最微细之处？说白了，就是我们日常生活中的点点滴滴，看起来好像可有可无，都是烦琐之事，其实，这都需要我们仔细地用心去观察，去体会。所以“通微生于思”，我们对最微细的事物之所以能够通达，还是来源于我们最初的念头、最初的思维。

【卧轮与惠能】

再往下看，“故思者，圣功之本，而吉凶之几也”。这在我们第三章谈“诚、几、德”的时候就谈过了，吉凶之机就在我们一念初生、刚刚萌动之时。《六祖坛经》里讲有一个卧轮禅师，他修行很多年，自认为修行很好，见地很高，说了一个偈子：

卧轮有伎俩，能断百思想。
对境心不起，菩提日日长。

这个意思是说，我卧轮和尚的功夫已经很深了，“有伎俩”就是有水平嘛！什么念头我都能把它断掉，自己始终都处在空性的状态中。任何事情来了，无论什么声色犬马之类，总之一切的一切，我都不动心，我就有这种本事，我就有这种定力。我能感觉到自己的菩提在一天一天地增长。六祖听了以后，就回应了一个偈子，完全就是针对卧轮和尚来的。六祖的偈子是这么说的：

惠能没伎俩，不断百思想。
对境心数起，菩提作么长？

我惠能没有什么本事，我心头该想什么就想什么，该做什么就做什么，在庙里面当主持，有很多事物需要自己去管，去处理；经常有人前来请法，我也要讲；还要和地方的官员交往，《坛经》也是在韶州韦刺史的支持下讲的嘛！总之该想什么就想什么，该做什么就做什么，该说什么就说什么。面对外部纷纭的事物，我的心不断起起落落，这件事情来了，嗯，我的心起来了；这件事情结束了，嗯，我的心落下了。下一件事情来了，嗯，我的心又起来了……如此周而复始。对于自己心头的菩提，管它长不长呢，根本就不用管它。

这是两种不同的修行方式。我们是像卧轮和尚那样有意压抑自己的思维，还是如六祖一样，使自己处于一种道法自然的状态呢？通过对这两首偈子的揣摩，我们就应该有所感觉了。所以，对于“无思”和“思”，我们一定要注意，不能混淆了！无思，并不是要我们不思。“无思”是我们本来的面目、本来的状态，但是这个本来面目要发生作用，这样你才能算得上是一个活生生的人，算得上是一个活泼的生命。如果你让自己这种“无思”的本来面目，处在“不思”的状态，也就是前面所说的“顽空”的状态，那就毫无生机了。

这里，我们把“无思”和“思通”，参照着禅宗公案一起来体会，可能大家会更清楚一些。当然，对于我们在座的各位来说，恐怕卧能和尚的境界都还达不到，更不要说惠能了。但不管怎样，对于我们普通人来说，如果能在日常生活之中，在定力上多下些功夫，对自己还是很有好处的。六祖大师之所以能“不断百思想”，并且“对境心数起”，那是因为他“真照”的功夫始终没有丢，自己的本心始终没有被遮障，对于每个念头，都知道它从哪里来，也知道它到哪里去，它会产生什么作用也是清清楚楚的。这就是“真照”，对一切都能照得很清楚。

我们一般人就没有这样的定力，比如有人给你说哪只股票好得很，买了肯定赚，呵，立马就跑起去买了，根本就没有细加分析，听到风就是雨，那么，你真照功夫就很差了。所以，当重大事情来了的时候，我们要先学会放一放，让自己的心多保持一段空灵的状态，用上自己的真照功夫，就会有智慧去面对身边的麻烦事。

【神妙莫测是知几】

下面，周敦颐先生又引用了《易经》的原文：“易曰：君子见几而作，不俟终日。”一个真正修行很好的人，他在面对事情时，不会乱起妄念，不会东想西想。

即使是好事情，但是在“几”没有显现的时候，也不会盲目乱动。否则的话，再好的事情，如果盲动妄动，往往都会事与愿违。所以真正有修行的人，一定会“见几而作”，而且“不俟终日”。不俟，就是不等待，也就是说那些有修养的人，他不会天天坐在家里等机会上门，机会总是会降落在有准备的人身上。那怎么准备呢？准备些什么呢？

这一章所谈的“思”，就是我们的一种准备。不管是在各行各业，也不管是在人生的哪一个阶段，只要是机会还没有出现，那么，我们都要学会静思，要耐得住寂寞，要潜心修炼，一旦时机来临，才会有能力把握住。

过去的禅师祖师经常讲：“机不离位，堕在毒海。”我们的心在面对事情的时候，如果你始终都盯在这件事情上面，不知变动，就没有见“几”。毕竟事物之“几”是非常微妙、非常短暂、稍纵即逝的，它是事情将发而未发的状态。“圣人见几而作”，机能离位，天机活泼，这样事情就能向好的方向转化，就能产生好的作用。反之，如果没有见“几”，或者是死守一“几”，就有可能使事情向不好的方向转化，那就是“堕在毒海”里了。

下面周敦颐先生又引了《易经》中的一句：“知几，其神乎！”真正“知几”的人，真正对事物能通达到最细微之处，并引发开来，达到对事物无所不通的状态的人，那就真正是神妙莫测了。

在周敦颐先生以前的儒家，都没有把“知几”提到这么高的高度。前面我们在学习的时候，也反复在说“几”是周敦颐先生学问之中最重要的一个概念，《周子通书》将其提得非常之高，可以说是整部《周子通书》的核心。甚至可以这么说，你《易经》学修的水平高不高，就是在这个“几”上见功夫！当我们遇到事情，当我们心头一念生起，借助《易经》的方式，就可以了解我们现在所处的位置，进而知道对于这个事情该怎么去做，这就是“知几”的感觉。

前面我们也讲了，“几”是一种非常微妙的转折状态。“见几”，就能够明见事物的发展方向，就能够预测未来。这种预测并不像某些人说的那么玄之又玄，说白了，就是明了因果，有此因就必有此果，种豆得豆，种瓜得瓜，没有什么了不得。但是，我们在种下“因”的这一瞬间，它就是一“几”，见因就是见几，就必知其果。如果我们能够“知几”，那么在事情还没有做的时候，我们就可以知道大致的结果。《易经》说白了，就是要让我们达到“知几”的状态。

【香严击竹公案】

前段时间和几个朋友也聊了一下禅宗关于“几”的问题，可以说禅宗在“几”上有着极高的要求。我在想，周敦颐先生之所以会在《周子通书》里面把“几”提得这么响亮，提得这样高，和他早年参禅一定是分不开的。对于禅宗来说，如果离开了这个“几”，甚至可以说整个宗派也就不存在了。

当年香严和尚和灵佑和尚同在百丈禅师处参禅，灵佑和尚很快就开悟了，并且在沩山开创道场接引学人。香严和尚呢？他非常聪明，对于经教那是厉害得很，引经据典，头头是道，谁也难不倒他。但是，香严始终未能得到百丈禅师的印可。后来百丈禅师圆寂后，香严又跑到师兄沩山灵佑禅师那里参学。沩山灵佑就对他说：“你和我一起在百丈先师那里参禅多年，你闻一答十，闻十答百，都没有印可你开悟，这是为什么？这里我向你提个问题，你来作答，但是不准引用经教上的任何语句，也不准引用祖师的任何语言，也不能借他人的语言，必须用你自己心头的语言来回答。什么问题呢？听好了，父母未生前的本来面目是什么？”

这下子，香严和尚是左思右想，发现自己脑子里面冒出来的东西，不是经典上的话，就是祖师爷的话，想来想去都发现自己说出来的话，都是人家说过的。于是他老老实实地说，自己回答不了，恳请沩山禅师明示答案。沩山禅师一口回绝说：“不行，我给你说了，那你以后对这个问题就会用我说的话来答，还是无法从你自己那里来解决问题。反正话头给你了，你自己去参。”在这个问题上，香严和尚碰壁了很多次，非常灰心，就自暴自弃地想：看来我这个人也不是什么参禅的料，也成不了佛，以后我经也不念了，禅也不参了，干脆就当一个粥饭僧混日子算了。

香严和尚一个人离开沩山，后来路经南阳忠国师的墓前，觉得这里不错，便在附近开了一块地，搭了个茅草棚住了下来。他成天什么经也不看，功课也不做，只管开田种地，吃饭睡觉。有一天，他在锄地的时候，挖到一块瓦片，伸手捡了起来就往田边一扔，这个田边正好是一片竹子，瓦片打在竹林里，非常清脆的一声响。嘿，就这一响，香严和尚一下子豁然大悟！大悟以后，他马上就朝着沩山的方向焚上香，跪了下去磕了几个头，说道：“多谢师兄啊！当年幸好你没有给我说破，如果说破了，哪里有今天这么好的事情呢?!”接着，他就写下了一首偈子，以表达自己的悟境：

一击忘所知，更不假修持。
动容扬古路，不坠悄然机。
处处无踪迹，声色外威仪。
诸方达道者，咸言上上机。

他把这个偈子托人带给沩山禅师，沩山禅师看了以后说：“师弟啊，你终于开悟了啊!”但是，沩山禅师座下的大弟子，已经开悟的仰山禅师看到这个偈子以后，仍然不肯定，跟沩山说：“不行，这说不定是他凭着聪明伶俐，勉强写出来的，我还要在去考验他一下。”

仰山禅师跑到香严那里，见面就说道：“听说你写了个偈子，认为自己开悟了，我可不这么看，除非你当场再给我说个偈子。”香严禅师这回是会者不难，马上又说了一个偈子：

去年贫，未是贫，
今年贫，始是贫。
去年贫，犹有立锥之地；
今年贫，锥也无。

去年，就是过去嘛！所谓“贫”是什么意思呢？就是空嘛，就是无嘛。学禅宗就特别讲究“贫”，要一贫到底，才能通体放下。学佛的人都知道以前有这么一个说法，叫作“穷学禅，富学密”。穷人学禅宗，富人学密宗。其实，这仅仅是一个比喻，不是真的会越学越穷。因为学禅宗就是要让你把一切放下，放到一丝不挂，身心内外皆空皆无，这时候一念转身，才能破参开悟。“去年贫，未是贫”意思是说过去我没有开悟的时候，以为自己啥都懂了，空了，无了，实际上不是真懂，不是真空真无。“今年贫，始是贫”，今年我的状态才是真正的空空净净，没有一丝一毫的牵挂。“去年贫，犹有立锥之地”，过去我还有一个佛法的支点撑着的，尽管立锥之地是很微小，但就是这么微小的一点依赖，就没办法真正开悟。“今年贫，锥也无”，今年的情况呢？连锥都没有了，更何况立锥之地！可以说是一贫到底，毕竟空无一物。

这个偈子非常好啊！但是仰山禅师听完以后，对香严禅师说：“如来禅你是会了，但祖师禅你还没有梦见在！”那么，祖师禅是怎么回事？这个公案，可以说是第一次明确了如来禅和祖师禅的分野。

香严禅师想，既然你说我前面的偈子没有祖师禅的感觉，那我就再说个有祖师禅味道的偈子嘛！于是又说出一首偈子：

我有一机，瞬目视伊。
若人不会，别唤沙弥。

我现在、当下就有一“几”，这个“几”是什么呢？就是“瞬目视伊”，就是用眼角瞟你一眼，用目光闪你一下；你要会当下就会，如果不会的话，那就另外找人来吧！仰山禅师这才拍掌称庆，说：“恭喜你会祖师禅了！”

【如来禅与祖师禅】

那么，如来禅和祖师禅到底如何区分呢？以前冯老师曾举过这个公案，说如来禅就是一个金字塔，可以说整个佛法都包含在如来禅当中。金字塔嘛，就有底座，有腰身，有顶尖。底座呢？主要是佛学的基础内容，包括四圣谛、八正道、十二缘起、中观唯识等教法；腰身呢，更进一步就开始修禅，生起次第修好了又修圆满次第，总之是在次第渐修之中。到了最高的部分，就是你真正了道、真正开悟、明心见性的时候了。如来禅和祖师禅的区别在哪呢？如来禅是整座金字塔，而祖师禅则是金字塔的最顶端，是最高的境界。

仰山禅师在听完香严“去年贫……”的偈子时，说他如来禅是会了，但祖师禅还未梦见在。看嘛，你这里还有去年今年之分，在时间上还是有个次第嘛。在修行上，还有个什么去年贫今年贫，还有立锥之地和锥也无的过程，仍然是渐修渐证。而真正的祖师禅，是没有这些渐修渐证的次第过程，它就是当机立断！就是当下一念！

注意！我们说的这个“几”，就是当下一念。“我有一机”，这当下一念就是一“几”，就摆在你面前。“瞬目视伊”，我就这么看了你一眼，你明不明白？如果你明白了，那就是“知几”；如果你没有明白，那就请走人！

这就是祖师禅！它没有那么多道理可讲，就在当下你能不能转身、能不能一念肯定、能不能一念承当。如果当下你能一念承当这事，那就叫明心见性，那就万事了毕。如果不能，还拖泥带水，还犹豫不决，那对不起，祖师禅就没你的份！你该念经就念经去，你该念佛就念佛去，该坐到禅堂参话头就参话头去，总之，你该干吗就干吗去。后世禅宗的机锋棒喝，全都是在这个“几”上面找体会，就在当下这电光石火的一瞬间，没有任何后门可开，没有任何窍门可讲。那些说什么慢慢修、慢慢来之类的话，在禅宗看来，那就是没出息，就是不想开悟，就是不想成佛！所以，问题就在当下！解决问题也在当下！

因此，这个“几”在禅宗看来，那是生死之间的刹那！禅宗的全部提持，都是围绕着这一“几”在转动。周敦颐先生也是如此啊！他这里借用《易经》的说法：“知几，其神乎！”如果你真正“知几”了，那你真正就神妙莫测了，那你就彻底明心见性了！

志第十：志当存高远

圣希天，贤希圣，士希贤。伊尹、颜渊，大贤也。伊尹，耻其君不为尧舜，一夫不得其所，若挞于市；颜渊不迁怒，不贰过，三月不违仁。志伊尹之所志，学颜子之所学，过则圣，及则贤，不及则亦不失于令名。

——《通书·志第十》

在前面，我们讲了“诚”“圣”“慎动”“道”“师”“幸”“思”，从大道的本源讲到了我们自性的本然状态。这一章讲的是“志”。以什么为志？有什么志向？应该树立什么志向？这一章，可以说就是对大家来学修国学、学修传统文化的要求了。

【从士人到圣人】

“圣希天，贤希圣，士希贤”，这章的第一句就说得很明白了，圣人是怎么志于学的？贤人是怎么志于学的？士人又是怎么志于学的？希，希求，我们可以理解为“志于学”。

“圣希天”，就是圣人的志向是“天”，他的学习方向是天道。前面我们讲过“性焉安焉之谓圣，复焉执焉之谓贤”，圣人志学于“天”，这个“天”是怎么样的状态？那就是大公无私、道法自然的一种状态。圣人志学，就是为了体现天道的大公、天道的无私、天道的平等。天道慈悲生万物，圣人就将自己的本性，安住于大公无私、慈悲平等的自然之道，他是这样来志于学的。

贤人呢？就要次一等，他对天道的体会要差一点，在自己道德修养上的体会，比圣人要次一等，所以他是“贤希圣”，眼里只有圣人是目标，是立志于修习圣人之道。“复焉执焉”，就是通过学习圣人之道，努力恢复先天本性，并坚持一直做下去。

士呢？“士希贤”，就又次了一等，他是要向贤人学习。我们在前面的学习中，有很多关于“圣”“贤”的表述，而“士”这个称谓，在《周子通书》里还是第一次出现。如果按照我们现在的标准来说，士，就应该是有良知、有社会道义、有社会承担、勇于献身的知识分子阶层。中国传统社会历来对“士”是非常推崇的，同时对进入“士”这一阶层的人，也有很严格的界定。我们都知道，中国古代的社会精英阶层、社会骨干分子，号称是“士大夫”阶层，而儒家所界定的“士”的精神，正是这一阶层不可动摇的基石。

■【重建“士”的精神】

在《大戴礼记》中，鲁哀公和孔子有个对话。鲁哀公说：“善！何如则可谓士矣？”孔子对曰：“所谓士者，虽不能尽道术，必有所由焉；虽不能尽善尽美，必有所处焉。是故知不务多，而务审其所知；行不务多，而务审其所由；言不务多，而务审其所谓；知既知之，行既由之，言既顺之，若夫性命肌肤之不可易也，富贵不足以益，贫贱不足以损。若此，则可谓士矣。”就是说，士这种人，虽然不能穷尽大道，自我也不够完善，但是他还是有原则的，什么该做，什么不该做，任何事情都有自己的主张和原则。他对社会事件有一个基本的看法，任何时候都不会违背这个看法。自己的言行举止，完全是遵徇自己内心原则的指引，不会为任何富贵贫贱所转移，甚至为了这个内心的原则，不惜牺牲自己的性命。所以我刚才说，用现代的标准来说，就是有良知、有社会道义、有社会担当、勇于献身的知识分子阶层。

作为一个有社会担当的知识分子，“虽不能尽善尽美，必有所处焉。”他做事情虽然不能尽善尽美，一定会认真去做。“是故知不务多，而务审其所知”，他不求什么知识都懂得，但对自己内心所掌握的知识会非常认真地对待。哪些东西该学？哪些东西不该学？哪些东西有用？哪些东西没有用？他自己内心是有数的，作为“士”的话，都会相当认真地审视。“行不务多，而务审其所由”，他的行为处世，他所有的社会活动不图多，不图热闹，不好名声，但每一个活动都有很正当的理由，都是出于内心原则的必须。他做每一件事情，都会考虑到底是以什么方式去做？到底是对自己有利，还是对别人有利？如果仅仅出于贪欲，那就一定不会去做。“言不务多，而务审其所谓”，古代的“士”还有一个标准，那就是言语。他面对社会发言，话不在多，但是他会很清楚自己说话的目的，他会很认真地去审视自己的每一次发言。

随着网络的迅速发展，网络上的言论满天飞，很多网友，往往不辨真伪，朋友圈里一通乱发乱转。网上到处在传一些惊悚的事件，一会儿这里出事了，一会儿什么地方又爆炸了，一会儿什么地方公交车又出事了、什么地方的人又被杀死了，等等，不一而足。对于这种不负责任乱发消息、混淆视听的言论，我们一定要态度坚决。先是劝阻，不行就将其屏蔽或拉黑。一个人必须从自己的言、行、知上面，完全负起责任来，这才堪称“士”。

孔夫子对鲁哀公总结说：士，作为社会的良知，他是“知既知之，行既由之，言既顺之”，他对事情有自己独立的见解和认识，不会轻易改变；他行为做事，都是完全遵守自己的理念和态度；他说话、发表的意见，也都是顺乎自己内心的原则性。“若夫性命肌肤之不可易也，富贵不足以益，贫贱不足以损。”有了“士”的原则的人，就算是用生命或者肢体去交换原则，他也是不会去交换；有这种“士”的精神的人，大富大贵都不会将其掩盖，贫贱以及危机都不会让其损伤这种精神。“若此，则可谓士矣。”做到了这些方面的人，才是儒家认可的“士”。

从这一段对话中就可以看出，“士”的标准，是取决于他对知识的态度，而不是知识的多少；取决于他行为的出发点，而不是事情的大小；从他的语言上看，是坚定不移地信守自己的原则，还是见人说人话，见鬼说鬼话。总之，中国传统中真正的“士”，是“义”字当头，而绝非“利”字当头。

对于一般的知识分子阶层来说，如果要以古代“圣贤”的标准来要求，实在是太高远了。如果能够以“士”的标准来要求自己，那就很不错了。说句老实话，中国社会发展到了现在，精神危机非常严重，要改变这种危机，非常需要重建儒家所谓的“士”的精神。

我们看现在所谓的知识分子，满大街都是，但是有良知、有担当的有多少？哪怕是大学里面的博士、教授，有些也确实不敢恭维！不该说的话，他偏偏滔滔不绝；不该做的事，他偏偏要去做；不该沾染的商业利益，他偏偏要去沾染。我们现代社会上有很多奇怪的理论、奇怪的思维方式，都是从言辞行为华而不实上出来的。还有一些学院派，说话都不会用平常词汇了，一张嘴就是一整套学院派理论和学术语言系统，让人听得很恼火。前几天，有朋友推荐给我一个相当有名气的人写的书，我一看简介，脑壳都大了！他大概写的是历史哲学与逻辑分析，但里面全是经院术语。几百字的简介，全是这些术语的堆砌，根本让人不知所云。类似这样的知、行、言，和儒家“士”的标准，就相差太远了。

我自己也经常告诫自己，要慎言慎行。虽然我长期与媒体圈子和文化圈子打交道，但是不管是写东西也好，平常在外与人相处也好，都不敢把自己内心不很清晰、不很明确的观点拿出来说。先不说是要对社会负责，至少要对自己负责才行。

【在朝学伊尹】

下面，周敦颐先生就举了伊尹、颜渊两个人的例子。“伊尹、颜渊，大贤也”，颜渊大家很熟悉，孔门第一名的优秀学生嘛，后世尊之为“复圣公”；而伊尹也非常了不起，是中国上古极受人推崇的圣贤人物。

“伊尹，耻其君不为尧舜，一夫不得其所，若挞于市”。孔夫子对伊尹的评价非常高，也是非常推崇的，基本上可以和周公相媲美。伊尹和周公确实有可比性，他是商代的开国元勋、商文化的奠基者，而周公则是周文化的奠基者。

伊尹出生相当贫寒，他曾经作为有莘氏的陪嫁之臣，陪嫁到了商汤这个地方。所谓的陪嫁之臣，大概是大户人家嫁女儿，要带一些地位和文化都比较高的家奴当陪嫁。当时是夏朝末年，夏桀王非常残暴，商汤感到天降大命于他头上，想要推翻夏桀的统治。历史上的汤武革命，就从商汤灭夏说起的。想要革命，想要改朝换代，人才是第一位的，于是商汤就找到了一个很著名的隐士瞀光来帮他。

这里有点矛盾，既然是隐士怎么又那么出名呢？不过历朝历代都有这样的事情。李白当年就到终南山去隐居了一段时间，希望走个“终南捷径”，通过到终南山当隐士，让自己迅速出名。商汤当时先找到瞀光，要和他商量讨伐夏桀的谋略。瞀光就说：“这个可不是我的强项啊！”商汤就问他：“那谁可以帮我呢？”瞀光说：“我也不知道谁能帮你。”商汤再问：“我听说有个人叫伊尹，你觉得他怎么样？”瞀光回答道：“他是个顽强而能忍受耻辱的人，再恶劣的环境他都能忍受，其他的我就不清楚了。”商汤一听，嗯，能这样忍辱负重的人，必然胸怀大志。就因为大隐士的这番话，商汤才请出了伊尹，最后推翻了夏桀。这之后，商汤又三番五次去请瞀光来当王，瞀光实在不厌其烦，干脆跳河自尽了。所以说啊，上古时代的隐士和后来那些走“终南捷径”的隐士，还是不一样的。

周敦颐为什么认为伊尹是大贤呢？他提出了几点：第一是“耻其君不为尧舜”，当时商汤推翻了夏朝，建立了商朝以后，很快就去世了。伊尹做了商朝开国以来三代帝王的辅佐，一人之下，万人之上。他对每一代天子的要求都非常严格，尤其是商汤的孙子太甲，当时王位已经传到第三代了，少年天子没有经受过挫折，每天不仅不理朝政，还很骄横奢侈。伊尹一看，这不行，得收拾他！于是就把他流放到了商汤的墓地——桐宫，让他守在爷爷的墓前好好反思，不反思清楚就不能回来。三年之后，伊尹看到太甲已经深深地忏悔了，从言行举止上也完全焕然一新，这才把他从桐宫放回来，还政于太甲，让太甲重新当王。伊尹自己从此辞去了首辅大权，悄悄地隐居养老去了。

伊尹在位六十年，辅佐了三代商王，为商朝奠定了几百年的基业，是相当了不起的人物。而周敦颐最看重的，是其“一夫不得其所，若挞于市”。在伊尹的治下，如果有一个人没有安居乐业，还流离失所，他自己就会非常难过，就像自己被置于市场之中任人鞭打一样。这正是儒家最推崇的“仁爱”精神的体现啊！所以，伊尹成为后世非常推崇、非常敬仰的圣贤人物。“士希贤”，凡是在朝、在位的士大夫，都应该以伊尹之志为志，以致君尧舜、仁民爱物作为自己的人生追求。

【在野学颜渊】

再来看颜渊。“颜渊不迁怒，不贰过，三月不违仁”。颜渊这位孔门大贤，在志学上面所表现出来的品德，这里就举了“不迁怒，不贰过，三月不违仁。”颜渊是孔夫子最得意的学生，也是品德最好最优秀的学生了，可惜英年早逝，四十岁左右就去世了，为此孔夫子曾经非常痛心。

我们如果按照颜渊的标准来对照自己，就会非常惭愧！比如在外面受了一点气，回家马上就会对着老婆孩子发泄出来。等气发泄完了，马上又觉得后悔，又会发点糖、说点好话来哄一哄。我们在很多时候都会样，把从别处受到的怨气，转嫁给自己亲近的人。这就叫作“迁怒”，非常不好，人与人之间的很多矛盾，就是由于“迁怒”造成的。“不贰过”就更不要说了，我们自己有很多毛病，谁都没有自己清楚，对不对？但是，我今天犯了这个错，晚上才痛哭流涕地忏悔了一通，但是到了明天，可能忍不住还是要犯。“不贰过”，这是“志于学”的最基本的功夫，也是很好的下手处。但真正要做到的话，又很不容易了。这看起来是一个人的性格原因，实际上，是很细微的心性功夫和人生智慧。颜渊就是因为这些细小方面的表现，才让孔夫子如此看重他。

还有“三月不违仁”，这个定力就非常高了！我们讲的定力，不是只有通过参禅打坐才能有定力。高僧入定，那是他闲来没事时养神用的，更多的时候，我们看那些高僧大德，成天当牛做马度众生，忙得团团转，哪有时间在蒲团上打坐入定啊？颜渊的修行，并不是坐在那里不动，而是在日常生活中、待人接物中，不违背“仁”这个最高精神。在《庄子》里面，我们经常可以看到颜渊的故事。有时候，表面上看来，庄子是连孔子都要讽刺的，但是对颜渊却很少有讽刺之语。这是因为颜渊在生活的细节上确实做得相当好，庄子对他是有好感的。

另外，颜渊之所以非常受到后人的推崇，还有一个重要原因，是他从来没干过什么大事。颜渊在孔门中是个著名的穷光蛋，不像子路、子贡、宰予等其他弟子那样掌权做官很风光。《论语》里讲他是“一箪食，一瓢饮，在陋巷，人不堪其忧，回也不改其乐。贤在回也！”从颜渊的例子就可以看出，所谓志学于圣贤之道，不一定非要当官入仕、做出惊天动地的大事才行，像颜渊这样一穷二白的人，照样可以在平凡生活中，活出伟大的圣贤境界来！就这一点来看，颜渊的意义相比于伊尹，对后世学子更具有普遍性的典范价值。

“志伊尹之所志，学颜子之所学，过则圣，及则贤，不及则亦不失于令名”。我们的志向，应该像伊尹一样来树立；具体的学习方式，应该从颜渊身上学习。认识了人的美德之后，可以坚持，并且长期不动摇。这种志于学的水平如果超过了伊尹和颜渊，你就达到了圣人的境界；如果刚刚达到他们的水平，也很不错啊，是著名的大贤人了。哪怕是现在达不到，但是心向往之，按照他们体现的道义去做，相尚以道，在圣贤之道上勤行不怠，这样也不会丧失你良好的声誉。

所以，周敦颐将伊尹、颜渊并举，其实很有深义！古人讲在“朝学伊尹，在野学颜渊”，我们在学修圣贤之道的时候，会看到伊尹的身份地位很高，相当于现在总理的角色，学习起来、做到他能做的事，那是相当不容易。但是学习颜渊，相对来说就亲切得多。作为一介平民，他可以一箪食，一瓢饮，虽然身居陋巷，既不见其忧，也不改其乐。颜渊能够做到，我们为什么做不到？从颜渊身上，我们可以获得更多也更深的启迪。

顺化第十一：垂衣裳而天下治

天以阳生万物，以阴成万物。生，仁也；成，义也。故圣人在上，以仁育万物，以义正万民。天道行而万物顺，圣德修而万民化。大顺大化，不见其迹，莫知其然，之谓神。故天下之众，本在一人。道岂远乎哉？术岂多乎哉？

——《通书·顺化第十一》

下面连续这几章，都是谈治国平天下。“顺化”是什么意思呢？是说治国平天下的最高境界，在于顺其自然地教化社会、教化民众。顺化，就是指顺应、且以悄无声息的方式来教化。

【孤阴不生，独阳不长】

我们来看原文：“天以阳生万物，以阴成万物”。我们以前反复说过，天，在中国传统学问里是有多重含义的，它有时与大道等同，有时又是指具体的天，有时指的是帝王、天子。所以，读中国古书不容易，要体察不同的语境，在不同的语境中，同一个字就会有不同的意思。

“天以阳生万物”，在这里的天，指的就是大道。我们如果能够把“阳”和“阴”的内涵领会到，这句话就能够很顺利地解释出来。实际上，这个“阳”“阴”，就是《易经》中的乾坤二卦。在讲第一章的时候，我们就讲了“大哉乾元，万物资始，诚之源也。”这体现的就是乾阳为“万物资始”的感觉，万物皆因乾阳而得生。那么，“以阴成万物”又是什么意思呢？这个“成”，就是指顺应乾阳而产生，是以柔顺的方式来成就万物。

前几节课，我反复讲过，乾阳的状态看不见、摸不着，是我们的本体。比如，四季的轮回，它背后有一个作用，为什么会产生四季轮回呢？为什么会产生万物呢？我们看不见、摸不着，就只能用一个概念来表述，比如用“乾元”“本体”“真如”之类的字眼。基督教里面，就说是上帝在安排，上帝是第一推动力。我们平时可以感觉一下，很多事情都是无中生有的。佛教讲这个世界是成、住、坏、空的轮回。“空”到极处，就开始“生”，就有万物生成；“生”到极处就是“住”，指万物成熟的一种稳定性；“住”到极处就会“坏”，稳定性渐渐失去，一切开始衰败；“坏”到极处就是“空”，然后又形成新的世界轮回。那么，世界就这么成、住、坏、空，轮回演变，这个背后的主宰是什么？是什么在推动世界轮回演变呢？佛教就说是真如、法性。我们从《易经》的系统来看，这个第一推动力，就是阴阳造化之功。

乾元，就是先天这一点阳气，它能够产生万物；坤阴，是乾元阳气凝聚成形的显现，它依附于乾阳，顺应于乾阳，使乾阳之力显现为万事万物。我们可以观察到事物从无到有、从小到大的整个过程。人的生老病死，从无到有、从有又回到无的全过程，也就是生命的一个循环，完成这个循环的力量，使这个循环显现出来的力量，就是坤阴顺化于乾阳而成就的。

前几天，我们在院子里散步的时候，发现柳枝才冒了一点芽芽，今天中午再去转悠的时候，发现树叶已经长得很长，全部都垂下来了，感觉到一片生机，春光无限。不仅是春天，天地万物的生长变化，都是通过坤道，通过坤阴的自然顺化而发生变化的。平日里，我们可以多从身边的事物上去感受，去找一找乾卦生生不息、阳生万物的感觉；也去找一找坤卦柔顺应承、厚德载物的感觉。孤阴不生，独阳不长，《易经》里讲“一阴一阳之谓道”，阴、阳两个方面我们都要体会到，才能深深地理解我们这个奇妙的世界，理解自己这个奇妙的生命。

【人类永恒的理想】

再看原文：“生，仁也；成，义也”。这句话其实是对上一句“天以阳生万物，以阴成万物”的补充和解释。“生，仁也”，儒家所谓“仁者，爱人也”，这种爱是平等的、博大的，不会厚此薄彼，没有亲疏之分。天地之中，万物不管是好还是坏，也不管是大是小，也不管是五颜六色还是色调单一，总之，老天爷都会很平等对待，一概平等地生养万物。这就是“仁”的最高体现。“成，义也”，前面我们也讲过了，“义者，利之和也”，万物相互间的关系形成之后，自然就达成一种和谐共生的状态，按现代学术的讲法，就是生态平衡的状态，这就是“义”的最高体现。

“故圣人在上，以仁育万物，以义正万民”。在这一章里，周敦颐先生把自己对乾坤阴阳的体会，把对最高的形而上的天道的体会，跟对现实的王道治世之术结合在一起了。

古代社会的理想状态，不管是东方还是西方，都是希望圣人来治理天下。按照古希腊的说法，就是“哲人王”的时代，被认为是国家治理的理想状态。哲人王，就是让哲学家、让最智慧仁德的哲人来担任国家最高的决策者。即便是到了现代社会，不管是美国式的民主制，还是欧洲君主立宪制，选举出来的大总统，全社会也都是希望选举出最能干、最贤明的人来治理国家。这个是人类永恒不变的理想。

我们现在有些知识分子，总喜欢在体制上钻牛角尖，总认为这样的体制就一定最好，样样都好；那样的体制就一定不好，样样都不好。如果现实制度不是按自己的想象设定，就不满现状，心中就愤愤不平。其实，一个国家的政治形态，是由它的文化形态经过长期的熏陶而形成的；而文化形态，则是由一个个具体成员个体的文化和心理结构共同组成的。说白了，这就是佛教所谓的“共业”所形成的。你要想有大的制度变化，就必须要从改变每一个个体的“别业”入手，从自己的文化和心理结构进行改变，进而影响更多的人，最后在普遍的范围内形成新的“共业”，这样，社会制度的变革就自然而然地发生了。

其实，无论哪种文化、制度，对最高领袖的期待都是一样的，就是要寻找和培养一只优秀的领头羊。这只领头羊一定要真正为这个羊群，为这个国家的人民做贡献，所以，他一定要有力量，一定要有能力，一定要有广博仁爱之心。他要用“仁爱”来教化、哺育众生，用“道义”来让个体处在群体的和谐关系之中，最后，共同参与建设一个健康和谐的社会生态。

“天道行而万物顺，圣德修而万民化”，所以，作为一个领导者，一定要遵循天道，遵循自然之道，这样的话，万物万民都会顺应、顺利，国家就会很好，老百姓也不会有怨言。“天道行”，这是从乾卦的角度来说的；“圣德修”，则是从坤卦的角度来谈的。如果领导者能够重视自己的道德修养，能够达到“厚德载物”的境界，那么上行下效，老百姓自然就会得到很好的教化，社会就自然太平。

【康庄大道与击壤歌】

再往下看，“大顺大化，不见其迹，莫知其然，之谓神”。大化无形，没有任何踪迹可寻。人人都看不见、摸不着、寻不见，一点都没有感觉，但是，天下居然就治理得太太平平。一个领导者真正能做到这一点，那就了不得了，那就“之谓神”了！

在中国几千年的历史上，社会治理真正达到“大顺大化”的时代有没有？基本上都谈不上。汉朝的“文景之治”，虽然用的是黄老之术，力图用“大顺大化”的方式治理国家。但是到了后期，从汉武帝好大喜功开始，局势也就变了。唐宋时期也是如此，虽然都有一时的太平盛世的感觉，却都不能够长治久安。何况，这中间太平盛世的质量到底有多高？说不清，还有待考证。儒家最理想的治国状态，实际上也只有上古三代。孔夫子自认为其学术传统是“祖述尧舜，宪章文武”，在儒家理想里，只有尧舜时代，才真正能够称得上是“大顺大化”的时代。

相传在尧帝的时候，国家治理得非常好，什么大事也没发生，连自然灾害也没有。估计他在王宫里终日闲坐，除了出来春游秋赏之外，好像也没有大事可做。这就叫作“垂衣裳而天下治”。有一次，尧帝就带着一帮大臣，到天下巡游一番。走到山西一个叫康庄的地方，看到一个八十多岁的老头子在大路上玩“击壤”的游戏，就是先摆一块方点的石头在地上，然后拿另外一块石头去打，打到了就跳过去，跳过去再摆好，再打再跳。这个老太爷没事就这么一步步地玩击壤。我们现在看得到这种场景吗？一个老太爷在大街上玩起这个游戏，周围还有好多群众围观，在那里帮他加油。这个时候，尧帝身边的大臣就不失时机地出来赞叹说：“哎呀！天子啊！你看你把国家治理得多好啊！百姓安居乐业都到这种程度了啊！连老头子都当街要起游戏来了啊！”结果呢？这番话被这个老头子听到了，他随口就唱了一段很有意思的歌谣：

日出而作，
日入而息，
凿井而饮，
耕田而食，
帝力何有于我哉？

这就是说，我每天太阳升起来就去劳作，太阳下山就休息睡觉，自己挖井饮水，自己耕田吃饭，我一切都靠自己，全都是自食其力，跟你尧帝治理有啥关系？一点关系都没有嘛！

有喜欢文学、喜欢诗歌的人，都应该背诵过这句诗。因为这是中国古代诗歌的开篇之作，是中国有史以来记录下的第一首诗，叫作《击壤歌》。因为不知道这个老头叫什么名字，所以，这首诗的作者叫“壤父”，意思是玩击壤的那个老头子。后来有句成语叫康庄大道，也是从这里来的。

尧帝一听这老头子的歌谣，太好啦！这是个很了不起的人物啊！很高兴。如果换成一般的领导人，跑到乡村里去视察工作，有人这么不理睬他、还唱歌顶他、讽刺他，估计马上就会暴跳如雷。但是尧帝就是尧帝，他很了不起，一听到这里，马上就过去对老头子说：“哎呀！你老人家是真正得了道的人啊！你说的就是道法自然的道理嘛，我要拜你为师！”

尧帝时期被后人称为“大顺大化”的太平盛世，的确是有道理的。人家上古圣王就有这样的气魄与胸怀，而后世那些帝王，即使是有点成就的唐宗宋祖、康熙乾隆之类，其“风骚”就逊得不是一点两点啦！

【只见自己过，不见他人非】

前面我们对“顺化”这一章已经讲了很多，最后还留有一个尾巴。最后这几句很重要，可以说是一语道破的结论性尾巴。

“故天下之众，本在一人。”作为王者，要以王道治世，教化天下；作为一般领导，你要治理好你的单位；作为老板，你要管理好你的员工、建设好你的企业；即使是作为一个普通人、平头老百姓，你也要平平安安、吉祥快乐地过日子，那么，这一切最根本的是什么？周敦颐先生斩钉截铁地说：“本就在一人”，就在一个人身上！这个人是谁啊？我告诉大家，谁读到这个句子，谁在学这个东西，那这“本在一人”，就落在谁身上了。所以，这个“本”不在别处，不是别人，就在当下，人人有份。

我们每天都在面对社会上的各种事情，非常复杂纷乱，有时是面对一个团体，有时会面对更大的场面，甚至于大到一个省乃至一个国家。那么，对于这些事情，你真正能做多少呢？当然，每一个人所处的位置不同，他做事的能力半径也就不同，但是，无论你是什么地位的人，最终都只有一个下手处。这个下手处在哪里？就是当下，就是从自己的一念开始。一念正，则事情就会向正方向倾斜一分；一念邪，事情就会向邪路上倾斜一分。“故天下之众，本在一人”，面对天下之众，要教化天下之众，最终还是要落实在自己一人身上。我们处在什么位置上，就要把自己在这个位置上的“本”找到。所谓“乾道变化，各正性命”，每个人都有各自的位，只要每个人都把自己的分内之事，把自己所处位置上的事情处理好，那么，天下就可以“大顺大化”了。

下面是两个反问句：“道岂远乎哉？术岂多乎哉？”道，其实离我们不远，道不远人，而人自远道。道，就在我们的日常生活之中，就在我们每个人的起心动念之中。这并不是说，只有修道的人身上才有道，不修道的人就没有道。不是这样的！实际上，日常生活之中，无处不是道的体现。所以，“道岂远乎哉？”道就在我们身上，就在我们的日常动静之间，它从未离开过我们，又何来远近呢？

“术岂多乎哉？”不管是治国也好，治家也好，还是只是把自己搞定，治好自己的心，难道真的要有多少高科技、要多少尖端技术吗？根本就不需要那么多！易道贵简，易简而天下之理得也！关键就在于你是否抓住了关键！关键在哪里？就在这一章开篇所说的“天以阳生万物，以阴成万物。生，仁也；成，义也”。说白了，也就是“仁”“义”这两点。如果你对这两点真信得过，真有体会了，那么，不需要你去耍多高明的政治手腕，也不需要你去玩多玄妙的商业手段，更不需要你去绞尽脑汁、密谋算计，总之，该你成就的事业都会水到渠成，吉人自有天相。

汉儒董仲舒说过这么一句话：“仁之法，在爱人，不在爱己；义之正，在正我，不在正人。我不自正，虽能正人，弗予为义；人不被其爱，虽厚自爱，不予为仁。”这就是对“故天下之众，本在一人”的很好的注解。

我们这里应该看到，对自己的仁爱，应该是放在严格要求自己上、让自己能见贤思齐上，而不是放纵自己；对别人的仁爱，则应该是宽容、包容。所以，董仲舒说“仁之法，在爱人，不在爱己；义之正，在正我，不在正人。”这跟六祖惠能大师说的“只见自己过，不见他人非”，两者的意思差不多。

总之，对这一章的学习，大家要把这句话时刻贴在脑门上，那就是：“天下之众，本在一人。”

治第十二：纯心为要，用贤宜急

十室之邑，人人提耳，而教且不及，况天下之广、兆民之众哉？曰：纯其心而已矣。仁、义、礼、智四者，动静、言貌、视听无违之谓纯。心纯则贤才辅，贤才辅则天下治。纯心要矣，用贤急焉。

——《通书·治第十二》

前一章“顺化第十一”，讲了治理天下最高明的办法，是“天道行而万物顺，圣德修而万民化”的无为之法。而这一章所提出的“治道”，是与之相辅的有为之法。其实，有为法与无为法相辅相成，如同大易乾坤之道，不必定分高下。

“十室之邑，人人提耳，而教且不及，况天下之广、兆民之众哉?”很小的一个地方，也就是十来户人家，如果你对他们每个人都耳提面命，对每个人都亲自细加照顾、教育、管理，往往费很大的劲儿，却不一定管用。这是为什么呢?毕竟每个人都有每个人的事情，每个人都有每个人的心计，一个巴掌上五个指头尚长不整齐，更何况人心叵测呢！十室之邑都如此了，更何况面对更大的范围、更多的人，你如何教化得过来呢？所以，要找到一个根本的方法，找到一个最简洁、最明快，并且行之有效的方法。

周敦颐先生的方法，就是“纯其心而已矣”。要让人心变得纯正，要多在正人心上下功夫。他这里有着两层含义：一方面，既然是教化，那么教化的对象就是老百姓、广大民众，如果让大家的心纯正起来，自然彼此相处就会很和睦，社会就会安定，就不会那么多的是是非非。另一方面，也是更重要的一点，“纯其心”更多的是指向教化的主体，你要教化别人，要让别人的心纯起来，你自己的心却不纯正，这事儿行得通吗？别人会听你的教化吗？肯定不听嘛！凭什么“只许州官放火，不许百姓点灯”啊，对不对?

所以，儒家的教化理念，从来都不是单向度的。儒家从来都是奉行以圣人治天下，即掌握天下大权者，首先自己本身的品德、自身的修养就要上去，必须要达到圣贤的境界，然后才能去教化别人、教化天下人。如果你自己都做不到、做不好，就没有教化别人的资格。

下面是对“纯其心而已矣”的进一步阐释：“仁、义、礼、智四者，动静、言貌、视听无违之谓纯。”什么是纯其心？儒家讲“五常”，即仁义礼智信。这里提到了仁义礼智，这四点要如何才能做到呢？又如何判断做的程度呢？就是从动静之中，从言貌之中，从视听之中。他的言谈举止，待人接物，其眼所见，耳所闻，这一切的表现都和他的心，是息息相关的。同样一件事情，有些人觉得很好，而有些人会觉得很差，当然也有些人没啥感觉，总之，我们眼睛所见，耳朵所闻，都是自己内心世界的反映。在这种情况下，一个人在动静、言貌、视听上能够“无违”，这就很好，就是“纯其心”。那么，“无违”什么呢？就是不要违背仁、义、礼、智这四者。我们的一举一动、一言一行，都要以仁、义、礼、智作为标准，这样我们就处于“纯其心”的精神状态之中。

儒家讲仁、义、礼、智、信“五常”，这里仁、义、礼、智都有了，为什么不提“信”呢？实际上，“无违”本身就是信，我们面对仁、义、礼、智，不去违背它，并且坚守它，那就做到了“信”。古人写文章，那是惜字如金，不会有多余的字。

“心纯则贤才辅，贤才辅则天下治。”前面我们说了，“纯其心”并不是只是让教化对象的心要纯，更重要的是教化者本身首先要达到心纯的状态。从这一句里，就可以看出来“纯其心”的重点在哪里。孔夫子说过“君使臣以礼，臣事君以忠”，如果一个领导者，对自己的下属能够以礼敬、宽容、和睦的方式来对待，那么下属也就会很忠诚，做任何事情就能够尽心尽力。所以，领导者能“纯其心”，真诚待人，那么各种各样的贤才也会前来辅佐。如果面对的是天下，那天下就大治；如果面对是自己的企业、自己的一个团队、自己的家庭，那一切也会往好的方向发展。反之呢？孟子说过：“君之视臣如犬马，则臣视君如路人；君之视臣如草芥，则臣视君如寇仇。”那么此君一定会众叛亲离，就什么事情都不可能搞好了。

“纯心要矣，用贤急焉”，只有把自己的心纯正起来，才能够得到贤才的辅佐，纯心为要，用贤宜急，这样才能够很好地处理所面对的一切事物。这是作为领导者最重要的素质。总之，对于“顺化”和“治”这两章，凡是领导者都应该细加留意，要注意其中所指出的根本之处。

礼乐第十三：
最高明的治理和教化

礼，理也；乐，和也，阴阳理而后和。君君臣臣，父父子子，兄兄弟弟，夫夫妇妇，各得其理然后和，故礼先而乐后。

——《通书·礼乐第十三》

这一章实际上还是在谈社会治理和教化问题，只不过是从不同的角度、不同的方面来谈。从某种意义上来讲，这一章所讲的社会治理和教化，其实更高明、更实在、更可操作、更具有普世的意义。所以，“礼乐”作为古代社会治理和教化的核心内容，也更为儒家所推重。

【君子无礼不动】

“礼，理也；乐，和也，阴阳理而后和。”前面在讲仁义礼智信“五常”的时候就说过，“礼”是放在儒家学说的中心位置上的。一个人的大仁大义，如果不通过具体的“礼”，是很难体现出来的；一个人智慧的水平、诚信的水准，如果不通过人与人之间的交往，没有“礼”作为其中介，也是很难显现出来。所以，“礼”在儒家学说里是处于中心的地位，任何人在任何事上，都不得无礼。什么叫礼？礼者，理也，就是人与人之间合理的表达、恰如其分的表现形式，这就称为礼。

宋明理学之所以称为理学，也在于此，他们把这个“礼”，升华到了天理的位置。当然到了后来，尤其是明代以后，就走入了极端，搞得很过分，搞出了很多违背人性、丧失“礼”的本质的所谓礼法，比如搞贞节牌坊、让妇女缠脚、让臣子称奴才，等等，这些事深为现代人所诟病。这都是弄得过头了，恰恰是打着“礼”的旗号做出真正“失礼”乃至于“非礼”的事情。

“礼”对于儒家思想来说，确实非常重要。孔夫子生于“礼崩乐坏”的春秋时代，他老人家一生奔波，最主要的理想，就是想恢复周公之礼。为什么呢？因为在他老人家看来，周礼是社会文明、社会秩序、社会和谐的象征。礼者，理也，周礼是孔子眼中最合理、最体现人伦秩序、最具有人性光辉的人间宪法。

我们读《论语》，处处都能感到孔夫子对在他所处的这个礼崩乐坏、世风日下的时代的不满。孔夫子如此，历史往后走，后世的很多儒家也同样如此。每一代都有自己不同的“礼”，而且也都非常受儒家重视。比如北宋的欧阳修，他对

“礼”就看得是非常重，曾任尚书、翰林学士等。他早先对佛教特别反感，一直都很抵触，觉得佛教把中国本土的礼教破坏殆尽了。那时候，排佛之人称佛教是“入家破家，入国破国”，为什么这么说呢？一个人未出家前，是家庭的一分子，进入了这个家庭，结果为了出家当和尚就抛弃了家庭，这不就是入家破家吗？一国之君放着国家大事不管，一个人跳出三界外不在五行中，这不就是入国破国吗？甚至佛家还有什么沙门不敬王者的论调，这些在儒家看来，就非常失礼，简直受不了。但同样是宋儒，程伊川有一次经过一个寺庙，看见里面举行的法会，僧人们着装整齐，整个法堂庄严肃穆，只听见各种法器音韵不绝，梵呗音乐也非常动听，整个仪式井井有条。程子大为感触，出门后发出赞叹说：“三代礼乐，尽在僧家矣！”意思是中国上古三代最庄严的礼乐，在世俗之中已经看不到了，只有在佛教寺庙里，还延续保存着。

其实到了现在，我们对“礼”也会有所感觉。比如说到日本、韩国，或者是新加坡这些国家一看，就会发现人家在待人接物、为人处世上，那是彬彬有礼，很有我们中国古人之风。就是到了西方国家，他们同样还是有他们非常完备的一套礼节。现在国内也有一些高档的会所，非常讲究礼仪，对穿着举止都有着严格的要求。

《礼记》中说：“礼也者，理也；君子无礼不动。”一个很有修养的君子，任何不合于与礼法的事情，他是不会去做的。但现在的中国社会，对真正的礼节、礼法，普通人的感觉已经非常淡漠了，反而无礼、失礼的事情却非常多。像现在的家庭里面，有些小少爷、小千金们让父母乃至爷爷奶奶们趴在地上当马骑，大人们还乐此不疲，完全没大没小，哪里还有什么礼啊！现在社会人伦出现了很多问题，旧的社会礼教被打烂了，新的社会礼教又没有建立起来，人与人之间各种关系没有理顺，说句令人痛心的话，中华民族几千年流传下来的传统礼节已经一点点地消失了。

【音乐对社会人心的影响】

“礼”是如此，那么“乐”又怎样呢？周敦颐讲：“乐，和也，阴阳理而后和”，这跟《礼记》上讲“乐者，天地之和也”是一个道理。所谓天地之和，就是阴阳协调，风和日丽，万物都处于生动和谐、其乐融融的状态。

我们平常都有体会，一个人劳累了一天，回到家里面，打开合适的音乐，比如东、西方古典音乐，一听，自己的心一下子就静下来、平和下来了，这是整个人体阴阳都得到了调节。所以古人说："乐在宗庙之中，君臣上下同听之，莫不和敬；在族长乡里之中，长幼同听之，莫不和顺；闺门之内，父子兄弟同听之，莫不和亲。"总之，音乐可以使人变得文明，可以让人与人之间彬彬有礼，和睦相处。儒家内修心性，讲正心诚意，好的音乐就能够辅助人调节心性；儒家外用治世，齐家治国平天下，音乐的作用也非常之大。它既可以帮助修身，也可以使家族亲情关系和睦融洽，同样也可在庙堂上，起到和谐君臣关系的作用。

当然，这里的"乐"，是指古典的雅乐，它的根本点就在于"和"。如果是"不和"的音乐，那就要不得了，就会起到相反的、刺激人精神的作用。

现代的音乐五花八门，什么形式都有，年轻人大多喜欢摇滚、爵士等节奏鲜明的音乐。我有一次参加一个杂志首发活动，仪式结果之后就开始跳舞，放的全都就是这类的音乐，才待了一会儿我就感觉自己的心脏根本就承受不了，那沉重的节奏把脉管都要敲爆了。但是，很多年轻人就觉得非常带劲，玩得不亦乐乎！这也是音乐的一个作用，起码它给了某些人一个释放和宣泄的机会。现在的年轻人大多是独生子女，压力很大，从娃娃起，小学、中学、大学，不管是学习的压力，还是父母的寄托、社会竞争，都使这一代人在精神上、身体上都不堪重负，所以特别需要一种释放和宣泄。某些音乐就有这样的作用，只不过这种单纯的宣泄性音乐，调节心性的功能有限，如果宣泄得过分了，往往会适得其反。

总之，音乐对人心的作用非常大，既能够调节人的心性，让人从烦躁中平静下来，也能够骟动人的七情六欲，刺激出人的原始本能，诲淫诲盗于无形之中。所以，音乐对人心的影响是无形的，能让你不知不觉，就陷入了某种情绪氛围当中。

上次和几个朋友到古琴馆，听了一曲"高山流水"，很舒服，真正感觉自己就处在一派幽远山水间，虽然没到青城山，却有到了"青城天下幽"的感觉。对于音乐，我认为还是应该有所选择，要学会根据自己内心的状况，做出合适的选择。否则就会不知不觉间，被某些音乐带入精神的阴暗地带，甚至难以自拔。

"君君臣臣，父父子子，兄兄弟弟，夫夫妇妇，各得其理然后和"。你处在哪个位置上，你就做好哪个位置上的事，就按照哪个位置上的"礼"来做。你不能失了这个"礼"，失礼就是失位。君对臣应该礼敬；臣对君，下级对上级，就应该忠诚。以此类推，父子之间、兄弟之间、夫妇之间，同样在“礼”上不能颠倒，更不能越位。如果颠倒越位，所谓的天下大乱，也就是因为在这些基本问题上出现了混乱，以至于影响了整个社会。所以，“各得其理而后和”，人与人之间，各人要安住于自己的“礼”的范围之内，以此来做事，来与人相处，然后才能平安和谐。

“故礼先而乐后”，儒家讲礼乐，也有一个先后次第。“乐”要放在“礼”之后，只有懂了“礼”，在“礼”的规范下，以“礼”为准绳，才能够借助“乐”来调理好自己的身心，处理好人与人之间的关系。如果以《易经》的阴阳观来看，礼乐也是一对阴阳关系，礼阳而乐阴，礼主而乐宾，绝对不可以颠倒了阴阳。

务实第十四：
进德修业，避虚就实

实胜，善也；名胜，耻也。故君子进德修业，孳孳不息，务实胜也。德业有未著，则恐恐然畏人知，远耻也。小人则伪而已！故君子日休，小人日忧。

——《通书·务实第十四》

这一章涉及了一个古老的命题，即名实之辩。简单地说，名实之辨就是一个人实际的能力、本事、学问知识与所获得的名誉之间的关系。在中国古代，其实这些都不是问题。好名，是很可耻的事情，真正地实修、实行，做实事，才是个好事情。在中国文化里面，这一直是很正统的观点，是千年不易的基本精神。

【为什么要逃名避世?】

中国几千年的文化传承中，一直都有一种隐士精神。很多学者、道者，对“名”这个东西看得很淡，甚至历代都有“逃名”之说，很多人都逃避名声。为什么他们不愿意要“名”呢？原因就是这一章开篇的两句话：“实胜，善也；名胜，耻也”。

唐代马祖大师有一个弟子叫大梅法常，他得法以后就离开了马祖，自己也不住寺禅修，也不到处讲经说法，而是到深山里搭一个茅棚隐居起来。他曾经写过一首诗偈云：

一池荷叶衣无尽，数树松花食有余。
才被世人知去处，又移茅舍入深居。

我们看这些禅者，真正是淡泊名利。穿什么、吃什么都无所谓，池塘有荷叶，就可以拿来围在身上做衣服；松树上结了松果落下来，就可以解决基本的食物问题。刚刚被人家发现了，马上就把茅草房子移到深山里头去。

还有一位龙山和尚，也很了不得。当年洞山祖师和密师伯一起出去行脚，到了龙山，顺着山间小道一直向山林深处去。后来没路了，却发现密林小溪里漂下来几片菜叶子。他们一看，就知道深山里面肯定有人隐居，于是便顺着水沟往里走，果然看到里面有个菜园，一个老和尚在那里住茅棚隐居。龙山和尚问他们：“此山无路，阇黎从何处来？”洞山祖师是开宗立派的大禅师，当然语默动静不离禅法，所以反问道：“无路且置，和尚从何而入？”龙山说：“我不从云水来。”洞山又问：“和尚住此山多少时也？”龙山答道：“春秋不涉。”这个跟时间没有关系。洞山再追问：“和尚先住，此山先住？”龙山答道：“不知。”洞山问：“为什么不知？”龙山云：“我不从人天来。”洞山见他答话滴水不漏，便语脉一转，从另一个角度问他：“和尚得何道理，便住此山？”龙山回答：“我见两个泥牛斗入海，直至于今绝消息。”这个就是泯绝无寄的实证境界了，这时候，洞山祖师“始具威仪礼拜”。后来，龙山和尚向洞山说了一偈：

三间茅屋从来住，一道神光万境闲。
莫把是非来辨我，浮生穿凿不相关。

他们坐论了一会儿之后，洞山起身告辞，转身回去。但是，还没走出多远，他们便发现背后火光冲天，原来龙山老和尚自己把茅棚点燃烧掉了，人也消失在密林中了。他被人发现了，便要换地方住。

古代的修行人，很多都是这样子的，对名利有着真正的出离之心。我们现在说起来，很多人都觉得隐居不可思议。我们现在遇到很多人，都是嘴上说得很高明，大乘佛法要入世啊，要度众生啊，要到人世间来历炼啊，躲到深山里修行那是小乘自了汉啊！但实际上呢，主要还是舍不得世间的荣华富贵。我们不管人家怎么说，关键是要好好问自己：我们到底对世间的名利有没有看破？我们不愿出离世间，到底是为了学佛度众生，还是舍不得世间的名利？古人说，达则兼济天下，穷则独善其身，其中就是这个意思。放不下世间名利，任你把大话说到天上去都没有用。

德山宣鉴禅师，那也是唐代了不得的一代宗师。他在龙潭和尚那里悟道之后，就在湖南常德的山中住茅棚隐居了几十年。到了七八十岁的时候，当地的地方官员来请他出山，给他建一个精舍传播佛法。结果呢？人家多次相请，德山和尚就是不出山。后来，这个官员被惹火了，就告诉德山和尚说：“如果您老和尚再不出山，我就要以贩卖私盐的名义，把你抓起来关牢里！”就这样逼迫，德山和尚才不得不答应出山，然后开堂接众。只经过短短几年的时间，德山禅法也就大兴于世，盛极一时了。

我们再看近代的印光大师，他在普陀山闭关的时候，就公开宣称“念佛待死”，坚决不出来。但是后来呢？很多人来找他，非要请他出山，直到真正的缘分到了，印光大师才不得不出来弘法。

过去的大祖师们都是这样的，没有人非要跑出来传法、非要送货上门，把佛法当商品贱卖了。他们都是不问世法而自修自行，最终德行深厚纯一，才被龙天护法、居士善信们硬请出来。在这个事情上，我们就可以看到古代真正修行人的精神。

【眼球经济的时代】

“实胜，善也”，我们要学修传统文化，就非得把这种淡泊名利、一心求道的精神贯彻到自己身上来，真正地去实修。

今天这个时代，是一个到处宣传打广告、靠惊人之语、稀奇古怪来吸引眼球的混乱时代。我自己在媒体工作，现在的媒体也是靠卖广告吃饭。如果光靠卖报纸、杂志，就可能连成本都赚不回来，全靠广告把一大群人养活。我们现在走在路上，看到左右上下，全部都是广告牌、广告箱，电梯里面也是广告，大厅里面也是广告，就连坐个出租车，你想清净地打一下瞌睡，车载电台、车载电视也全部都是惹人心烦的广告。我们每天都是被动地受广告的污染，被动地灌入了一脑袋垃圾信息。其实广告本身，并没有好坏，无非是广而告之嘛，是想把自己的产品宣传出去。但是，如果宣传的时候，没有这个实，没有实实在在的产品质量，你宣传得越多，负面影响可能就会越大。虽然开始的时候，一时之间会让很多人知道，但是没有好的品质，迟早会穿帮，最终只会让人不屑于一顾。

实际上，在名的后面，大家都清楚就是利。一切为了名声而造的假，还不是为了吸引大众的眼球，背后都是一种利益的驱动。

【谦谦君子，坦坦荡荡】

再往下看：“故君子进德修业，孳孳不息，务实胜也”。君子进德修业，这是来自于《乾文言》，解释的是乾卦九三爻。

刚刚开讲《周子通书》的时候，我把乾卦九三爻专门提出来，与大家一起重点学习了。乾卦九三爻说“君子终日乾乾，夕惕若厉，无咎。”这是一种相当积极进取的精神状态，有了这种精神状态，面对任何事情，你都会立于不败之地。《系辞》中讲：“君子进德修业，忠信所以进德也。修辞立其诚，所以居业也。知至至之，可与言几也。知终终之，可与存义也。”这个忠信，就是“实胜”的意思，这是君子应该做到的。孳者，生也；“孳孳不息”，就是生生不息。君子乾德，自强不息，在这里也可以得到体会。“务实胜也”，就是前面的道理如果都会了，那就一定要在实际的修学上下功夫。

“德业有未著，则恐恐然畏人知，远耻也”。我们的德行事业还没有做好，就被外人知道了，这是很让人惶恐的一件事情。如果我们都有这样的心态的话，就会远离名利上的损害，远离羞耻的境地。

现在我是越来越有这种体会了，以前年轻的时候不觉得，总以为成名要趁早。那个时候自己喜欢写作，如果在报纸上发表了点豆腐块文章，就高兴坏了；写了点小诗小文，就复印出来到处散发给朋友看。现在回想起来，写的都是些啥东西哦！还真是有点不知耻。现在呢，虽然到处刊发的文章越来越多，但自己心里相当清楚，哪些东西是自己用心写的，哪些东西是为了养家糊口写的，哪些东西是闲来无事写着玩儿的。总之，现在就不愿意让更多的朋友来知道这些。越往后面走，就越有这样的感觉。

“小人则伪而已！故君子日休，小人日忧”。小人，虚伪而已。他们并不是没有其他办法，而是在利欲熏心之下，就不知羞不知耻了。

所以，这一章后面就总结了：“故君子日休，小人日忧。”这是来自于《尚书·周官》里的一句话：“作德，心逸日休；作伪，心劳日拙。”我们日常也会有所体会，真正是心头踏实了，是个坦坦荡荡的人，白天不做亏心事，晚上就不怕鬼敲门。时常处于休息、休养、安逸的状态，就不会有烦心的事找你。作伪会带来什么后果呢？就是“心劳日拙”。如果做了弄虚作假的事，生怕被别人识破，心里就会很紧张。

昨天看到一个关于抗日时期重庆谍报的电视剧。一个叛变了的中国人，加入了日本的谍报队，又要打入中国的谍报队伍，整天都提心吊胆的，晚上总做恶梦，上个厕所都在害怕。其实，真正做到了君子进德修业的人，就不会有这种忧惧了。

爱敬第十五：学人所长，悉有众善

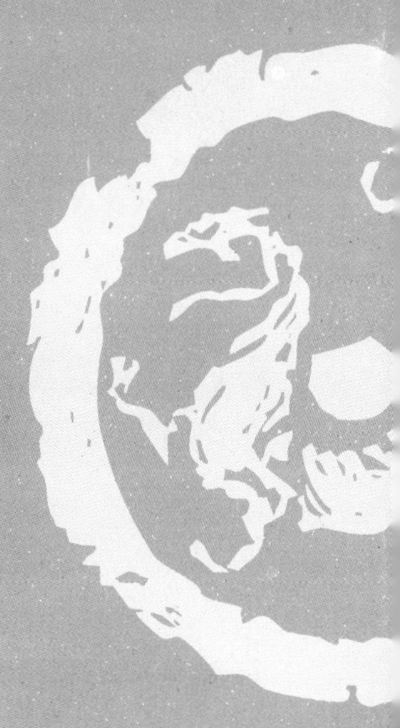

“有善不及？”曰：“不及，则学焉。”问曰：“有不善？”曰：“不善，则告之不善。”且劝曰：“庶几有改乎！斯为君子。有善一，不善二，则学其一，而劝其二。”有语曰：“斯人有是之不善，非大恶也？”则曰：“孰无过，焉知其不能改。改则为君子矣。不改为恶，恶者，天恶之，彼岂无畏耶？乌知其不能改。”故君子悉有众善，无弗爱且敬焉。

——《通书·爱敬第十五》

在这一章里，周敦颐先生用对话的形式来谈如何爱人、敬事；让我们通过爱、敬，来面对周围人和事。劝人向善，就是爱人；见不善而力劝其去之，就是敬事。世人多喜褒厌贬，常以“不包容”来回应直心批评，他们不知道，这恰恰是君子爱人、敬事的表现。

【诤友才是真朋友】

“有善不及，曰：‘不及，则学焉。’”有人来问，如果觉得自己比不上别人，该怎么办？很简单嘛！不及别人，就要去学。这是一个最基本的道理，但是我们平常往往做不到。不仅做不到，往往还会嫉贤妒能。有人说某人非常耿直，说话很直率，但说不定有人背后就会说这人的坏话，哼，他直什么，当面一套背后一套；有人说某人平日里温文尔雅，也不作非分之想，是很朴实的人，但说不定背后也有人就议论，他呀，投资这个公司、那个项目，整天还不是搞得焦头烂额的？俗话讲：“哪个人前不说人，谁人背后无人说”，对不对？

现在喜欢国学的人都喜欢看“百家讲坛”这类节目，我却一直都提不起兴趣。有时偶尔看一下，觉得还可以，但是真正要我每期都看，还是觉得不怎么样。现在来反思自己，觉得还是有问题的。我们平时议论易中天、于丹这些人，觉得他们没有什么了不起的，但是反过来一想，人家能够吸引那么多的人，能够带动学习国学的热潮，受到那么多人追捧，肯定也有他们自己的道理。你不能看不到别人的长处，光说人家讲的只是皮毛、大路货，缺乏道气。也许在其他场合，当人家讲到深入的东西时，也未必就像公开讲的那样。只不过呢，在电视这种大众媒体上面，有些东西不可能讲得太深入，因为你面对的是大众。如果真的要讲得很深入，看的人也许就少了，这个节目很快就会被其他节目替代。其实，不管是人家的讲课水平、语言组织能力、叙述的生动性，就我自己来说，是远远比不了的。但是呢，我们往往就是看不到别人的优点，认为人家是稿子熟，就把短处掩盖起来了。

所以有些道理，比如不懂就问、不及则学，我们很小的时候就已经接触到了，但是现在回心转意一想，觉得实际做起来，还是差得很远；与古代圣贤的要求，就差得更是远了。

“问曰：‘有不善？’曰：‘不善，则告之不善，且劝曰：庶几有改乎！斯为君子。’”如果遇到别人不对的地方，我们又该怎么做呢？如果你是一个真诚的人，也希望别人早点好起来，就要告诉别人哪个地方做得不对。看到别人做得不好、有缺陷，就应该告诉别人。告诉了之后，你还要对他说，只要你改正了这个缺点，就很快会成为君子。

当然，这个事放在现在，能够做到这一点也很难。遇到真正交往很深的朋友，有些问题是可以直截了当地提出来，但是就算是很好的朋友，在某些问题上，也还是无法说出口，还是要讲究方法和策略，也要考虑到自己和他人的身份。两个人单独交流的时候还比较好办，但是当三个人、四个人，或者更多人在场，就要把握一下分寸了，要给人留足面子，找到方便善巧的言辞，这样别人才容易接受，才是真正对别人好。你不能一味粗耿、一味直截了当，要知道，直心并不等于是粗鲁啊！

【原罪与业力】

“有善一，不善二，则学其一，而劝其二”，如果我们遇到一个人，既有善的一面，也有不善的一面，既有他个人的优点，又有他的缺点，该怎么办呢？我就学习他好的一面，劝他改正不好的一面。古人说“七岁儿童胜我者，我即问他；百岁老翁不及我者，我即教他。”古人对待学习，就是有这么一种胸怀和气魄，要具有“直心是道场”的勇气，才能够做到这一点。

“有语曰：斯人有是之不善，非大恶也？”这里又递进了一层。如果一个人不只是缺点错误，而是发展到了大恶的地步了，用现在的说法就是犯了法、有罪了，又该怎么办呢？周敦颐先生在这里，还是以他一贯的精神来回答。“孰无过，焉知其不能改，改则为君子矣。”有些人犯的罪确实非常大，罪大恶极，但是，也不要唾弃他。谁没有过错呢？你怎么知道他不能改呢？在西方观念，尤其是基督教的观念里面，认为人只要生到这个世界上，就是有罪的，人人都有原罪，任何人都不例外。

《圣经》里面记载，有一次，耶稣遇到一群人围在一起，把一个女的绑在柱子上要用石头打死。为什么呢？因为这个女的犯了十恶不赦的罪过——通奸。按照当地的法律，就是要用石头把她打死。那个犯罪的妇女被绑在那里，也是痛哭流涕，求天天不应，叫地地不灵，失去了任何活下去的希望。耶稣看到这个情况，就走过去，手上也拿着一块石头，走到群情激昂的人群中去说："这个妇女犯了奸淫罪，确实是罪大恶极，但是你们大家想一想，哪一个没有罪呢？如果有人认为自己没有犯过罪，就可以拿石头打死她。"说完后，耶稣就把自己手上的石头扔进了河里。后来，人们才一个一个，把自己手中的石头都扔掉了，这个妇女也就活下来了。

我记得以前还和几个朋友讨论过这一段：耶稣自己到底有没有原罪呢？他自己虽然拿起了石头，但他自己也说了嘛，没有罪的人才可以把这个女的打死，然而他却把石头扔到一边。那么，他这个行为表示了什么呢？他如果没有罪，就可以打死那个妇女；但他自己也把石头扔到一边，难道他觉得自己也有罪吗？当然，基督徒肯定不会认为耶稣有原罪的，念头都不能这样起。我们不是基督徒嘛，当然可以讨论。按基督教的观点，耶稣既是"神之子"，又是"人之子"。如果站在"神之子"的立场，他当然没有原罪；但如果站在"人之子"的立场，他就必须有原罪。所以，怎么看待原罪？这其中大有文章。这个暂且不讨论了。

总之，在西方观念里面，凡生而为人，都是有罪的。周子说"孰无过"，在东方的观念里面，佛教讲人生下来就是带有业力的，就算死了，也是"万般皆不去，唯有业随身"。我们之所以在这个世间来做人，就是因为我们被业力牵引。《地藏经》里说"南阎浮提众生，起心动念，无不是罪，无不是业。"在佛教的宇宙观里面，南阎浮提就是我们这个世界。

我个人认为，佛教的业力说与基督教的原罪观，是很相似的。如果没有做人的业力，你就不会变成人。但换个角度来说，佛教又讲："烦恼即菩提，路途即家园"。如果没有这种业力的话，我们又怎么来修正自己呢？又怎么能达到菩提觉悟的境界呢？所以，我们也不要把这个业力、原罪看得有多么了不得！

【中国人的信仰是什么】

“不改为恶，恶者，天恶之，彼岂无畏耶?”修行，就是修正改变自己的行为。如果不改，又怎么办呢？如果真的是十恶不赦的人，他就是不改，你拿他有什么办法？周敦颐又说了，不改的人，还要把自己的恶进行到底的人，老天爷会厌恶他、抛弃他，他难道不害怕吗？

现在的学术圈子里有一种说法，就是中国人内心缺乏信仰，说中国社会历来最大的问题、这个民族文化最大的不足，就是缺少宗教信仰。中国本土的宗教只有道家，而它实在又谈不上是宗教，是民间的巫术、方术与先秦道家思想的糅杂、集合，还不是一个现代意义上的宗教。佛教呢？更是外来的，从隋唐时代开始才真正在中国形成，在这之前，中国人都没有真正意义的宗教。但即便是佛教，在民间社会里，仍然被中国人搞成了一个鬼神崇拜似的东西。春秋战国时期，中国人搞的都是祖先崇拜啊！现在我们清明祭祖，也是延续了对祖先的崇拜，并没有西方的上帝、神、真主这些超越人之上的宗教信仰。

上面说的有一定的道理，但是，也并非全然如此。其实，中国人的精神里最重要的，就是“天”。中国字是一字多用、一字多意。有的时候，这个“天”指的是道，道藏万物啊！《圣经》里面有“创世纪”的篇章，实际上，我们把里面的“神”字换成“道”字，是完全讲得通的。中国人敬畏天、崇拜天，乃至于皇帝老子，任何人都管不了他，但还是有“天”能管得了，所以皇帝也叫作天子。皇帝如果作恶的话，老天自然会收拾他。不管是夏桀还是商纣，都是被老天灭了。从汤武革命开始，就有了“天命”这个说法，说是上天借助了商汤、周武这些人，来惩戒了十恶不赦的君主。实际上，中国人的宗教精神也非常强，并不是像有些人说的那样缺乏宗教感。就算是过去的皇帝，也是敬畏上天的。过去只要发生了天灾人祸，皇帝都要祭天，或者是大赦天下，还要自己谢罪，说自己无道，才会招致天灾人祸。所以，周敦颐说“乌知其不能改?”你怎么能说他今后一定就改正不了呢？即使人改不了，老天爷也会来改的。

“故君子悉有众善，无弗爱且敬焉。”所以啊，一个仁人君子，就会拥有了大家的长处。不及则学嘛，他就能够学人所长，学了之后，就能够得众人之善。这样学人所长、把众人之善落实在自己的心性上，落实到自己的待人接物之上，当然就会做到爱人与敬事了。

动静第十六：阴阳五行，神妙万物

动而无静，静而无动，物也；动而无动，静而无静，神也。动而无动，静而无静，非不动不静也。物则不通，神妙万物。水阴根阳，火阳根阴。五行阴阳，阴阳太极，四时运行，万物终始。混兮辟兮，其无穷兮。

——《通书·动静第十六》

第十六章，又是《周子通书》中的一个重点，非常重要。为什么呢？因为前面“爱敬十五”“务实十四”“礼乐十三”“治十二”等篇章，都是非常具体地在谈德行修养方面的细节，但是到了第十六章“动静”，实际上又回到了道体上来谈，是从本体论、世界观的角度出发的，所以，这一章又非常关键。

以前我也和大家交流过，《周子通书》填补了儒家在形而上、在本体论上面的一些不足。对于儒家经典，人们最看重《论语》，但《论语》中有微言大义，一般人只读得出对社会、伦理、道德这些方面的要求，但是对本体论、形而上的东西，一般人就读不出来了。《周子通书》对于儒家学说而言，确实是完善了从形而下到形而上的这么一个系统。这一章谈动静，实际上也包含了周敦颐对禅宗的理解，而且他所著《太极图说》的精华，也在这一章里面得到了充分体现。

【动与静的对照】

“动而无静，静而无动，物也。”这个“物也”是什么意思呢？就是物理现象，就是平常通过我们的感官所能感受到的种种物理现象而已。比如说看见什么东西在动，那它就是在动嘛！动和静是截然分开的，它们彼此之间就是相互对立的存在。你说它动，那它肯定就不是静的；你说桌上这个杯子是静止的，那么它就没有动。这些是我们一般人的体会，没有经过非常深入的逻辑思维。辩证唯物主义认为“运动是绝对的，静止是相对的”，这是在思维上递进了一层。当年我们学习辩证唯物主义的时候，就觉得，嗯，是这个样子的。为什么呢？你说这个桌子没动，但是，承载这个桌子的地球都在动嘛，那你这个桌子肯定也就跟着在动。更何况哪怕是静止的物体，一个铁砣，表面上静止的，但是里面有分子、原子，还有原子核、电子、质子等，都在做着杂乱无章的运动，所以运动肯定是绝对的！而静止呢，只是感官上感觉到它是安静的。

周敦颐先生在这里并没有给我们仔细分析，而只是给出了这么一个结论："动而无静，静而无动，物也。"实际上，我们仔细思考，就会发现运动和静止是相对的。佛教经常说，等你真正达到了"动静二相，了然不生"的状态，那说明你对心的本体有所认识了。为什么呢？这是因为动和静是一个事物的两个方面，是相对而生的。运动是相对于静止，静止同时也相对于运动。如果说运动是绝对的，但是，没有静止来作为参照物，你又怎么知道事物是运动的呢？说白了，没有"静止"这样一个东西，连"运动"这个概念本身都不会产生，就更不要说什么绝对、相对之类了。

我们知道运动，知道变化，知道我们面前这个桌子里面有分子在杂乱无章地运动，是因为我们有了静止的概念。有了静止这个观念，那么，运动是相对于静止的这个结论才有道理。如果没有静止做参考，那么运动也就不存在了。

【如如不动之谓神】

上面讲的这些，都是物理世界关于动、静两种状态的感觉，那么，下面一句"动而无动，静而无静，神也"，又是什么意思呢？这里的"神也"，说白了，就是指我们的精神、我们的思维、我们的意识状态。更进一步说，就是指我们精神的当下状态。现在就是当下，我们大家都在当下，当下就是"神也"！

比如说我们去参禅打坐，坐在那里观察自己的精神状态，就会发现我们的精神里面，确实是一个念头接着一个念头，一个念头接着一个念头……基本上没有断过，它一直是在运动着的，一直不断地生灭。但是呢，我们还会发现，在这个不断生灭的过程当中，有一个东西，它没有动！什么东西没动？就是你看见、你知道这个念头在不断生灭、不断变化的这个东西，它是没有动的。

我们人从出生到现在，在这个生老病死的过程当中，我们身体的每一个部分都在不断地变化，细胞不停地生生灭灭，都不知道转了多少轮回了。如果单从物质肉体的角度讲，我们从生下来到现在，完全是两个人了，甚至换了数十个、上百个都有可能。从精神内容上来说，我们刚生下来的时候，什么都不晓得，但是随着时间的推移，哦，小学毕业了，初中毕业了，高中毕业了，大学毕业了，学了很多这样那样五花八门的东西。但是进入社会后，几十年以后回想起来，咦？很多东西都忘了，都找不到了；不过，又有很多新东西装了进来。这个精神里的东西也都不晓得换了多少遍。总之，从物质的身体到精神的内容看，现在的自己与初生时的自己，早已是完全不相干的两个人了。

但是，为什么我们自己觉得我还是我？为什么我知道这个是我，而不是别人？那么，这里头肯定就有一个没有动的东西存在。那么，什么东西没有动？就是我们这个精神的主体没动！动的都是内容，变来变去的都是精神的内容。我学了什么，我脑袋里面认识了这个人，忘记了那个人……这些，都是内容在不断变化。但是，我们精神的主体，知道今天我们忘了什么东西，知道今天我得了什么东西，知道吃饭睡觉等一切的这个主体，它没有动过！所以，我们一方面能感觉到动，另一方面又感觉到不动；同时你能感觉到静，又能感觉到不静。你说精神中念头纷纭吧，可知道还有一个不动的在；你说这个是不动的吧，可以一切起心动念都是从这里来的。如果我们能当下体会到这种状态，当下就能感觉到什么是“神也”。

周敦颐先生这里所提出来的“神”，不是基督教所认为的神、上帝，也不是中国人一向认为的太上老君、玉皇大帝等天上的神仙。在这里，它就是指我们精神的本体。这个本体是什么？就是佛教所说的真如、佛性，这个东西是“动而无动，静而无静”的，世上也只有这个如如不动的东西，堪称“神也”。

【每一句都直指心性】

在东晋的时候，有一位非常有名的僧肇大师，写了几篇非常著名的论典，一个是《肇论》，还有一个是《物不迁论》。僧肇大师是鸠摩罗什的得意弟子，对于鸠摩罗什大师，读过《金刚经》的朋友可能就比较熟悉，其实，历代《金刚经》的译本有很多，但是大家现在所念的《金刚经》，都是鸠摩罗什大师翻译的版本。因为他翻译得最精炼，最符合中国人的精神状态。僧肇继承了鸠摩罗什大师的大乘空宗思想，所以，他对于中国后期的佛教主流起到了一个理论上的承接作用。那么，在这个《物不迁论》里，僧肇大师得出了怎样一个结论呢？下面有几句很著名的句子：

旋岚偃岳而常静，江河竞注而不流。

野马飘鼓而不动，日月经天而不周。

这几个句子非常优美，有诗一般的逸趣，学佛的人都喜欢引用它。什么意思呢？全都是自然景象上的描写。“旋岚偃岳而常静”，旋岚是什么？我们看山上，早晨或下点雨以后，就会起雾气，看上去非常的美，它会不停地变化，一会好像是散了，一会又弥漫了，产生不同的形状。这就是旋岚。偃岳，就是这个岚气将山体都掩藏起来了。在这样一种情况下，却是一种“常静”的状态。“江河竞注而不流”，你看从亿万年以前，江河流动就从来没停止过，一直流到现在，还要流到将来，但这里又说“竞注而不流”。“野马飘鼓而不动”，学过《庄子》的朋友就知道“野马也，尘埃也，生物之以息相吹也”，天气比较好的时候，就可以看见很多尘埃不断地飘起来，形成各种各样的形状。万物在季节变化的时候，随着阴阳二气的交合以后，产生的气息吹鼓出来这样一种状态，但是，这里也说是“不动”。还有“日月经天而不周”，太阳升起落下，月亮升起落下，但是“不周”。这一切到底是什么意思？

如果按照我们一般人的思维方式，那是无法体会的。但是，如果通过我们的精神，通过我们的心性来体会，就会发现，这里实际上都是在说我们心性的本来状态，而且每一句都是如此，直指我们的心性，直指我们的思维本身。

我们能看到这一切现象，也是因为我们的心性，有着镜子一样的观照能力，所以这一切才会映现在我们心里面，显现在我们的心性上面。我们一定要细细体会这种状态啊！就像道路交通一样，道路上的车辆不断在运动，这就好比我们一个一个的念头，而道路就是我们思维本身。

实际上，佛教关于空、有的概念，也可以用这个比喻来说明。所谓的有，就是我们思维所产生出来的东西，比如说我们平常外界所看到的这些事物，如果离开了我们的思维，那我们什么都不知道，就像睡着了一样，外界的一切都跟你没有关系。正是因为有了我们的思维，有了我们的精神，才有了万事万物在其中的显现。空，就是我们思维的本身，你是看不见也摸不着，如果离开了思维的内容，我们也根本找不到思维本身。

【这个究竟是什么】

我们精神的本体是无边无际的，其大无外，其小无内。但是，因为我们执着于人的种种业力，所以才局限了我们的思维，进一步局限了我们的生命。就像前面所说的“万般皆不去，唯有业随身”。正因为我们有这个业，我们的心灵空间就只能局限于这么一点点东西上面。如果我们能将自己的思维真正地深入进去，就会发现我们的思维是无穷无尽的。

佛教说三千大千世界，一花一世界，一叶一菩提，就是再细小的事物里面，一个微尘里面，都还有三千大千世界。这么纷繁复杂的世界是哪里来的呢？都是从我们的精神中产生出来的。一般的学者谈《周子通书》《中庸》，在谈到精神本体的时候，觉得特别难谈，也谈不好。如果不把佛教、把禅宗拉入进来解释这个问题的话，往往就会说不清楚，或流于一般的知识见解。

记得有一次集体学习《坛经》的时候，有位新来的朋友说，佛教玄得很，就像放一满杯水和一个空杯在桌子上。如果你说是有吧，就把这杯水倒入空杯里，给你看空杯；你说是空吧，又把水倒回先前的杯子里，给你看有。这么倒过来、倒过去，以此来说空说有，结果反而把人搞得更加糊里糊涂。其实，这都是因为没有把佛教空有的观念，纳入到自己的精神里面来体会。其实佛教的思想，都是针对我们自己精神的认识，有了这个认识以后，就可以来改变我们自身的狭隘和局限，把我们的心性打开，让我们得自在。

“动而无动，静而无静，非不动不静也。”在前面的阐述中，其实已经涉及这几句话了。佛教里一会儿谈空，一会儿又谈有，一会儿又谈非空非有，一会儿又谈即空即有，真的把有些人搞得晕头转向，不知所措了。但是，一旦你认清了自己精神的本来面目，说空，对的；说有，对的；说非空非有，也是对的；说即空即有，还是对的。反之，你如果没有认清自己精神的本来面目，说空，不对；说有，也不对，总之怎么说都不对。

前面我们提到过的大梅法常禅师，他是马祖大师的得法弟子。当时大梅到马祖那里问：“什么是佛？”马祖就对他说：“即心即佛！”你现在这个心就是现在这个佛！大梅禅师听了后，嗯，明白了，高高兴兴地走了。以后凡是有人前来请教，大梅都说“即心即佛”。但后来，马祖大师变了，有人前来问：“什么是佛？”大师说：“非心非佛！”再后来马祖大师又说：“不是心，不是佛，不是物。”于是就有人把马祖大师的话带到大梅禅师那里去：“嘿，大梅师兄，你一天到晚把师父以前说的即心即佛挂在嘴边上，现在师父不这样说了。”大梅禅师就问：“现在师父又是怎么讲的呢？”“现在师父的佛法更高深了，讲的是非心非佛，不是心、不是佛、不是物！”大梅禅师听了后，哈哈大笑说：“管他老人家咋说的，我只认这个即心即佛！”这人回马祖大师那里汇报，马祖大师听后赞叹说：“梅子熟也！”大梅禅师才是真正彻底搞懂了的，只要搞懂了，那就随便它怎么变，万变不离其宗。

有一则关于圆悟克懃禅师的公案。当时圆悟克懃住锡在成都昭觉寺，有当地的一位官员前来请益：“请老和尚给指示一个方便法门，让我也可以参禅开悟嘛！”圆悟克懃禅师就把上面马祖的话拿了出来让他参：“不是心不是佛不是物，是什么？”这位官员回去参了几个月后，回头又跑到昭觉寺找圆悟克懃，一见面就哭了起来，一边哭一边说：“师父啊，您给的这个话头太难了，这几个月，徒弟我参得吃不下饭、睡不着觉，还是没参出个所以然来。师父啊！您老慈悲慈悲，还有没有更简便一点的法门啊？”圆悟克懃一听，点点头说：“嗯，好，还有一个更简单的法门，你听好了！”那人很激动，洗耳恭听。只见圆悟克懃一字一顿地说：“只参：是什么？”就这么一下，嘿，你说怪不怪，这位官员当场开悟！

我们也来参一参啊，这个“是什么”究竟是什么呢？我们回过头来看看，这里的“动而无动，静而无静”，是什么？哎呀！就是我们当下的心性状态啊！一下子说破了很简单，但要想真正有所体会，还必须要真正下一番功夫。

【谁与万物为一体】

我们再往下看吧。“物则不通，神妙万物”，这两句也很精湛，通书嘛，就是要让我们去通，但是，如果我们被物欲、物性遮蔽了，智慧就不可能通透，精神就不可能体会万物之美妙。

前面说了“动而无静，静而无动”，这是纯粹的“物”的状态，这种状态就会不通。为什么不通？让我们举个例子，比如一张桌子和一把凳子，一直就摆在这里。如果没有人的加入，那么桌子是桌子，凳子是凳子，各是各，彼此不能相通，也没有任何相互的作用。但是，一旦有人往凳子上一坐，手往桌子上一搭，这不就变成一体了吗？

你说太阳、空气、地球、生物，如果没有人的精神去体会，太阳就是太阳，空气就是空气，万物各是各的状态，但是，有了人的精神加入以后，我们可以体会到，噢，太阳出来了，照到了大地，温度开始升起来了，空气就逐渐变暖了。

春天到了，万物在空气中吐纳，开始生长发芽了。到了夏天，太阳逐渐往北移，到了北回归线的时候，就到了夏至，这个时候空气温度也最高，阳光也最炽热，万物也达到了极盛的状态。到了秋天，太阳又逐渐南移，空气温度又开始降了下来，然后又到冬天，总之春夏秋冬就这么产生了。根据一年四季的变化，人们就来处理自己的工作节奏、生活节奏。古人为此制订了农时，一年二十四个节气，天地万物就有序了，这一切东西就随之产生了。

正因为有了我们人的精神加入，那么就“神妙万物”，它就妙了！有了我们的神，万物就非常奇妙了，我们就感觉到万物都是有情有义的了。所以了义的佛教讲“有情无情，同圆种智”，因为有了我们人的精神加入，世界才如此美妙。

【水与火的交融】

前面我们说“神妙万物”，那么，万物究竟是如何神妙的呢？万物是怎样相互融通的呢？就是从这一句“水阴根阳，火阳根阴”开始的。

“水阴根阳，火阳根阴”是什么意思呢？它说的是两个卦，一个是坎卦，一个是离卦。坎卦在八个卦象中是以水为相，它代表的是水；离卦以火为相，代表火。前面我们也讲过《易经》方面的一些基本知识，判断一个卦爻，最重要的指标就是“得位”和“得中”。你看坎卦的中位，就是中间这一爻，这就是它的根，是阳爻。离卦的根，也是中间这一爻，是阴爻。“水阴根阳，火阳根阴”，正是由于水和火的交融才产生了一切的生命现象。这是中医的理论，也是丹道的理论，就是要坎离相交，才能回归生命先天的元阳元阴状态。

中医理论讲，对于人体而言，坎卦指的是肾水，离卦指的是心火。肾水是我们肉体赖以形成的一个基础，而心火则是我们精神赖以存在的一个基础。人要想健康，就必须要实现身体与精神的和谐交融，否则只有纯粹的精神，身体很差，一天到晚都是病恹恹的，肯定受不了，精神也容易垮掉。如果只有身体非常好，壮得跟牛似的，却毫无精神可言，那干脆就变成牛算了，也谈不上什么人了。所以，离火和坎水必须要相交，也就是我们的精神和身体要相和谐。中医认为肾水应该要上升，而心火应该要下沉，水火交融，那么就形成了阴阳二气的良好循环。在六爻重卦里面，坎卦和离卦可以组成两个卦象，坎上离下，水上火下，就是既济卦，意味着水火既济的状态，非常吉祥，表明你的身体处在一个非常好的状态。如果离上坎下，火上水下，就是未济卦，意味着水火未济的状态。未济嘛，做事不济就不好，放到身体状况看，说明你的身体有麻烦了，心肾不交就麻烦。

生命成形的基础，就是水火相交，就是卦离二卦的互通作用。坎水，使物质形体得以成形；离火，使心神意识得以建立。坎离相交，则使物质和精神同时转化为和谐一体的状态。在道家的丹道理论中，这就叫作取坎填离。虽然仅从水、火的性质上看，一般人只看得见对立的状态，只看得见水火不相容，但是，真正在生命中起作用的，恰恰是“水阴根阳，火阳根阴”，是对立面之间的相互依存和转化。

前面周敦颐先生给了个结论：“物则不通，神妙万物”，这里就从“水阴根阳，火阳根阴”开始，引入了古老的阴阳五行理论，进一步具体来阐述“神妙万物”的原理。

【中国传统学术的根本线索】

“五行阴阳，阴阳太极”，这是继续深化阐述。五行，就是金木水火土，五行和阴阳是个什么关系呢？为啥要放在一起讲呢？在古人眼里，金木水火土是构成物质世界的基本元素，这五种元素之间既相生又相克。那么，怎么理解“五行阴阳”呢？

有说是太极生阴阳二气，二气流布又产生了五行这五个基本元素。当然可以这样理解，但我个人认为，更好的理解是指五行之间的相生相克。阳用所表现出来的，就是五行相生的状态；阴用所表现出来的，就是五行相克的状态。五行如何相生呢？木生火，火生土，土生金，金生水，水生木，这就是一个五行相生的循环状态。那么五行相克呢？木克土，火克金，土克水，金克木，水克火。木克土，木不是从土里生长出来的吗？为什么是克土呢？其实让我们换一种思维，木将土里的精华都当作自己的营养给吸收了嘛，庄稼连种几季，若不施肥，土地就会贫瘠。火克金，虽然我们常说什么真金不怕火炼，但是不管是什么样的金属都有自己的熔点，都可以被火熔掉。土克水，兵来将挡水来土掩，这是大家随口都能说出来的话。金克木，刀斧锯钺等都是用金属做的，可以砍木料。过去还有个说法，比如要砍一棵大树，又不想费太大劲，就找一个长钉，选取合适的位置钉进去，并且要钉过树心，这样慢慢地，这棵大树就会枯死。水克火，这大家都应该好理解了。总之通过五行之间这种相生相克，就产生了这个多姿多彩的世界。

另外，在“五行阴阳”理论的运用过程中，“气化”是中国文化中一个非常重要的概念。五行之间的生克关系，除了前面直观的比喻之外，更重要的，是表现在五行之“气”的流行变化上。不然的话，金木水火土，五种粗大的物质状态，怎么可能产生大千世界、千变万化的塑造作用？而且，因为“气”的关系，五行的每一种元素，也可以分阴分阳。这样一来，五行就细化成阴金阳金、阴木阳木、阴水阳水、阴火阳火、阴土阳土，这就对应了十天干：甲乙丙丁戊己庚辛壬癸。中国传统的天干地支、天文地理、纪年历法这一套学问，就因此而产生了。

“四时运行，万物终始”，有了五行阴阳的这一套理论，那么，从时间上就产生春夏秋冬四季、二十四节气的不断变化，天地万物就在这种阴阳五行的变化里面有始有终，也可以说是无始无终。

“五行阴阳，阴阳太极”，实际上是太极产生阴阳，阴阳又回归于太极，轮转运行，生生不息，这样就形成了一套相生相克的完整系统。关于这一套学问，我们只能谈到这里了，这算是中国传统学术的一条根本线索。

“混兮辟兮，其无穷兮”，这就有点像老庄道家的混沌境界了。《三国演义》开篇说：“凡天下大势，分久必合，合久必分。”混就是合，混合嘛；辟就是开辟，就是分开。万事万物就这样不停地混合、分开，并且无穷无尽。

对于这种合与分，我们不仅要从事相上来理解，更重要的，还是要从我们的精神层面上、意识层面上去体会。面对合，当我们要普遍联系的时候，就能体会到全世界人都是我们的亲戚，天地与我并生，万物与我为一体。面对分，就像西方存在主义者认为的，“他人就是地狱”，哪怕夫妻之间也是同床异梦，彼此之间都不了解，都只是一个个孤立的个体。所以，不管是分还是合，都是我们心的作用，是我们精神运行的状态。关键是，我们要在分中知合，在合中知分，这样就能够做到运用之妙，存乎一心了。

乐上第十七：
礼乐与世道盛衰

古者圣王制礼法，修教化，三纲正，九畴叙，百姓大和，万物咸若，乃作乐，以宣八风之气，以平天下之情。故乐声淡而不伤，和而不淫，入其耳，感其心，莫不淡且和焉。淡则欲心平，和则躁心释。优柔平中，德之盛也；天下化中，治之至也。是谓道配天地，古之极也。后世礼法不修，政刑苛紊，纵欲败度，下民困苦。谓古乐不足听也，代变新声，妖淫愁怨，导欲增悲，不能自止。故有贼君弃父，轻生败伦，不可禁者矣。呜呼！乐者古以平心，今以助欲；古以宣化，今以长怨。不复古礼，不变今乐，而欲至治者，远矣！

——《通书·乐上第十七》

下面从第十七章到第十九章，都是在谈音乐，讲了古今音乐的对比，讲了音乐对世道人心的作用。我的一些朋友的博客，网页一打开，都是很美的古典音乐，听起来很舒服。前天，我把自己的博客也改装了一下，加了两首古琴曲进去：《渔樵问答》和《胡笳十八拍》。音乐加上去后，自我感觉很舒雅，就写了首诗，拿出来献丑，跟大家分享一下：

常伴月色掬清泉，每引春风到家山。
荷锄自守三分地，也种人间九品莲。

最近，我又把整理出来的《周子通书》前面的讲记放在了博客上面，感觉自己守着这一亩三分田，不时有人来看一看，跟点帖子交流一下，还是很自在的。我把这首诗放在博客的首页，这里打个广告，也希望大家多鼓励我一下。

■【三纲正，九畴叙】

书归正传，我们还是回到《周子通书》上来吧。这一章，讲的是古代圣贤帝王制定礼法的原因。

“古者圣王制礼法，修教化。”为什么要制定礼法呢？就是要修教化，希望把天下的黎民百姓教化好，让人们从野蛮无知的状态，进入到文明、文化的状态，让大家能够和和乐乐、安详宁静。那么，教化体现在哪些方面呢？这就需要专门来解释了。这一节课，大概都要花在专门解释这些名词概念上面了。

“三纲正，九畴叙。”三纲，大家都知道，指的是君臣、父子、夫妇，这是人与人之间乃至整个社会生活中的纲要，是人与人之间所有关系中最重要的三个方面。如果把君臣、父子、夫妇的关系处理好，那么我相信，我们大家在整个社会关系中都能处得很好。纲，指的是渔网上主要的绳子。不晓得大家有没有这样的经验，我小的时候，最喜欢看别人网鱼、扳罾。抓住三根主要的绳子，把渔网撒下去，绳子一摆，网就张开了，把鱼都圈了进去。纲举目张，就是说像网鱼一样，抓住主要的纲领。我们在社会中生活，只要把“三纲”——君臣、父子、夫妇的关系摆正了，做好了，就像网鱼一样，把这三根主要的绳索控制好，基本上就没有漏网之鱼了。

这里说“三纲”要正，怎么才是正呢？这就要结合我们学习《易经》的感觉了。正，就是要找到自己的正位。君是君位，臣是臣位，父是父位，子是子位……《易经》中的“位”，我们可以从乾坤二卦当中来体会。君为乾，臣为坤；父为乾，子为坤；夫为乾，妻为坤。乾，讲的是生生不息，自强不息。坤呢，就是要顺承于乾，地法于天。道家所谓的道法自然，运用在人道上，就是为人处事要师法于天地间的这种状态。

三纲要正，大家都很清楚这一点了。那么，九畴又指的是什么呢？这个概念来自于《尚书·洪范》，就是指从思想文化到社会制度的九大方面、九大范畴。中国古人真是太了不起了！就从《尚书·洪范》这篇文章上看，在几千年以前，不管是思想文化、自然科学知识，还是在治国、教化民众、平天下等各个方面，中华古圣通过“洪范九畴”，都全部表现出来了。

在古代，“洪范九畴”真正是帝王才能学到的东西，是真正的帝王之学。相传当年大禹的父亲治水，天帝对他说：“如果你能够把洪水治理好的话，我就把治理天下的根本法则赐你。”结果，大禹的父亲没有把水治好，没有得到九畴，反而把命都送了。大禹继承父业来治理洪水，做得很好，于是天帝就把“洪范九畴”传授给了他。大禹王通过这一套学问，就开辟了天下太平的盛世。

传说归传说，实际上，“洪范九畴”是上古圣人递相传承的心法，既包括治人心，也包括治世道，所以，它可不是一般的政治哲学、宗教文化，它是关乎人类社会和宇宙自然所有一切的学问。当然，古人由于条件所限，仅仅提出的是九条大纲大法，是九根粗线条的提示，但是，无论现代社会的分工是多么高度复杂、高度精密，但是，都没有超出这“九畴”的规范。我们下面就可以简单地梳理一下，看看这“九畴”里到底包含了些什么东西？

【九个关键词——五行与五事】

九畴，具体指的是“五行、五事、八政、五纪、皇极、三德、稽疑、庶征、福极”这九个关键词，用《尚书·洪范》里的原话讲，就是：“初一曰五行，次二曰敬用五事，次三曰农用八政，次四曰协用五纪，次五曰建用皇极，次六曰乂用三德，次七曰明用稽疑，次八曰念用庶征，次九曰向用五福，威用六极。”我们不要嫌麻烦，还是一个一个地来简要解释一下吧。

五行，就是指金木水火土，就是自然的五个元素，这个五个元素相生相克，我们在讲《通书·动静第十六》的时候，讲过了五行生克的道理。五行这一套学问，在“九畴”里面是放在第一位的。自然世界的来源、物理世界的构成，就是通过五行的生克制化产生的。

五事是什么呢？《尚书·洪范》里叫作“敬用五事”，这就是说，我们要以一种虔诚之心、敬畏之心来面对五件事情。哪五件事情呢？一说出来大家就清楚了，就是冯老师以前讲过的“貌言视听思”。我记得冯老师是在一个企业里面讲的，告诉他们该怎样“敬用五事”，才能兴旺发达。企业老总们都想提高企业文化，增加企业凝聚力，怎么做才落得了地？那就是“敬用五事”。如果在“貌、言、视、听、思”这五个方面，我们都能够做到“敬”，那在面对社会生活的种种事情时，就会做得很好。

我们下来后可以好好体会这“五事”，其中也有些相面之术，都是可以通过“敬用五事”表现出来。相由心生，你的面相体现的就是你的心境、你的为人。很多时候，通过对一个人的容貌、谈吐、眼睛所看、耳朵所闻等内容的观察，我们对他的心理状态、精神状态，就可以做出一个基本判断。就拿耳朵来说，我们并不能听到周围的所有事情，能听到的，都是我们心中愿意听到的东西。只要你不愿意听到，实际上是听不到的。虽然我在媒体工作，每天听到的事情很多，但是对于自己不想听的、不感兴趣的东西，自然就没有进入这个耳朵。以此类推，对于“貌、言、视、听、思”这五件事情，我们都要用很虔诚、真诚的状态去面对才行。

【九个关键词——八政】

第三是八政。八政指的是什么呢？我们现在所说的政治制度，就是通过这“八政”表现出来。西方和清朝到民国之间的近代，学术界中疑古的思潮都很重。他们认为，中国人所谓的上古时代，不过是传说中的时代，是子虚乌有的时代。周朝以后，才进入了文明时代，周以前都是野蛮时代、洪荒时代，都是半人半神的传说。我们的历史教科书上也说，尧、舜、禹都是传说，感觉是很不真实的。实际上，我们看一下《书经》就知道，大禹治国所采用的，就是“农用八政”。

古代中国以农业立国，国家以农事为主，实际上，它也包含了人类政治制度的方方面面，即使到了现代社会，地球上发展出了最发达完备的政治制度，也超不出这八个方面。所以，我们的古代文明是真正高度发达的，对此我们要有信心，对自己的传统文化要有强烈的自豪感。下面我们来具体说说八政。

一是食，就是掌管粮食的部门；二是货，就是我们现在的商业部门，主管商品经济交易这些；三是祀，说的是精神层面的东西，这也是需要人来掌管的，比如祭司这种职位。那我们现在有没有这种部门呢？实际上也有啊，比如我们的宣传部、文化部、精神文明办，就是管国人的精神问题。四是司空，就是司职掌土安居，是掌握国土资源以及土木工程建设的；五是司徒，这个名词大家平常都听说过，在藏传佛教的白教里面，还有个大活佛叫作大司徒仁波切，一般人只晓得这个名字，但是不晓得这两个字是从哪里来的。司徒是什么意思？司徒是做什么事的？是掌教的。这里的教不是宗教，而是教育。大司徒就是教育部长。六是司寇。孔夫子以前就当过鲁国的大司寇，那么司寇又是干什么的呢？就是掌禁的，主管国家法律的。

孔子当时在鲁国担任司寇一职时，传说曾诛杀了鲁国的少正卯，因为少正卯这个人，扰乱人心和社会秩序。孔子是国家的司法部长，有这个权利。后来有人说，孔子是为了压制言论自由，才把少正卯杀了。实际上，虽然我们没有从史书上找到孔子诛杀少正卯的真正原因，但有一点是肯定的，少正卯肯定是违反了当时的社会法律和规章制度，不然的话，孔夫子的名誉早就被人搞坏了。

第七个职位是宾，宾就是礼待诸侯、远客，就是接待外宾，搞外事活动的，相当于现在的外交部，对诸侯和远方来的人进行接待、照顾，搞好与其他周边国家的关系；第八个职位是师，师就是军队、国防部。

这个“农用八政”的顺序排列也很有意思。它把食放在第一位，民以食为天嘛；然后是货，大家要交易，要满足基本的物质生活条件，所以把它们放在前面两位。但是，一个国家的军队很重要啊，军权很重大啊，为什么放在最后呢？在中国古人看来，“兵者，凶器也，不得已而用之”！只有在一切都没有办法解决的时候，才能用兵，是不得已而为之，体现的正是中国文化传统中非暴力的仁爱精神。

我们看那些跟着疑古思潮跑的人，他们认为的传说时代的制度，能有这么完备吗？即使放在现在来看，这个制度构架也是很有效、很完备的！我们的社会不管怎样发展，哪一条可以超越这八政呢？是不可能超出的。只不过，时代变化了，社会环境变化了，人们的精神状况、条件变化了，有了很多可以细化的内容，但是无论怎样，都没有超出这八政的范畴。所以，从这一点就可以看出，中国文化的原创力是非常了不起的。

■【九个关键词——五纪、皇极、三德、稽疑】

下面是五纪。纪是什么呢？就是天文历法。它分为岁、月、日、星辰、周天度数。五纪立起来之后，我们的社会才能够按照春夏秋冬的自然规律来安排生活、安排生产、安排社会活动。所以，五纪也是非常重要、不可或缺的。

再下面是皇极，就是“皇建其有极”，要建立一个最高法则、最高权威。一个社会没有皇极，没有最高法则、最高权威的话，那是很难办的。在历史上，古今中外有很多的政治制度，不管是民主也好共和也好，专制也好封建也好，都需要建立一个皇极。民主时代虽然是轮流坐庄，但是也必须要有一个“庄”，不能没有，不然就会乱套。美国搞选举，不管是共和党还是民主党，总要有人来坐正当总统，要有一个最高的声音通过执政者发出来。所以在社会政治生活当中，皇极是相当关键的。

九畴中的第六个，三德，这就是讲人的精神内容了。我们生而为人，一定要在三德上做好。三德是指哪三个呢？第一是要正直，第二是要刚克，第三是柔克。一个人首先要正直，正直是为了什么？为了把人做好啊。所谓克，就是要把事情做好，把人做好。针对不同的事情，如果能用刚的方式做好，就用刚的方式，如果柔的方式能够解决，就用柔的方式。这个地方，体现的还是《易经》乾坤二卦的精神。我们讲《周子通书》，反复都会谈到乾坤二卦的精神，这里就不做过多叙述了。

第七是稽疑。稽疑是什么意思呢？就是稽查、落实有疑问的地方。在《尚书·大禹谟》里面就讲："无稽之言误听，弗询之谋勿用。"稽者查也，就是通过天人二端的审查，来决疑断事。首先是人谋，人谋所不能决，就决之于天。对于古人来说，如果牵扯了很大的疑问，王侯大臣都解释不清楚，拿不定主意，那就要问神问天了。这个时候，就需要人来卜筮，要用占卜的方法来解决，这就是古人的解决方式。我们看现在发掘出来的商朝甲骨文，绝大部分都是占卜的内容，可见在古代这是非常重要的一环。

【九个关键词——庶征与福极】

九畴第八是庶征。庶征是什么意思呢？庶就是平常，庶民就是平平常常的老百姓。征呢？就是征兆。庶征，就是平常的征兆，就是我们平常面对风雨寒热、物候变化，要有个预告。比如今年一开年就预测到有大旱，那国家就要做好防旱的准备；如果预计有大涝，就要筑好堤坝，以防患于未然。每一年，国家都要动用专门的力量来做这样的事情，要有个基本的预测。当然，古人有古人预测的方式，不管是通过占卜也好，还是通过天文历法的推算也好，总之，都要发布这么一个东西，让大家有所预知。

其实，庶征就是做一个物候灾变的预报工作。中国古代是以农业立国，对于物候灾变的预测是非常重视的，因为它会直接影响到粮食的收成和人们的生活。

九畴的最后一个范畴叫作福极。其实，福极要分成两个方面来讲，一个叫五福，一个叫六极。实际上，这是九畴运用的结果了。

我们到了春节的时候，见面都要说喜庆的话，什么五福临门、六畜兴旺，等等。五福，就是指：寿、富、康、德、考。寿终正寝，这是一福；大富大贵，这是二福；身体康宁是第三福，每天日子过得舒舒服服、潇潇洒洒的，我也许没有活 120 岁的人的寿命长，但是我过得很舒服，这也是一种福。如果活到 120 岁，每天都病怏怏地，整天躺在床上，那也不能叫作福。第四种福叫攸好德，攸有悠远之意，还有一种悠远、绵长的感觉。这是长期喜欢的，不是一天两天凭偶尔一点爱好就算。长期喜欢德行，好德，这也是一种福，这要我们对内在的德性有所体会以后，才真知道这个德性之福的意义。现在的娃娃该怎么教育？学校里有升学率的要求和指标，老师和家长的压力都很大。对于我自己来说，只要自己孩子的德行可以，能够善良地与人相处，那就够了。至于她学习好不好，都是她自己的福分，与我没有关系。我教育娃娃，就是这个样子，要让她找到好德的感觉。如果这一生到了临终时，都能够无怨无悔，就很值得了。按佛教净土宗的说法，就是撒手归去，安然往生，那五福就齐全了。

但是，福极是一对双胞胎，有福就有极。所谓的极，就是与福正好相反的东西。六极之第一极，是凶、短、折，实际就是说一个人的生命很不吉祥，还没有长大就夭折了；第二极是疾，就是身体不好，经常生病；第三极是忧，就是心理状况很不好，得了忧郁症，整天都要找心理医生来咨询；第四极是贫，这一点不讲了，大家体会都比较深，金钱不是万能的，但没有钱是万万不能的，对不对？第五极是恶，当了恶人那就完了，人见人避，恶有恶报，那是很不好的状态；第六极是弱，身体很虚弱，性情很柔弱，精神力量也很懦弱，这也是人生当中很不好的一极。

上面，我们把九畴的内容简单介绍了一下，大家对此要有所体会。这九畴中的每一畴，如果我们把它说细说深，进行详细研究，那都是一门博大精深的专科，可以写大部头的论文专著。《尚书·洪范》就是专门讲这九畴的专业论文。我们古人能够把九畴总结出来，为整个社会生活定下基调，以此来修身、治国、管理天下，也确实是非常了不起的。

【音乐与社会人心】

接着看《周子通书》的原文：“百姓大和，万物咸若，乃作乐，以宣八风之气，以平天下之情。”这就是说，如果真正做到了三纲正、九畴叙，很有规则、很有秩序地把这个九畴的规则掌握好，百姓就能够“大和”，就能够建立起和谐的社会。不仅人间社会如此，自然万物也都是如此的。咸，就是都、全部的意思。

整个社会的教化做好之后，圣人“乃作乐，以宣八风之气，以平天下之情”。创造了音乐，来宣扬八风之气。什么是八风之气呢？

八风的说法来源于《国语》，其中就有“八音以宣八方之风”的说法。八音，是指古代演奏音乐的八种乐器，包括：金、石、丝、竹、匏、土、革、木。这八种乐器都是用来宣扬八方之风的。我们晓得，天地之间有八个方位，东南西北是四个主要的方位，以此为基础，还有东北、西南、东南、西北四个方向。古人对大自然的观察很仔细、很敏锐，八个方向来的风该用什么乐器来表达，都是有规矩的。

《吕氏春秋》里面就说，东北是炎风，是火；东方曰滔风，是因为面临大海；东南曰熏风。前几天我看到过圆悟克懃的一个公案，他为了解决弟子的疑情，念了一句诗：“熏风自南来，殿角生微凉。”熏风，就是东南风。南方曰巨风，西南曰凄风，西方曰飂风，西北曰厉风，北方曰寒风。春天、夏天，都是以东风、南风为主，秋天、冬天，比较萧飒的时候，就以西风、北风为主了，飂风、寒风，都给人不是很舒服、凛冽的感觉。我们可以好好体会一下四面八方吹来的风，现在的人不怎么去体会，但是古人体会得是很仔细的。比较一下古代和现代的生活，虽然古人物质化的生活不如我们，但是他们精神上的东西、心理层面上的东西，比我们现代人精深、细腻了不知多少倍。古之圣人制订礼法之后，再创制音乐，就是要让老百姓体会到自然与社会之间的和谐之感。

中华古圣以“八音宣八风之气”，目的是“以平天下之情”，是为了让天下老百姓都情绪舒畅、心平气和。“故乐声淡而不伤，和而不淫，入其耳，感其心。”所以古代圣王制作的音乐，都是很淡雅、很和谐，一点都不伤感，一点都不过分。这个“淫”就是过分的意思，古人反对淫欲，其实，人的欲望本身并不是坏事，只是本能而已。只是欲望过分了、过度了，就不好了。

这是中国传统音乐教化的基本原理。我们学佛的人都知道，佛教有一个观世音菩萨耳根圆通的法门，就是通过声音“入其耳，感其心”，最后达到圆通而证得佛果。佛教里经常说：“一入耳根，永为道种。”你念一声“阿弥陀佛”，念一声“南无观世音菩萨”，这个声音一旦进了你的耳朵，就变成了一颗菩提的种子。我们无论到哪个庙里面去，都会发现，只要遇到出家师父们、遇到虔诚的在家居士们，都会双手合十，念一句“阿弥陀佛”。你不要以为这只是一个宗教礼仪而已，实际上，人家是要让你把“阿弥陀佛”这个声音留到你的耳根中去，“入其耳，感其心”，为你种下一个到阿弥陀佛极乐世界去的种子。不管你信不信他，只要这个声音进入了你的耳朵，你听到过这一句佛号，你八识田里就有这一颗种子了。

下面："莫不淡且和焉。淡则欲心平，和则躁心释。优柔平中，德之盛也。"只有这种很淡雅、很和谐的音乐才能让人得到心平气和的感觉。淡淡的音乐，能够让人的贪欲之心平缓下来，和谐的音乐能够把我们的烦躁释放。只有这样，才能让我们的内心真正达到优柔平中的状态，自己的德行也就会盛大起来。就像一棵树一样，到了夏天就可以长得很茂盛了。

"天下化中，治之至也。是谓道配天地，古之极也。"通过这种音乐的教育，使大家都可以进入中庸的状态，进而达于天下，达到人间治理的一种极致。"是谓道配天地，古之极也。"这里的道，指的是音乐之道，这种音乐之道与天地相配，就是古代教育的极致。

【流行音乐的时代精神】

我们再往下看。"后世礼法不修，政刑苛紊，纵欲败度，下民困苦。"对于后世不修礼法的现象，周敦颐先生也和我们一样，要发点牢骚。"政刑苛紊"，政刑应该是很有条理，很宽容，如果不这样，反其道而行之的话，遭殃的就是老百姓。

"谓古乐不足听也，代变新声，妖淫愁怨，导欲增悲，不能自止。"这句话，跟我们现在所看到的情况可以说是丝丝入扣，一模一样。真正的好的古典音乐，现在到底有几个人听？尤其是现在这些受流行音乐影响长大的孩子们，他们会觉得音乐越新越好，越怪越好，越宣泄越好。我有时也听一些现代音乐，有些音乐确实很有意思，美其名曰"说唱"，实际就那么站在台子上，叽里呱啦、叽里呱啦，念完就完了，真的是"代变新声"啊！每一代都有每一代的新音乐。对现在最受欢迎的流行音乐，你看只要有歌星过来开演唱会，小娃娃们好疯狂哦！但真正一场古典音乐，又有几个人去听？免门票都没有几个人去听。没有办法啊！社会变迁到这个样子了，的确有点让人无奈。

周敦颐先生用了几个很贬抑的词汇："妖淫愁怨，导欲增悲，不能自止。"这几句话可以说点出了流行音乐的时代精神。一些歌星的演唱，真的是有"妖淫愁怨，导欲增悲"的感觉啊！你看演唱会里那些歌迷们的疯狂表现，真的是被这样的音乐迷住了，进而“导欲增悲，不能自止”。所以周敦颐先生说，这些音乐，都是把人的贪欲导发出来，增加人悲乱的情绪，让人不能自止，欲罢不能，分寸大乱。当然，像流行乐、摇滚乐之类，其实也有发泄的功能，让现代人心中的块垒，找到暂时宣泄的渠道。

“故有贼君弃父，轻生败伦，不可禁者矣。”周子这个话就说得有点重了，把社会阴暗面和乱象都归结到了音乐上。看起来似有些过，但实际上也不为过，因为很多事情就是点点滴滴累积起来的。

我们的心性修养如果不从点滴变化入手的话，一味听之任之，到后来就会把控不住。就像一个太平时代，也不是一天两天就达到了的；一个礼崩乐坏的时代，也不是一天两天形成的。所有的治乱时代，都是从细微之处的变化开始的，在人们不经意之中，逐渐地就形成了。人的德行培养，也是这样的。德行的败坏，就是从细小的地方开始产生变化的；一旦到了质变的时候，就算想控制也控制不了了。所以，要改变，就要从最细微的地方入手。这一点是很重要的。佛教净土宗说，你要想到极乐世界，就要从一句一句念阿弥陀佛入手。如果你一句阿弥陀佛都不念，临终的时候突然想到极乐世界去，又怎么能行呢？

“呜呼！乐者古以平心，今以助欲；古以宣化，今以长怨。不复古礼，不变今乐，而欲至治者，远矣！”下面是一句感叹，也是总结。当然，我们倡导恢复古礼，不是要大家都遵循古礼的仪式，见面就要磕头作揖，也不是穿件汉服就叫恢复古礼了。我们真正要恢复的是古代礼乐的精神——那就是和。我们对自己要做到心和，对他人要做到气和，对天地万物要做到亲和。《易经》里讲“保和太和，乃利贞”，如果不恢复礼乐的精神，不改变妖淫的乐风，就想谈治理国家的根本大法，是会与古圣所制订的礼乐精神越来越远，这时要想做到天下大治，就根本不可能。

乐中第十八：
圣人作乐，天地大和

乐者，本乎政也。政善民安，则天下之心和。故圣人作乐，以宣畅其和心，达于天地，天地之气感而太和焉。天地和则万物顺，故神祇格，鸟兽驯。

——《通书·乐中第十八》

前面所说的有关音乐的理念，都是站在儒家的立场来讲礼乐文化在治乱之间的种种现象，与个人的好恶无关，也不是针对哪个人、哪一种艺术门类而言的。毕竟，音乐的力量太厉害，太容易感染人的内心、催动人的七情六欲，引动人的爱恨情仇。所以，我们对音乐乃至一切艺术的鉴赏，还是回到儒家“中正平和”的精神为好。下面，我们继续学习《通书·乐中第十八》吧。

“乐者，本乎政也。政善民安，则天下之心和。”通过前面“乐上章”我们就知道了，古代圣人为了修教化，从而制订了礼法，乐是其中非常重要的一环，“乃作乐以宣八风之气，以平天下之情。”古圣作乐的本来目的，就是为了治理好国家，安抚好人民。儒家特别讲究这个“和”字，《中庸》里反反复复地提这个“和”字，如“和也者，天下之达道也”“致中和，天地位焉，万物育焉”等。对此，我们要多多地加以体会。

“故圣人作乐，以宣畅其和心，达于天地，天地之气感而太和焉。”圣人作乐，是为了宣扬“和”的精神，使天地万物能够达到“太和”的状态。一般人作乐，只是为了一时一境，并用相应的音乐使之产生共鸣。比如说某人恋爱了，可能就喜欢比较忧伤、比较缠绵悱恻的爱情歌曲；遇见要冲锋陷阵了，就喜欢激昂斗志的音乐，等等。总之，都是随着自己心境的变化而不断变化。但是，圣人作乐不是如此，他真正是为了把自己内心的“和”的精神传扬出来，要“宣畅其和心”，从而使人们有所感，同样达到心和的目的，并将这种和谐的内在精神进一步推广，“达于天地，天地之气感而大和焉”。

所以，孔夫子当年听了韶乐以后，觉得简直是妙不可言，都不知道该用什么样的语言来形容了，所谓“三月不知肉味”。这与我们现在听音乐的感觉，确实是不一样。当然，现在流行的各种类型的音乐也还是需要，只要不过分，有节制就好。比如在悲伤的时候，我们听一些相对欢快的音乐来转化心境；兴奋过头的时候，就听一些舒缓的音乐，让自己躁动的心能够平稳下来，等等。我们通过音乐，自己调节自己的情绪，使自己的七情六欲不会失控，从而让精神经常处于中正平和的状态。

“天地和则万物顺，故神祇格，鸟兽驯。”圣人作乐达到天地和谐的感觉，万物就都能自然生化，这就是道法自然，顺其自然。那么“故神祇格”是什么意思呢？格，条理化，秩序化。中国古人的世界观认为万物有灵，不管是山川草木，还是人间社会，乃至我们身体内的五脏六腑，都有神祇在掌管，奇经八脉里也都各有小神仙住在里面，如果得罪了这些小神仙，你就会生这样或那样的病。这些是传统道家的一些思想，且不管它的对错，总有它的道理。中医里面有一个“祝由十三科”，有些病用药治不好，用针灸、推拿等方法不能解决，那就要请祝由师，通过意念、符咒等方法来治疗，还真就能够治好了。从现代人的角度来看，祝由科也可以看成是中国古代的心理疗法，就像现代心理治疗中的“暗示疗法”一样，中国古人早就有了类似的心理治疗法。

总之，古人面对山川、草木，面对万事万物，都有一种敬畏之心。而现代人呢？早不知敬畏为何物，到处乱砍滥伐，到处破坏山林，到处制造污染，到处杀害动物。正因为古人有万物有灵的思想，才会对此有敬畏之心，才能够“知止”，才能够让人与自然长久地和谐相处。

“故神祇格”，这些山川草木之神、人体内外之神，都会变得有理有序，各安其位，各行其是，那么自然灾害也就会相对减少，就能风调雨顺，社会就会安泰。那么，神祇不格又是什么情况呢？我们大家看过《白蛇传》嘛，那个法海和尚与白娘子斗法，水漫金山，这就是神祇不格。水本来应该处在山下，应该往下流，但是这里却往上涨，涨到金山上去了，当然就要出问题了，神仙打仗，那百姓就遭殃了。所以，万物之间要各安其位、各行其是，这样才会太平无事。

“神祇格，鸟兽驯”，神祇都听话了，更何况鸟兽呢！自然生态平衡了，那什么都好说了。总之，现在中国野外的大型猛兽基本上看不到了，生态破坏太严重！一想到现代人的这些作为，就感到可悲可叹！

乐下第十九：音乐与民风

乐声淡，则听心平；乐辞善，则歌者慕。故风移而俗易矣。妖声艳辞之化也，亦然。

——《通书·乐下第十九》

接着看下一章：“乐声淡，则听心平；乐辞善，则歌者慕。”这一句比较简单，大家也容易体会。如果音乐的旋律淡雅平和，那听的人心中的欲念也就会越来越淡，不平之气也就会慢慢地减弱。有音乐就会有歌词，如果歌词优美，而且充满善意，那么不管唱歌的人还是听歌的人，都会心生仰慕。

其实，就乐辞而言，与中国古典文学是分不开的。汉赋、唐诗、宋词、元曲等，实际上都是乐辞，都是歌词，都可以谱成音乐吟唱出来。在这些古人的诗词中，有一些之所以能够源远流长，千古之后还能为现代人所喜爱，就在于这里所说的“乐声淡，则听心平；乐辞善，则歌者慕”两句上。它们所表达的意境非常优美，乐曲、乐辞非常平和，具有永恒的魅力，所以才能够传诸后世，流芳千古。我曾在当代诗歌圈子里混过，比较了解现代诗歌的状况。现代诗虽然也有一些新的写作手法，但与古圣先贤的乐曲和乐辞观念不太相符，也就不太可能流传久远。如果现代诗人能够承接古圣先贤的精神，那么，其作品的生命力可能更长久一些。

“故风移而俗易矣。”音乐的作用就在于能够移风易俗，文学的作用也在这点上。当然对于创作者本人来讲，他并不一定是出于这个目的来写作，往往都是为了表达自己的情绪，表达自己内心的状态。你能写出什么样的作品，这取决于你内心的状态、内在的修养。圣人作乐是为了“宣畅其和心”，因为他的心和，那么他所做出来音乐、歌词就会对社会、对人心起到一种安详平和的作用；如果你的内心不是一种“平和”的境界，而是不和、不平，那么写出来的东西就会有不和、不平之意。这样的作品，高下之分就显而易见了。写作之人未必是为了教化、为了移风易俗而写作，这个移风易俗只是一个结果，是一种真诚的、发自内心的文艺创作所产生的结果。

“妖声艳辞之化也，亦然。”好的音乐、歌词可以起到移风易俗的作用，而不好的音乐、歌词也是一样的。社会要变得更和谐、更美好，就要通过好的音乐、歌词乃至其他的美善行为来加以推动。反之，社会变得更差，变得不和谐，也是因为被不好的音乐、艺术、行为所推动。所以，万事万物都存乎一心，不管是美丑，都是心之所现。我们的心里面真正有了“和”“平”，并能够通过音乐艺术的形式表达出来、宣扬开来，就能让周围乃至社会产生平和的正能量。如果人的内心没有这些好的品质，那么产生出来的作品，就会使自己沉迷，也会对社会产生不良的影响。

《周子通书》连续关于“乐”的三章，就简单讲到这里了。

圣学第二十：万法归一学圣贤

“圣可学乎？”曰：“可。”曰：“有要乎？”曰：“有。”“请问焉。”曰：“一为要。一者，无欲也。无欲，则静虚动直。静虚则明，明则通；动直则公，公则溥。明通公溥，庶矣乎！”

——《通书·圣学第二十》

“圣学”这一章在《周子通书》中很重要，其实，整个儒家真正最重视的，还就是一个“学”字。《论语》一开篇就是“学而时习之，不亦说乎！”我们面对圣贤之道，除了一个“学”字以外，还能做什么？所以，对于这一章，我们不妨多发挥一下。

【中国有大乘气象】

我们来看原文：“‘圣可学乎？’曰：‘可。’”有人来问周敦颐先生：圣人那么伟大，那么光明，那么不得了，我们到底学不学得到？可不可以学？周敦颐先生回答得斩钉截铁：可以！完全可以！

大家要注意，中国文化的真精神，就在这里！尧舜是人，所以人人皆可为尧舜；孔孟是人，所以人人皆可为孔孟；佛也是人做的，所以人人皆可以成佛。这是中华文化最了不起的地方，也是最核心的精神。在其他的文化里面，这种感觉并不强烈，往往都会在凡圣之间划出一条截然的界限。

在基督教里面，人和神之间有着一条不可逾越的鸿沟，认为神是不可揣测的、不可接近的，人永远也不可能抵达神。这是西方的观念。其实，印度古代也是如此，在种姓制度之下，社会等级森严，精神等级也很森严。到了释迦牟尼时代，打破了种姓制度的这种贵贱、尊卑的鸿沟，提出了众生平等，人人皆可成佛的伟大思想。但是释迦牟尼之后呢？这种“舍我其谁”的精神又渐渐萎缩了，所以禅宗传到第二十八祖达摩大师的时候，在印度实在是传不下去了。他老人家很恼火，找不到徒弟了，通过观察发现中国有大乘气象，于是不远千里、辛苦跋涉地来到了中国。什么是大乘气象？这一句“圣可学”，说白了，就是大乘精神！

佛教中有个说法：“人生难得，佛法难闻，善知识难遇，中国难生。”这里的中国未必是指我们这个中国，也可以说成是佛法兴盛的国家。当然，也有人认为就是我们这个中国，因为大乘佛法在中国最为发达嘛。

中国和非洲、拉美等国家不一样，那些国家非常贫穷，很多人穷得连饭都吃不起，最基本的生存问题都解决不了，处于不中而偏的状态，这就没办法、没心思、没能力、没基础来学习大乘佛法。而现在的西方国家呢？物质生活极大地丰富，精神生活也极大地丰富，但是在这种生活环境下学习佛法就很难，因为要对佛法产生信心，就要充分体会人生的无常，体会到人生的苦处，体会到生死的逼迫。有了这些感觉，你才会有所发心，想求得解脱。在生活条件非常优越、非常丰富的情况下，人就很难发得起出离炎心、求解脱之心。反之，如果生活得非常苦，常常饥不果腹、衣不蔽体，也很难发得起这个心。你成天肚皮饿得咕咕叫，只发愁一日三餐在哪里，哪还有心思学佛求道呢？更何况还要普度众生。

【但得一，万事毕】

下面这人就再问："曰：有要乎？"既然周敦颐你老人家说圣贤之道完全可以学，人人都可达到圣贤境界，但是圣人那么了不起，无所不知，无所不晓，那我们该怎样学呢？有没有要点呢？要点又是什么呢？周敦颐先生就回答说："一为要。"大家注意了，这对于修行人来说，绝对是要命的东西！可以说是重中之重！

什么是要点？就是"一为要"。禅宗有一个"一指禅"的公案，任何人来问佛法，不管问的是三藏十二部里面的什么问题，人家祖师爷都只举出一根指头。这就是"一"，就是"一为要"，就是真正的要点，就是学修圣人之道的关键点！

那么，这个"一"究竟是个什么东西？要讲的话很麻烦，儒家称之为"性"，道家称之为"道"，佛家称之为"真如""佛性"等。但是，这些都只是理论上的东西，都只是名词术语而已。关键的，是我们能不能在自己的精神上、心性上找到这种"一"的感觉？这个是重中之重，同时也是难中之难。

《道德经》有云："天得一以清，地得一以宁，神得一以灵，谷得一以盈，万物得一以生，侯王得一以为天下贞。"这一串都是在讲得"一"，都在讲守"一"。天得一以清，天如果干干净净的，没有那些乌云笼罩，没有那些乌烟瘴气的东西，就像你坐飞机到万米以上的高空往外面看，那真是清清净净、一尘不染、蔚蓝无垠。这就是乾卦的精神嘛！乾为天，天得一就是纯乾之境嘛！那么，地得一以宁，地得一就是纯坤之境的状态，就是厚德载物的精神，就是效法天道、宁静内敛、柔和顺承的状态。得一的状态，就是得乾坤天地之正的状态。大家感兴趣的话，可以翻一下《道德经》和《易经》，找找这几句的感觉。这几句在老子那里，说的是斩钉截铁，就提出要得一、守一。

禅宗里讲："但得一，万事毕！"真正得了一，那还有什么事情不好解决呢？有一些朋友看过禅宗的一些书籍，对禅宗也有一点点感觉，知道禅宗有个话头叫"万法归一，一归何处？"这也是佛教禅宗版的"一为要"。当然，这个话头是要慢慢参的，不是我们以为认得这几个字，脑筋能转几个弯就了事的。今天我斗胆把这个话头拿来乱侃一番，就像庄子在《齐物论》里说的："予尝为汝妄言之，汝以妄听之"。这个话头说白了，没有什么"一归何处"，只有万法归一！明白了吗？你只有真正归了一，你才晓得一归何处。

【透网金鳞，以何为食】

禅宗有一个公案，三圣和尚问雪峰祖师："透网金鳞，以何为食？"鲤鱼透网，跳过了龙门，就变成龙了，它吃什么东西呢？意思就是说，得道之人，明心见性、大彻大悟了，平常又是怎么生活的呢？"透网金鳞"就是讲万法归一，"以何为食"，就是在问一归何处嘛。雪峰祖师答道："待汝出网来，即向汝道。"等你透网了后再说给你听，现在我给你说有什么用呢？就算我告诉你以菩提为食，你还不是一样不知道菩提是个什么东西；我说以烦恼为食，你又会怀疑为什么要以烦恼为食，对不对？那么，只有等你透得网来，真正明白这个心性，得了这个一，我再告诉你。其实，真得一了，自然也就知道这个"一"的落处，知道一归何处了。

现代人参话头参不进去，起不了疑情，只会耍点小聪明，用意识情解去找答案。你让他参"万法归一，一归何处？"他觉得很简单嘛，顺口就说："万法归一，一归万法。"这有啥用呢？这不等于是在"鸡生蛋，蛋生鸡"中打转转嘛！其实不是那么回事。万法归一，一归何处？记住了，我们这里只有万法归一，没得一归何处！我们以后用功夫，只管去做万法归一，只管在行持上努力做到纯一无杂，不必妄生枝节。

老子在《道德经》里只给我们说要得一，对不对？天得一、地得一、神得一，等等，都只是得一嘛！得一以后是什么样？该怎么样？是什么样就什么样，该怎么样就怎么样。到时候自然产生出种种状态，自然一切明白。

那么，怎样才能得一呢？肯定就要实修啦。怎么实修呢？佛家有八万四千法门，目的都是为了得一啊。净土宗有净土宗的修法，它让你一念万年、万年一念，一句“阿弥陀佛”念到底，这也是万法归一。等你得了一，自然也就知道极乐世界是什么样子了。其实，种种方法、目的都是如此。比如我们经常说要做念头功夫，就是观察自己的念头，观察自己的起心动念，自己随时都要提起觉照，清楚自己念头的来龙去脉，持之以恒，自然就能归一。

学修的方法很多，但关键是要实修实证，要真参实悟，要实实在在地下功夫，这样才能够归得到一。否则，就算你学修一辈子，口头禅玩一辈子，终究也归不到一。那样的话就很恼火了，按古人的说法就是：腊月三十到来时，就要手忙脚乱了！

【镜子的照鉴功能】

周敦颐先生提出了“一为要”，接着他又是如何解说的呢？“一者，无欲也”，这里可以从两个方面来理解：一种可以理解为“一，就是无欲”。一，本身就无欲，无欲就是一。你真正体验到一，就能无欲则刚了。还有一种解释，要达到一，就要通过“无欲”这种方式，要在消减自己的贪欲上下功夫，让自己的贪欲越来越轻，最后达到无欲的状态。所以这句“一者，无欲也。”既可以是对“一”的定义，也可以说是一种修行的方法，总之，所有修行的方法都要从“无欲”下手。

在佛家眼里，我们现在所处的世界称为欲界。我们人之所以有喜怒哀乐，之所以有烦恼痛苦，处在这个五浊恶世轮转不休，都是因为贪欲产生的，所以这个世界称为欲界。要摆脱欲界的束缚，那就要通过修行，达到无欲的境界，要归一。

那么，“无欲”的境界是什么呢？“无欲则静虚动直”。这里我们可以结合前面所讲的“动静”来理解。这里说静是虚的，动是直的，前面有讲“动而无动，静而无静，神也”，我们的精神，就是要达到这种状态。我们要细心体会“静虚”的感觉，也要细心体会“动直”的感觉。只有无欲宁静的时候，才能感觉到自己的心里没有那些烦恼的事情来左右你，才能达到虚宁的境界。这是静虚的状态。那么动呢？动则直，以直心而动，直心是道场。

实际上这个“直”，大家要找到前一节课讲三德时的“刚克”和“柔克”的感觉。比如说位在乾，那么就用刚克，这是一种至正至大的直；如果位在坤，那么就要用柔克，这也是一种直，一种至柔至顺、厚德载物的直。不管是“刚克”还是“柔克”，都是一个直心，直心就是道场啊！

“静虚则明，明则通。”静虚则明是个什么感觉呢？有些人参禅打坐，坐到了一定的状态，念头不生了，这个时候感觉到眼前发光了，犹如太阳一样亮灿灿的，以为这就是明。实际上，这并不是真正的明，而是无明！因为这还是在著相，是有相的东西。真正的明，是不在乎光明，也不在乎黑暗。如果是有相的明，就会有无明在其中，有了白天就会有夜晚，有光的时候你明了，难道黑了没有光的时候，你就没有明了吗？实际上还是有明。为什么？有光的时候我看得清清楚楚，没有光的时候，我还是能看得清清楚楚嘛，不然，我怎么知道周围是一片黑暗呢？

以前有一位禅人问：“大悲千眼，哪个是正眼？”云岩禅师就说：“如人夜里摸枕子。”正眼，可不是指肉眼，就是这里的“静虚则明”嘛，有了正眼，就能够一切清楚明了。云岩禅师说，就如同晚上睡觉，摸摸自己的枕头。我们心性的“明”是个什么东西？尽管在半夜里一点光绕都没有，可是你手摸着枕头，心里清清楚楚嘛！这个就是明。你的心性无所不在、无所不达，这就是“虚静则明”。

我们所感受到的万事万物，都是通过心性所反映出来的。我们的心就像镜子一样，而且不是平面的，是个球面的，宇宙万物都在这个球面镜子上显现出来。镜子的这种照鉴的功能，就是“明”。

有些人打坐，啊呀看到光了，啊呀见到佛了，就以为自己了不起，明心见性了。其实，只要你一执着，那就完蛋了。《金刚经》讲“凡所有相，皆是虚妄”，只要你不执着，见就见了，没什么大不了。见到光了，不理它；佛来了，要来来他的，不理他；鬼来了，要来来它的，也不去理会。我们要树立这种信念，这种正念一立起，那么你参禅打坐的时候，那些怪东西自然就会远离你了。如果你没有这种正念，没有真正对“明”的认识，那么你参禅打坐就会很危险！

所以，我们要细细体会这个“静虚则明”。只有在一念不生的时候，不管外界有任何细微的变化，我们都可以随时地捕捉到它。反之，如果执着于某个念头，那么外面有任何事情的发生，你都没有感觉，因为你的注意力都在这某个念头上了。只有保持这种活泼的虚明状态，你才能够感应外面任何的风吹草动，哪怕是在再细微的变化，也都会丝毫不差地在你面前显现出来。

【大公无私乃圣人境界】

“明则通”，当你进入这种“明”的状态后，就能对世间万物，无不通达，不管是理论还是实践，都可以通达无碍。《周子通书》所谓的通，就是要你在心性上下功夫，让自己的心达到“静虚则明”的状态，再进而了悟通达一切。

“动直则公”，其实，“静虚则明”是我们内心的境界，是我们内心的一种状况。那么“动直”呢？就是我们内心的境界、内在的修为发挥于外，发挥到我们的工作、生活、修行、事业……如果我们能够以“直心”来处理这些外在的因缘，以直心来面对世间的一切人事，那么，得到的结果什么呢？就是“动直则公”。

说实话，天底下最难得的品质，就是这个“公”字。佛教里经常讲“无我”。这个“无我”是什么？无我就是刚刚说的无欲，通过无欲，就能够做到“虚静则公”。所以，无我无欲，就是大公。怎样达到无我呢？不是把这个东西也放下不要了，也不是把那个东西也放下不要了。很多人一听到修行，好，事业不要了，老婆孩子不要了，老父老母不要了，什么都放下不要了，只要出家修行。这就是无我吗？不是！出家也有出家的烦恼，所谓披上袈裟事更多啊！真正要达到无我，无论在家出家，只有真正达到公心的状态，以公心来对待一切，以平等心来对待一切，这个时候才能真正体会到无我。所以，真正的公心，是修行中破除我执最有效的利器。

“公则溥”，这个溥从字面上看，这个偏旁是水，感觉上就像大海一样广阔。如果将这个偏旁换成十字旁，即博，那感觉上就是十方上下，是空间上的一种广博。总之，都是广阔无垠的感觉，这是从字形上的理解。我们有了公心，还要让这个公心大起来，达到广博无垠的状态。

“明通公溥，庶矣乎！”我们的心性状态如果达到了明、通、公、溥这四端，那么就“庶矣乎”了，就差不多了。跟谁相比差不多了？跟圣人境界相比啊！你跟圣人的距离已经不远了。

这一章很重要，首先我们要知一，知道什么是一，要从自己的心性上去体会这个一。然后得一，知道它以后要一把抓住它，要明白它，要得到它，要承担它。然后还要守一，要随时护念，使自己的精神处于绵绵不绝的虚明状态。守一的状态，也就是守中的状态，那么，自然也就达到了无欲，进而也就能做到“静虚动直”，最后当然就是“庶矣乎”，差不多达到与道合的圣人境界啦！

公明第二十一：外公内明，决疑生信

公于己者公于人，未有不公于己而能公于人也。明不至则疑生；明，无疑也，谓能疑为明，何啻千里？

——《通书·公明第二十一》

这一章是接着上一章来讲的。上一章讲："一为要。一者，无欲也。无欲则静虚动直。静虚则明，明则通；动直则公，公则溥。明通公溥，庶矣乎！"在这一章中，周敦颐先生专门把"公"和"明"提了出来，讲只要能以无欲无私之心去行持，就能够达到这种"公明"。前面说过，圣学之要，就是落实到这个"一"字上。我们要得一、知一、守一，要找到万法归一的感觉。这种感觉的外化、外在体现，就是一个"公"字；其内在功夫的体现，就是一个"明"字。既"公"又"明"，就是将身心内外打成一片了。

■【心量放宽，公平中正】

"公于己者公于人"，什么意思呢？公，就是公平、平等。对外界的人、事、物都能够公平对待的前提条件是什么呢？就是对自己也要有平等心，要有公心。但是，对自身而言，怎么才能做到有平等心、有公心呢？这就涉及心理学的一些体会。

平时我们也能体会得到，很多人在外面做事都能够做得很好，比如在单位里工作，对周围人的态度都很热情，待人接物都很好，很谦恭有礼，但往往一回到家里，对于自己的家人、自己亲近的人，未必就那么回事了。实际上，就是前面说的这一句"公于己者公于人"。我们对别人、对外人好的时候，未必是真正发自内心的，往往是为了在社会中、在外界的人群中表现一番，以赢得别人的尊重，以赢得更多的机会、好处。所以，这个出发点，未必是真正有公心，有平等心。只有先公平、公正地面对自己，承认自己身上的弱点、缺陷，不要对自己过于苛刻，由此向外发挥，再从身边亲近的人开始做起，由近及远，由亲及疏，最后才能真正做到公心。

我们平常爱讲："严于律己，宽以待人"。这句话没有错，但是，律己也不能太过苛刻，如果老是要求自己做那些达不到的事情，最后会把自己搞得很沮丧，乃至很虚伪。

我有一个学佛的师兄，随时随地嘴巴上都在埋怨自己，随时忏悔，说我这里也没有做对，那里也做得不好，这个念头没有降伏住，那个起心动念也歪了邪了……总之，就是按圣人的标准来拷打自己，经常弄得自己很自卑、很丧气。他还时常问别人："你们说，我这个人到底还有没有救啊？我这个人是不是太龌龊了？我该怎么办啊？"实际上，他对自己的这些苛求，未必是真正把自己看清了，也未必会对自己的学修带来好处。按我们平时的观察，他有些地方做得也挺好的，但他还是埋怨自己，到处说自己这不好那不好，离圣人菩萨们的境界差多少多少，这样一来，反而让人听了，觉得他有点故作谦虚，甚至有点虚伪。你对自己都不好，对自己最亲近的人都不好，那你对别人的好，对陌生人好，肯定就值得怀疑了。你对自己都那么苛刻，明明自己做得不错的地方，还要鸡蛋里挑骨头，跟别人说自己这不行、那不行，那别人在你眼里是什么样子？别人又怎么和你相处呢？肯定就会离你远远的。

所以，周子讲"未有不公于己而能公于人也"，真正的平等心，真正的公心，应该是对人对己都坦坦荡荡。所谓"己所不欲，勿施于人"，任何事情，如果都能做到换位思考，把自己的心胸都尽量放得宽阔一点、远大一点，也许你的感受就会更好一些，做事也许就会公平中正一些。如果你对自己是过于苛求，不能公平对待，那么，你也不可能真正公平、公正地对待别人。

【疑破则明至】

前面是讲"公"，要我们公平地对待自己和别人，下面就讲"明"，所谓"公生明，廉生威"，公与明一定是相辅相成的一对双胞胎。

"明不至则疑生"，我们每个人的心中，都有各种各样的疑问，这些疑问是怎么来的呢？就是因为我们内心无明，我们内在的智慧没有被开启出来，没有通达无碍。学佛教的人都知道，信、愿、行是三资粮，首要的资粮就是信。"信为道源功德母"，一切都是从信开始的。信，就是不疑，树立起正知正见，才能够信而不疑。我们有了这个正知正见的信，就和周敦颐先生这里提出的"明"是一个道理了。你的见解、你的知识到位了，真懂了，你就不疑了，就明了。

关于这个"疑"，我们还可以作更深一步的探究。对禅宗有了解的朋友就知道，参禅就离不开这个"疑"字。禅门参话头，最关键的功夫是要起"疑情"，还说是“大疑大悟，小疑小悟，不疑不悟”。那么，禅宗所谓的“疑”，与周子这里“明不至则疑生”的疑，又有什么关系呢？禅宗里讲，你要参禅悟道，真正地起了疑情，功夫才能够落堂，时节因缘成熟后才能够开悟，才能够明心见性。为什么禅宗要让我们生疑？与周敦颐先生说的“明不至则疑生”，是不是有矛盾呢？

其实，禅宗所说的疑，和我们平时说的那种对什么东西都怀疑，还是不一样的。参禅起疑情，是在信的基础上起的疑。信，表明你是信先圣之道、信祖师教言、信大德们和经典上的话。虽然你相信他们说的话，但是，自己一直没有弄明白，在精神中最关键的地方生起了疑问。这个疑，是你自己心中有疑，并不是疑祖师大德、圣贤经典的言教。你不能怀疑佛言祖语，不能怀疑三藏经典的神圣性、权威性。如果在参禅的时候，真正起疑情了，就是你内心最无明的那一点、那个根子，已经到了开始动摇的时候了。

按照禅宗的说法，如果真疑生起来了，离开悟也就不远了。因为你的疑情成团，相续不断，杂念妄想就无从生起，心行进入纯一无杂的定境之中，禅门里就称之为功夫就落堂。这时候，当然离开悟就不远了。大悟之后，疑团爆破，哪里还有无明呢？

【百花丛中过，片叶不沾身】

有个朋友对佛法钻得很深，但一直搞不懂一个问题：本来清净无染的真如佛性，是如何忽然生起一念无明？

这个道理不好懂哦！按了义经典的说法，众生本来是佛，因一念无明生起，便进入生死流转之门，然后变成了我们这些无明凡夫。搞不懂怎么办？那就看书嘛，就自己参究嘛。于是他把自己的公司交给别人代管，托朋友介绍找到我们书院来，准备好好闭门参究、清修一段时间。他随身带的几本佛学书籍，是讲四谛十二因缘的，他此前天天都在看，就想要搞清楚这个“性空”是怎样“缘起”的道理。看了书，觉得道理上都说得通，但最终还是没有明白，这一念无明到底是怎样产生的。

我问他：“这个问题在你心头憋了好久了？”他说：“已经几个月了，三四个月了吧，一直这么憋着，都没有弄懂。”我说：“好啊，你继续努力参究，有什么问题我们就相互探讨。”他在书院住了好些天，天天参究这个事。有时看他的样子，真有点茶饭不思、恍然梦中的感觉，看来疑情真的生起来了。有一天，他突然不敢在书院住了，因为心脏憋得厉害，感觉心脏要出问题了，怕倒下去就起不来了。我也没多说什么，就让他回去，让他把这些东西统统放下，好好休息，什么也不要管了。他回去后的第二天，一觉睡了十几个小时，睡足了，心脏也没有不舒服了。到了傍晚，他忽然打来电话，一边哭一边跟我说："哎，哎，我明白了！百花丛中过，片叶不沾身啊！"

他的那个疑问，到这时终于明白了。所以说，真正疑情起来后，就可以撬动你无明的根子，而这个疑情，又恰恰是在信的基础上生起来的。

过去赵州和尚有个话头："狗子有佛性也无？无！"有人来问，狗有没有佛性啊？赵州就说："无！狗没有佛性。"那些来参学的人就觉得很奇怪：明明佛经上都说了，一切众生都有佛性啊！为什么赵州老和尚说没有呢？如果你是一个真正参禅的人，首先你就要信。信什么？信老和尚没有骗你。赵州说的狗子无佛性，和经典上说的"一切众生皆有佛性"，这个话是一样的。这个悖论你要认账！你要信！信这两句话是没有矛盾的。但我们为什么会感觉说不通呢？心中会堵住呢？那就是我们自己的问题，是我们自己没有明白"一切众生皆有佛性"与"狗子无佛性"这两句话的真义，是我们自己心中产生了矛盾，产生了疑惑。自己的矛盾产生了，就要从自己身上去找原因，而不是去责问赵州和尚，你为什么骗我？为什么和经典上的说法不一样？如果你不是在信的基础上起疑，就不会去认真参这个话头，那么，就没有后面的开悟。

所以，禅宗的疑，和周敦颐先生这里所说的疑，是有区别的。它们的来源都是无明，但是如果你是在信的基础上起疑，就可以撬动自己的无明根子，最后就可以破除自己的无明；如果不是在信的基础上，你怀疑的是经典本身，觉得是经典上说的不对，觉得是祖师大德的话不对，于是把这些话头扔在一边，自以为是，那么你就没有解决问题的可能。你没有信的基础嘛！

【应该怀疑一切吗?】

"明，无疑也。谓能疑为明，何啻千里？"我们很多人，尤其是搞学术的人，很多人觉得就是要怀疑，要怀疑一切，尤其是近代以来，疑古思潮很重，对一些历代公认的颠扑不破的经典，包括先圣教典、祖师开示，都产生了怀疑，用很僵化、很枯燥的考据学方法去考证。

说实话，历史的细节是如此枝蔓纵横，有些东西可考，有些东西则完全不可能考据得了。但是在近、现代的学术圈子里，总有一些人认为，考据实证才是唯一解决问题的方法。他们从来没有意识到，时代变化这么大，不要说考据历史，就是考据一下你自己三岁的时候在干什么？想什么？经历了什么？你能考据清楚吗？不行嘛！你五岁的时候，你的邻居每天在做什么？你的父母每天在做什么？你自己每天又是怎么过的？这些细节你也不可能完全考据清楚嘛！时代的变化、时间的推移、空间的转换，用现代人的思维和方法，是不可能再回到千年以前的状态，也不可能复原当时的情景。这些你怎么去考证？有些问题不是考证就能解决的，而那些传承千古的圣贤价值观、人生观，更不需要去考证，只需要去继承下来就好了。

从清末到民国时期，佛学界内的疑古思潮也特别严重，而且有很多不好的风气。有些“佛学大家”就根据单纯的考据，妄自推断佛言祖意，妄下结论，甚至把历代指导人们修行的最好的经典，比如《楞严经》《圆觉经》，还有《大乘起信论》，像这些了不起的经典论著，他们却认为是伪经。如果依照他们的方法去考据的话，那么，很多作为传统文化基石的经典，都是站不住脚的。甚至到了后来，有些所谓的佛学家干脆认为“大乘非佛说”，认为大乘佛法都不是释迦牟尼佛所说的，都是后人伪造加上去的，还要闹着要回到梵文里面去，去找最原始的佛教经典。

实际上，释迦牟尼时代的梵文，和现代的梵文相比，已经完全是两个概念了。古梵文和西方人现在研究的梵文，已经有很大的变化了；而且印度人不重历史，很多重要历史文献都湮灭了。如果不是后来对那烂陀寺等佛教旧址的考古发现，与玄奘大师《大唐西域记》里所记录的内容是丝丝入扣，分毫不差，恐怕至今有些人都会认为，古印度那个时代辉煌的佛教文化，只是传说而已。所以，我们后人的这个疑古，该是怎么个疑法呢？

周敦颐先生在这里就下了一个定论：“谓能疑为明，何啻千里？”自己对经典、对先圣先贤的教言有很多疑问，如果自以为是，把自己的怀疑当作很高明、很有成就，那么离真正的高明、离真正心性的通明，又何止相隔千里？“公明第二十一”的内容，它和前面的“圣学第二十”，应该是一体的，我们应该合在一起进行参究。

理性命第二十二：刚柔阴阳，性相万化

厥彰厥微，匪灵弗莹。刚善刚恶，柔亦如之，中焉止矣。二气五行，化生万物。五殊二实，二本则一。是万为一，一实万分。万一各正，小大有定。

——《通书·理性命第二十二》

下面，我们来学习“理性命第二十二”。在周敦颐的学说里面，也可以说是在后来的宋明理学里面，“理、性、命”这三个概念可以说是奠基性的概念，当然非常重要。我们如果不理解这三个概念，就无法理解自宋代以后整个中华文明的流变衍化。

【天理与性命】

“理性命”的这个“理”字，我们可以在不同的地方，看到不同的使用范畴。在宋明理学里面，这个“理”就是天理的意思，所以有些注解里面说：“理为心之太极。”内心里面的理，这个最根本的东西，就是太极。这当然是最高级别的概念。

从普遍的观念来看，我们前面也讲过了，礼者理也。这个理，也可以指我们平常说的礼貌之礼，就是有条理、合理、恰到好处、有分寸感。礼，是五常“仁义礼智信”之一，通过对这个礼的遵守，人与人之间的相处就会有秩序，社会就会有条理，做事情就会合理、有分寸。

还有一种理解呢，就是理事之别的理。佛教经常讲“理事无碍”，理与事是不相障碍的。我们可以理解为，理就是事物的概念。任何一件事情，任何一个事物、实体，既有物质的层面、事的层面，也有概念的层面，也就是理的层面。比如我桌子上这个木头做的小象，肯定有一个它的名称，称名即理。这个理与具体的事物之间既有关系又无关系。如果没有这个实物，这个概念、理就无从产生；有了这个事物，就必然有这个概念产生，就必然有这个理产生。实际上，这个理是相对于事而言，是人的精神加入到了事物之中而形成的。万事万物都有各自的理，都有各自的规定性，都有各自的概念。这就是对“理”这个概念的基本阐释。

那么，性是什么呢？《中庸》里面讲：“天命之谓性，率性之为道，修道之为教。”天命是什么呢？就是宇宙人生的根本规律性，这就是本性。从这一点上来说，与前面讲到的“天理”有相重叠的一面。

什么是命呢？就要相对具体一些了。我们在刚开始学习《周子通书》的时候，就讲过了《易经》中“乾道变化，各正性命”的道理。命，可以说是万事万物在生长、发展、变化、消亡的整个过程中，所体现出来的一种因果规律性。任何一个事物都有其存在的原因，也就有其最终的结果，这就是命。一切事物都是从因果规律中体现出这么一种从生到死、从始到终的轨迹。什么是命运呢？命运就是把一瞬的当下时间点，在从生到死的整个生命过程中，连接成一条线。这就是你的命运，就是你生命的轨迹。

【一阴一阳之谓道】

对于章题中“理、性、命”这三个概念，我们就简单说到这里。下面来学习正文：“厥彰厥微，匪灵弗莹”。厥，就是或者的意思。万事万物，不管有生命还是无生命的，都是如此，或者彰显出来，或者隐微起来。

我们看天地的变化，就是这么“厥彰厥微”的。昼夜二十四小时，白天都是清清楚楚、明明了了的，这就是彰显出来的状态；晚上呢，就是黑咕隆咚、伸手不见五指，什么都看不到，这就是隐微的状态。我们人的精神同样如此，同样是遵循这种规律，一阴一阳之谓道嘛！在白天，人的精神往往都是彰显出来的，很清晰，脑壳里面东想西想，事情也做个不停；到了晚上，困了还是要好好睡觉，少做点梦。梦做多了，就是把白天的东西带到晚上去了，你就会休息不好。所以，该彰显的时候就要彰显，该隐微的时候就要隐微。任何一个事情都是如此。

佛教讲，任何事物都有一个成、住、坏、空的过程。一年四季也是如此，春天夏天，万事万物都在生长彰显；到了秋冬时节，该收该藏了，万事万物又开始隐微了。这些都是在一阴一阳之道中周而复始。

那么，“厥彰厥微”这个东西是怎么显现出来的呢？就是下面这句“匪灵弗莹”。如果没有人的精神，没有这个“灵”去体会这些状态，这个道理就不可能变得清晰起来。这个莹，就是晶莹、清晰、透明的意思。所以，在万事万物之中，人的精神是非常关键的！

儒家讲“为天地立心”，天地之间如果没有人的精神加入其中了，就没有心了。古之圣贤不仅要为天地立心，还要“为生民立命”，要引导普通民众认识自己生命的来龙去脉，从而“参赞天地之化育”。

“厥彰厥微，匪灵弗莹”这一句，本身是来源于《易经·系辞》中“君子知微知彰，知柔知刚，万夫之望”这一句的。如果没有人的精神加入其中，世界上的一切东西，不管是“彰”还是“微”，都不可能显现出来，也就找不到规律性，世界上的一切都不可能清晰起来，透明起来，就是像庄子里说的纯粹的混沌状态。

【知善知恶，为善去恶】

再看下面这一句，“刚善刚恶，柔亦如之，中焉止矣”。关于刚善刚恶，我们在第七章《师》里面讲得非常细。不管是对人还是对事，你体现出阳刚的一面，如果运用得当，把刚直不阿、刚健中正表现得恰到好处，就会带来好的结果、善的结果；如果运用得不好，那么刚则易折、刚愎自用、独断专行，就会带来恶的结果，让自己与事业都陷入不利的境地。柔也是如此，如果一个人性格表现出柔和退让的一面，运用得好的话，就能够体现出坤道的精神，柔顺谦和、善处人下、厚德载物，等等，当然也是非常有修养、有德行的状态；如果用得不好，表现出来的就是性情懦弱，内心阴暗，城府阴深，要么任何事情都不敢出头，不敢承担，要么就不敢光明正大，只在背地里使阴谋诡计，那就是一种柔恶的状态。

刚善刚恶，柔善柔恶，我们要怎么去观察它、把控它，让它善的一面在我们的人生事业上运用自如，同时又不要性格上、精神上陷入恶的境地呢？这就要做到“中焉止矣”。

焉，是代词，就是这里的意思。我们就要在“这里”找到一种中道而行的感觉。“这里”是哪里？就是这里啊！就是我们当下！现在！当下一念就要“得止”“得中”。什么叫“得中”啊？就是《中庸》一开篇所讲：“喜怒哀乐之未发，谓之中。”我们当下就要回到精神本来的空净、澄澈中去，不为外缘所牵引，更不为自己的各种情绪所影响。既得了这个“中”，还要“得止”。止于何处啊？就止于这个“中”。

我们看，这里的关键还是要得其中、守其中、止于其中。这就又回到前面说的“一为要”了。我们要在当下一念中，做到知一、得一、守一、止于一。《大学》中说“知止而后有定”，知止，就是知道要止于这个“中”；有定，就是要专注、安定、安住于这个“中”。

所以，我们要不断地去体会这个东西。我们平时说要有定力，要得定，这个定并不是说就坐在那里不动，什么都不想，像个木桩一样。真正的定力，是要有定见，有这种坚定不移的见解，然后让这个定见凝聚起来，产生出不为一切所动的力量。真正的定力，是在你心性之“明”上面体现出来的。《道德经》上说“至虚极，守静笃”，如果真正达到了这个境界，内心智慧的光明就能生发出来、透彻出来，那你自然就有定力了。有定力了，就能够体现出“刚善柔善”的境界，就能够排除“刚恶柔恶”的结果。所以说，真正的定，就是“中焉止矣”，就是在于你精神上、认识上的定见与定力，并且让这个力量化入日常的行持之中。

【五行阴阳一合相】

再看下面的内容。“二气五行，化生万物”，二气就是阴阳二气，在《易经》里面，称为两仪。太极生两仪，两仪生四象嘛。阴阳在《易经》中用阴爻、阳爻的符号表述，二气就是一阳一阴。

周敦颐先生在《太极图说》里面说：“无极而太极”，很多人在这里产生了错觉，以为无极在先而太极在后，好像先有一个无极，然后才又生出了一个太极。实际上，“无极而太极”的正解是，无极和太极是一个东西，就是对大道不同状态的不同表述。大道隐的一面、藏的一面、静的一面，就是无极；而显的一面，动、生发的一面，就是太极。其实，它们就是一个东西。但是，这个东西是怎么产生世界万物的呢？首先就生出两仪，即阴阳二气，然后再化生为“金木水火土”五行，再由五行就化生了天地万物。这一句“二气五行，化生万物”，就是讲述万物生成的过程。如果要详细研究，我们可以把“动静”那一章拿出来，再反复学习一下。

“五殊二实，二本则一”，五殊，就是说五行是不一样的，它们代表的是物质世界最基本的五种属性。金的属性不同于其他几种，它代表的是坚固，具有一定的固性。这里的金，不是我们现在说的黄金，它泛指一切事物中所包含的“金属”特性。石头也具有一定程度的金性，就是因为它有坚固性。木性指的什么呢？就是生长性。春天属木，这种生长性就特别明显，几天就会发生很大的变化。你会突然发现，前几天还没有生长出来的树叶，突然舒展开了，每一片都是一尘不染的新绿，让人心也随之生机盎然。这就是木性，是生长性。土性是什么呢？就是一种存在、包容，一种运化。我们所看到的一切东西，与我们息息相关的东西，都是在大地的包容、承载、运化中出来的。水性是一种湿性，也具有不断的流动性。火性呢？具有热性、光明性嘛。

五行的性状都是不同的，这就是“五殊”。那么“二实”是什么呢？就是阴阳二气。你说它是实有的，没错；你说它是看不见摸不着的，也对。一阴一阳谓之道，这一阴一阳相互作用所带来的世界变化，我们是能够体会到的，这种感觉也是实在的。

有的注解就说：“分而为五，藏而为二，本归为一。”这就是说，阴阳二气如果分开的话，就变成了“金木水火土”五行，收起来就变为阴阳二气，最后回归到太极，就是一。这个解释是可以的。我们可以体会得更细腻一些，还要看到阴阳二气表现在五行之中，是相互作用、相互影响的。每一种属性，其本身就具有阴阳二气，同时呢，在五行相互生克的变化中，阴阳二气也掺杂其中。

比如金性，体现了一种坚固性、一种刚性，但是刚才我们也讲了刚善刚恶的事情。如果这个坚固性体现出阳性的一面，那么就是刚善；体现在阴性的一面，就是刚恶，所以禅宗过去有“杀人刀、活人剑”的说法。木性也同样如此。春夏之际，我们看到植物生长、繁茂，就是阳性的一面；秋冬看到万物肃杀、凋零，就是阴性的一面，有生长繁盛，就必定有衰竭枯萎嘛。同样的，在水、火、土中，也都是如此体现出其阴、阳二气的变化。那么，在五行的生克制化之中，也同样如此。五行相生，体现的就是阳的一面；五行相克，体现的就是阴的一面。整个世界，就是在这种阴阳生克制化中产生出来的，所以说是“五殊二实”。

“二本则一”是什么呢？刚才我在黑板上画了阳爻和阴爻符号，其实，阴阳也好，五行也好，都是我们为了认识世界而发明的工具。世界本来浑然一体，道家讲“天地与我并生，万物与我为一体”，太极就是一，世界本来如此，法尔如是。

对一个事物分阴分阳，是我们为了认识事物不得已而为之。阴阳其实是在一个东西。比如我手上这个苹果，它是不可分割的一个整体，分割开就不是完整的它了。假定它就是太极，它是不生不灭的，是唯一的，是本来如此的。但是，为了大家能够更全面、清晰地认识它，我们就把能够看到的这一面叫作阳，把看不到的背面叫作阴；或者我们把看得见的表面称之为阳，把看不见的内部称之为阴。但是，人的精神往往会产生一种错觉，因为人会对自己的精神有种执着，执着于自己看到的、认识到的、感知到的东西。我们就会误认为这些能被我们感知到的就是事物的全体。那些看不到的、认识不到的、感知不到的东西，就认为不存在。所以，我们只看得到我们看得到的东西，而我们看不到的东西，则存在于我们看不到的地方。但是，我们的错觉是，总以为这个看不到的地方不存在。

印度有个寓言叫作瞎子摸象，不同的人摸到不同的位置，就认为象是这个样子。实际上呢？“二本则一”，我们在体会的时候，首先要明白，这个世界本来是一个整体，按照《金刚经》的说法，就是“一合相”，是一个整体。只不过我们为了认识事物，就把它一分为二，从阴阳两方面来体会它。我们看这个太极图，它有我们认识得到的、万事万物显现的一面，就是阳面；也有我们认识不到的、万事万物隐藏的一面，就是阴面。阴阳不断地交合变化，万事万物也就不断地显现与隐藏。

在这一点上，我们一定要仔细体会啊！并不是像生物繁衍一样，一个叫太极的母亲生了两个娃娃，一个娃娃叫阴，一个娃娃叫阳，并不是这样的。要认识到本来如此的这个东西，要认识这个“一合相”；认识到了之后，还要反复体会其中的阴阳消息，这样我们的学修就上路了。

【一切源于当下一念】

“是万为一，一实万分。万一各正，小大有定。”这里也是个难点，涉及一与万、万与一的关系。我们看前面“圣学”章讲到了“一为要”，学修圣人之道的要点为一。这个一，对道家来说就是道，对儒家来说是性，对佛家来说是真如、佛性。在基督教里面，上帝就是一，伊斯兰教认为真主是唯一的，不能有二主。这些不同的教门，都有各自的说法来表达这个一。一就是本体，但是，如果我们要在具体的事物之外，去找一个造物的本体，能找得到吗？当然找不到。

本体是不生不灭、如如不动的，但是，我们如果想要认识这个本体，念头一动，就产生了阴、阳的对立变化。再把这阴阳二气的变化详加理会，就会找到物质世界的五种基本特性，就是"金木水火土"。这五种特性再相互生克制化，我们的认识也就逐渐细化，意识中就产生了大千世界的万事万物。

但是，"是万为一"，万事万物，都是从本体，从这个"一"中显现出来的，是我们的意识勉强分别出来的。"一实万分"，这个本体是体现在万事万物之中的，无论哪一个具体的事物，都能完全体现这个唯一的本体。

我们还是回归到自心上来体会这个"一"和"万"的关系。"一"究竟在哪里呢？如果通过外界事物来体会，还是隔了一层，一定要从自身去体会才亲切。怎样来体会呢？比如我们的五脏六腑，我们的八万四千个毛孔，我们身体上的各个系统、细胞，就是万。那么一呢？我们身体的这些东西，都是受哪个指挥的呢？虽然手脚不一样，身体的各个器官不一样，但是任何一处受伤，有一点疼痛，全身都同时感受到了。能感受、能指挥的这个东西，就是一。"是万为一"，我们身体的每一个部位，每一个变化，也都是由精神来指挥、体会后产生的作用。同样，在精神内部也是如此，一念和万念的关系也是如此。所谓的一，在我们精神内部来说，就是精神的本体、本来，万就是从这个精神本体中不断产生的各种念头。我们要想认识这个本体，如果不从念头上认识，离开了念头，你就找不到这个本体。一旦你开始找，念头产生了，就变成万了。"一和万"的关系，我们要翻来覆去地体会。

前面我举例中的那个朋友，他最后说"百花丛中过，片叶不沾身"，也还是在体会这个"一和万"的关系。百花丛中过，就是万啊！在百花丛中过而不沾身，这个东西就是一嘛。这个一，能够感受到百花丛丛，但外界纷乱的变化都对这个一本身产生不了任何影响。它不会因为念头多了，精神的本体就增加了一点；也不会因为念头少了，这个精神的本体就减少了一点。这个"一和万"，就是要从当下的念头中去体会。万事万物万法，都是在我们当下一念中产生的。

所以周子又说："万一各正，小大有定。"我们一定要处理好"万和一"的关系，对这个"万和一"，一定要有正知正见，要有清晰明了的认识。这样一来，我们面对万事万物，面对生活工作中的各种事务，才会找到有条不紊的处理方法。心眼明亮了之后，就能够"公"，就能够"和"。那么"万一各正，小大有定"，也就是本来如是了。

颜子第二十三：孔颜之乐，乐在何处

“颜子，一箪食，一瓢饮，在陋巷，人不堪其忧，而不改其乐。”夫富贵，人所爱也，颜子不爱不求，而乐乎贫者，独何心哉？天地间有至贵至爱可求而异乎彼者，见其大而忘其小焉尔！见其大则心泰，心泰则无不足，无不足则富贵贫贱，处之一也。处之一，则能化而齐，故颜子亚圣。

——《通书·颜子第二十三》

下面我们继续学习《通书·颜子第二十三》。颜子，即颜回，孔夫子门下最优秀的大弟子，是孔门中最了不起的贤人之一，被后世尊称为“复圣”。我们读《庄子》的时候，发现很多篇章都有颜回出场，并展现了学道的许多境界，可见庄子对他也特别推崇。周敦颐先生在这篇《周子通书》里，就多次提到了颜子，这一章更以颜子作为章题，可见其重要性。

【因何忘记人间富贵?】

“颜子，一箪食，一瓢饮，在陋巷，人不堪其忧，而不改其乐。”这一句出自《论语》，字面上比较容易理解，说颜子吃得很简单，喝得也很简单，住的地方很偏僻简陋，说白了就是一贫民窟。一般人看到都会认为太恼火了，这生活条件也太差了！但是颜子在“人不堪其忧”的情况下而“不改其乐”，一点也不忧愁，一天到晚高高兴兴、快快乐乐的。但是，他为什么还乐呢？

周敦颐先生在教他的学生二程，即程颐和程颢的时候，就要他们参“孔颜之乐，乐在何处？”周敦颐早年参禅，觉得禅宗的方法很好使，于是也用参禅的方式让弟子们去参儒家的学案。虽然禅宗参话头的方法是南宋大慧宗杲以后才得以大行，但在周敦颐偶一用之，效果也很好的。

其实，孔夫子自己一生就很背运、很恼火，虽然也曾当过几天官，但很快就下课了。他周游列国，一路颠沛流离，甚至有“急急如丧家之犬，惶惶如漏网之鱼”的感觉，但是，孔夫子却说：“饭疏食饮水，曲肱而枕之，乐亦在其中矣！”虽然自己吃的是粗食，没有山珍海味，喝的就是白开水，没有佳酿可以饮，晚上睡觉没有枕头，就用自己的胳膊往脑袋下一垫就行了。但“乐亦在其中矣！”还是很高兴。有一次和弟子们被困于陈蔡之间，一连数日都没有什么东西果腹，饿得要死了，但是孔子却照样诵书弹琴唱歌，泰然自若。为什么孔夫子背运时还这样高兴？为什么颜回潦倒不堪也会如此高兴？只有真正能回答好这个问题，我们才算是进入学修圣贤之道的门。

“夫富贵，人所爱也，颜子不爱不求，而乐乎贫者，独何心哉？”对于富贵，一般人当然有所喜爱也有所求，但是颜渊呢？他既不爱也不求。虽然自己处于很贫困的状态，却一天到晚很快乐。那么，他的心里到底是怎样想的呢？这到底是怎么回事呢？周敦颐让弟子们参“孔颜之乐，乐在何处？”二程还是很了不起，后来都成了一代大儒。不过在这里，周敦颐先生忍不住把答案给我们了。

“天地间有至贵至爱可求而异乎彼者，见其大而忘其小焉尔！”为什么颜回会如此快乐呢？是因为天地之间，还有最珍贵、最可爱，而且是可以求到的东西存在。这个东西和人间的富贵完全是两回事，根本就不在一个层面上，它比人间富贵更珍贵、更可爱一万倍。颜回，他不过是见其大而忘其小罢了，他追求的是最高层面上的东西，追求的是最美好、最宝贵的东西，当然就把次一等的、人间的所谓富贵荣华等甩到一边去了。

其实圣贤也罢，俗人也罢，心都是差不多。有些人说修行之人就应该无贪无欲，但换一个角度来想，又不尽然。有些人把人间世俗的一切舍弃了，去出家修行，但是你能肯定他就是无欲无贪了吗？实际上，那可以说是最大的欲、最大的贪！学佛的想要成佛，学儒家要成圣成贤成尧舜，学道的要成仙，这不是最大的贪、最大的欲吗？但是，这个贪、这个欲和我们凡夫对富贵荣华的小贪小欲，还是有不一样的地方。首先心量上就不一样，其次出发点也不一样，最后当然得到的结果就不一样。虽然说人性都是一样的，但是像颜回这样通过跟随孔夫子学习，通过真正在仁、义、礼、智、信上展开修行，他就能够达到前面“圣学第二十”中所说的“明通公溥”的境界，这可比世俗的荣华富贵美妙得太多了！

【内心富足，安贫乐道】

我们读书到这些地方，就应该加以留心。圣贤也是人，释迦牟尼也是人，我们也是人，大家起心动念的源头、最初一念产生的地方，都是一样的。圣人与凡夫在心性上都是一回事。那么不同之处在哪里呢？只是用处不同，认识不同，见解不同。凡夫认为世间的荣华富贵是最值得追求的东西，但是拼其一生追求到了呢，也不过如此，生不带来，死不带去。对于真正发起了圣贤之心、学修圣贤之道的人呢，他就有更大的追求。所以过去有个说法："学佛求道乃大丈夫事业，非帝王将相所能为也。"真正的大丈夫事业不是世间的事业，而是要去认识和体会天地间至尊至贵至大至爱的东西。

你说这个贪不贪？可以说把人性当中的一念之贪发挥到了极处！真到这个时候，大贪无贪，大欲无欲，就达到了无为而无不为的境界了。所以，我们要贪就贪点大的，别没出息，只盯在那点蝇头小利上。

"见其大则心泰，心泰则无不足，无不足则富贵贫贱，处之一也。"如果你的认识、见解愿意去面对更大、更广、更高、更美妙的东西，那么对世间的东西，你就不会执着了。不管是处在贫贱状态，还是富贵状态，你都不会在乎它，都不会因它而心乱。

我们读《中庸》，君子素位而行，对不对？"素富贵行乎富贵，素贫贱行乎贫贱，素夷狄行乎夷狄，素患难行乎患难。君子无入而不自得焉！"真正的大人君子，无所谓自己处在什么样的现实环境，都能够正心诚意，都能够认认真真、安安静静地过好自己的生活，保持自己内心的自足、光明、快乐。这也就是心泰。"心泰则无不足"，心泰就很容易满足。"无不足则富贵贫贱，处之一也"，富贵贫贱是人生所处的几种主要境遇，那"处之一"是什么意思呢？就是平等嘛，就是没有分别心嘛。只有把这些富贵贫贱都平等对待了，没有分别心了，你才能像颜回一样"人不堪其忧，而不改其乐"。

"处之一，则能化而齐，故颜子亚圣。"如果你能平等地对待一切，就能产生"化而齐"的力量。"化而齐"是什么意思？我们看《庄子》内篇中最重要的一篇就是《齐物论》，号称是"解庄之锁钥"。如果我们真正能把富贵贫贱都"处之一"了，那么我们面对万事万物，就都会以平等心对待，自然就能达到"齐物"的境界了。正是因为如此，颜子被后人尊为亚圣，的确是当之无愧。

这一章的重点，是体会"孔颜之乐"的落处。明代大儒王阳明的弟子王艮，号心斋，对于王阳明的心学有很好的继承和发扬，开创了泰州学派。他曾做过一首《乐学歌》，其原文如下：

人心本是乐，自将私欲缚。
私欲一萌时，良知还自觉。
一觉便消除，人心依旧乐。

乐是乐此学，学是学此乐。
不乐不是学，不学不是乐。
乐便然后学，学便然后乐。
乐是学，学是乐。呜呼！
天下之乐，何如此学！
天下之学，何如此乐！

王艮的这首歌，就是他对“孔颜之乐”酣畅淋漓的体会。我在这里摘录出来，让大家也一起感觉感觉，不知能不能乐上一乐。

师友上第二十四：进德修业之大善缘

天地间，至尊者道，至贵者德而已矣。至难者得人，人而至难得者，道德有于身而已矣。求人至难得者有于身，非师友则不可得也已。

——《通书·师友上第二十四》

颜子之所以能安贫乐道，在“人不堪其忧”的情况下依然“不改其乐”，就是因为他要追寻的，是天地间至尊至贵的东西。什么是至尊至贵的呢？周敦颐先生在这里就提出来：“天地间，至尊者道，至贵者德而已矣。”

【天地乾坤的真精神】

现在人们都把道和德连起来说，做好事就有道德，做坏事就没道德。如果只在这一层面理解，就把道和德给局限了、狭隘化了，就落入到诸如“道德法庭”“道德审判”之类的低层面上了。这样理解当然不能与中国传统文化中最推崇的、天地间至尊至贵的道和德相提并论。

为什么至尊者道呢？我们说整篇《周子通书》是在《易经》的基础上进行发挥的，体现的是《易经》的精神，所以，“至尊者道”体现的就是《易经》乾卦的精神。乾为天嘛！就是天道嘛！乾卦精神是至刚至正至大，是诸善之长，是自强不息。所谓男儿当自强，只有自强不息，把至刚至正至大精神体会到，才可能体会天道。世上没有什么东西可以超过天道，所以它就是至尊。

至贵者德呢？天地间最可贵的是什么呢？是德！它体现的是《易经》坤卦的精神。坤为地，地德深厚，大地的精神表现在我们的精神中，就是君子进德修业，就是君子厚德载物，同时在性情上至柔至顺，顺应天道而行。这才是最了不起的德行，所以是至贵者德而已矣。

坤卦与乾卦是相对应的，一刚一柔，一阳一阴，就相辅相成，成就天地万物。我们平常所说的“道德”二字，实际所体现的，乃是天地乾坤的真精神啊！

【一失人身，万劫不复】

我们再看下面的内容：“至难者得人，人而至难得者，道德有于身而已矣。”天地间最应该尊崇的是天道，最可贵重的是德行，但是最难得是什么呢？“至难者得人”，在地间生而为人，这是最难得的。

这个就跟佛教相通了。佛教经常说“人身难得”，为什么会这样说呢？因为在佛教的宇宙观里，有六道轮回的说法。在六道之中，人道是中道，不上不下，其上有天道、阿修罗道，其下有畜生道、地狱道、饿鬼道。宇宙天地间的生命就在这六道中不断地轮转。要想真正求解脱，要想修行成佛，按佛教的说法，就只有在人道中才能成就，其他五道里都成不了佛。为什么呢？畜生道、地狱道、饿鬼道，都在不停地受苦、受刑，处于极端痛苦的状态，哪里有机会和心力去求那至尊至贵的道德呢？在人道之上的天道，是处于一种非常舒服、非常享受的状态，没有痛苦的体验，当然也就不可能想到要去求解脱了。阿修罗道与天道接近，只是性情上粗烈暴躁，常常与天道众生打仗，也不能成佛。所以，只有人道是不偏不倚、不好不坏，既有痛苦的体验，又有时间精力以及摆脱痛苦的机会，是最好修道成佛的。

佛教里面还有这样一个比喻：茫茫大海里，有一块浮木板，上面有个洞，海里面有一只盲眼的老乌龟，一百年才从水里浮起来一次，然后又沉下去。有一天，这个老盲龟浮起来的时候，正好碰上了这块浮木，脑袋正好不偏不倚地穿过木板上的孔洞。佛教里就说，人身难得啊，就像这只盲龟偶然把头伸进浮木里一样。我们看，这概率也太小了吧！

实际上也的确是如此啊！我们随便刨开一个蚂蚁窝，那里面的蚂蚁都可能有百千万亿只，而人类又有多少呢？六道轮回不休，我们真正有机会变成人，的确非常非常难得。佛教中劝人们要多做好事，不要做坏事，善人得善果、生善道，恶人做恶事就会失人身、下地狱。这个很严重啊！要知道“一失人身，万劫不复”。这次我们变成了人，如果不好好珍惜，下辈子一失人身，再想成为人，就很难很难了。

周敦颐先生这里说“至难者得人”，我们从佛教的角度来体会这一点，的确是真实不虚，千万要珍惜。

那么，得了人身就万事大吉了吗？也不是。“人而至难得者”又是什么呢？周敦颐先生说：“道德有于身而已矣。”一个人对天道地德、对乾道坤德真正有所认识，真正能够发心在这个道上面、德上面，像颜子这样在“人不堪其忧”的情况下依然“不改其乐”，那这个人就是人群中至难得之人。

【良师益友最难得】

再看下面的内容："求人至难得者有于身，非师友则不可得也已。"能够发心学习天地间至尊至贵的这个道、这个德，确实很难得。但是，如果你光发心了，没有得到良师益友的帮助，要想进德修业也很不容易。

我个人对此有非常深的体会。在十多年前我就发了心，这辈子就是要学修佛法、学修圣贤之道，但是当时找不到师友啊！当时我在川北山区工作，自己找经书自学自修，可以说是忙修瞎炼了很长一段时间，但心里始终没有底。实在是没有办法了，于是把铁饭碗丢了，只身一人来到成都，一边打工一边寻师访友。在因缘际会之下，后来就接触到了不少好的老师，向他们学习的收获就很大。这几年在书院也结识了这么多好的道友，现在大家一起学习，相尚以道，真的是非常难得、非常不容易。

在佛教的修行中，有四个条件必须满足，即法、财、侣、地。首先是法，也就是要有好的教法、方法，比如我们现在一起学习的《周子通书》，还有冯老师已出版的著作《信心铭》《禅解庄子》系列，还有儒、释、道的各种经典，都是非常好的法，我们现代人的福报太好了，这些经典随手都可以得到。关键的问题，就看我们自己会不会、有没有这个恒心去努力学修。其次是财，要有一定的财力，没有基本的财力，你就腾不出时间来学习。如果你一天到晚都在忙于生计，养家糊口的问题都解决不了，又哪里还有时间来学修呢？第三是侣，要有道侣、伴侣，师友就是最好的道侣。我们要知道，现在我们学修的这些东西，是天地间至尊至贵的东西啊！如果没有良师益友怎么行呢！我们在学修的过程中遇到了问题，没有好的老师来指导，那你就很难翻过种种关口，如果凭意气硬来，甚至有可能走偏。尤其是在佛教修行中，有很多所谓阴魔现前的事，有着种种身心上的难关要过。这些年我看到走偏、甚至走火入魔的修行人也不在少数。

一说到佛教修行，有些人有了点感觉，就想去闭关专修。其实闭关是很有讲究的，过去禅宗讲"不破本参不住山，不破重关不闭关"。即使一个人的修行已经到了可以闭关的程度了，一般都还是要有道侣来护持，这个叫作护关。没有道侣护关是不行的，很容易出大问题。

我们说法、财、侣、地，最后这个地也要很讲究，不能是凶险浊乱之地。我们书院的环境这么好，条件也不错，就是大家学修圣贤之道的地嘛。现在，法、财、侣、地都齐全了，因缘都俱足了，这就殊胜难得。周敦颐先生说了那么多的“难得”，最后是落实在“师友”身上。我们这里呢，是万法俱足，万缘俱足，一切难得今已得，大家更要珍惜啊！

师友下第二十五：弥足珍惜师友缘

道义者，身有之则贵且尊。人生而蒙，长无师友则愚。是道义由师友有之，而得贵且尊，其义不亦重乎！其聚不亦乐乎！

——《通书·师友下第二十五》

我们接着学习“师友下第二十五”。这一章紧接上章而来：“道义者，身有之则贵且尊。”一个人心中有了道义，并且在社会生活当中，在人事关系当中，能够把这种道义体现出来，那么这个人在社会中肯定是非常高贵、非常受人尊崇的。大家在生活中都会有类似的体验。

“人生而蒙，长无师友则愚。”人生下来什么都不懂，是“蒙”的。父母师长一点点地教，学说话，学走路，慢慢有了基本能力以后，还要教他看图识字，教他规矩道理等这样或那样的知识。当然，如果父母有道心，能够慢慢引导他走到“天地间至尊至贵”的这条道路上，这样是最好的了。但这一切要有良师益友才能启蒙。如果一直没有好的师友相伴，那就会陷入愚迷蒙昧的境遇之中。

《周子通书》的很多内容都涉及易象。这一章实际上是来自于《易经》蒙卦，是周敦颐先生对蒙卦的体会。我们看看《易经》蒙卦是怎么说的。

山水蒙卦，上艮下坎，为昏昧、蒙昧之象。蒙卦之上卦为艮，艮为山，遇山则止，走到山前没有路了，前进的路被山挡住，所以遇山当止。下卦坎为水，水具有流动性，有智慧之义。我们看蒙卦的整个卦象，水出山下，遇山则止。我们打卦如果打出这个蒙卦，虽有蒙昧之象，但也告知了自处之道。其卦辞曰：“亨。匪我求童蒙，童蒙求我。初筮告，再三渎，渎则不告。利贞。”首先是亨，亨就是通。因为你一打卦，知道自己现在处于昏蒙的状态了，如果你要想变得清楚明了，变得聪明智慧，就需要寻找真正的良师益友来启发你的蒙昧。

“匪我求童蒙，童蒙求我。”你要想让自己不蒙昧，想让自己变得聪明起来，怎么办呢？求老师去啊！老师不能强迫学生学习，只有学生主动去求学，才会有效。冯老师以前就经常说：道是求来的，所以不能往教，只能来学。我们不能看到哪里缺道了，我心怀道义，就跑到那里去传道。这是不行的！送上门的东西，再宝贝都没人搭理。所以，传道之人要有如如不动的心态，非求则不教。就像达摩祖师面壁九年，正襟危坐，就等真正有心的人前来求学。只有这样彼此才能相应，老师才教得好，学生也才学得好。如果你装了一肚皮的学问到处去叫卖，那就把这个天地间至尊至贵的宝贝贱卖了。

“初筮告，再三渎，渎则不告。”初筮，我们看下卦是个坎卦，初爻是阴爻，表明昏昧。二爻是下卦中位，是阳爻居中，还是挺好的，虽然你刚开始不懂，但是已经找到良师益友指点你了。渎，就是不作为、轻漫、不敬。“再三渎”，如果你反复提同样的问题，那就说明你没用心，对良师益友的指点没有认真去体会、理解。翻来覆去问同一个问题，那就是心中不敬，就是“渎”。这就不太好了，意味着老师没必要再给你多说什么了。“利贞”，如果你处在蒙昧的状态，但是你能认认真真地去求学，那么这条路还是行得通的，对你还是有利的，就能得其正，就能去除蒙昧开智慧。

蒙卦彖辞中还说：“蒙以养正，圣功也。”如果一个人知道自己处在昏蒙的状态，去寻找良师益友求学，就能够培养内心的正知正见。这就是养正，就是培养圣人之功。一个人不管你将来是如何了得、成就是如何高，刚生下来肯定是蒙昧无知，肯定都有一个从不会到会的过程。哪怕是大科学家如爱因斯坦、牛顿这些人，也不是生而知之的，也都是求学得来的。孔圣人也是从蒙昧中不断地求知求学，培养自己的正知正见，最后才达到圣人的境界，才具有圣人化育万物的能力和功德。

蒙卦大象辞云：“山下出泉，蒙，君子以果行育德。”对君子而言，就要以蒙卦的精神作为教育后学的指导，以自己知道的真理之果来培育后学的德行。而后学呢？不管是心性上面，还是具体的事情上面，都要承认自己的昏蒙，通过良师益友的培育来完善自己的德行。

我们把《易经》蒙卦的内容解释出来以后，再看周敦颐先生这里所讲，就非常清楚了。“人生而蒙，长无师友则愚。”如果一个人长期处在蒙昧状态，没有找到良师益友，没有善知识指点，那就很不幸了，要想聪明起来、高明起来就很难。“是道义由师友有之，而得贵且尊。”所以真正的道义，是从良师益友那里求学得来的，非常尊贵，非常稀有难得。“其义不亦重乎！其聚不亦乐乎！”如果我们人生之中能够遇到良师益友，那真是太重要了。如果彼此之间能经常聚在一起，大家相尚以道，相互进德修业，那将是最快乐的事情。

过第二十六：君子闻过则喜

仲由喜闻过，令名无穷焉。今人有过，不喜人规，如护疾而忌医，宁灭其身而无悟也。噫！

——《通书·过第二十六》

前面在讲到《通书·幸第八》的时候，就讲到《易经》里面的大过卦和小过卦。今天这一章叫“过”，也可以把前面的拿出来温习一下。

回到原文来，这里举了孔子的学生子路的事情。“仲由喜闻过，令名无穷焉。”在孔门弟子里面，子路以勇武著称。有一次，孔夫子和弟子们聚会，要大家谈一下各自心中的愿望、理想。子路第一个跳出来说，千乘之国，这种中等偏小的国家，处在强国之间，受到打压，而且时时处在饥馑之中，受到天灾人祸的威胁。这种情况下，如果把这个国家交给我子路来治理，三年之内，我就可以富国强兵，与各大诸侯平起平坐。子路的性格非常强。他曾经问孔子，您老人家如果带兵打仗的话，会带谁同行呢？他言下之意很明显，肯定是要带他这个勇士啊。结果呢？孔子白了他一眼，说：“暴虎冯河，死而无悔者，吾不与也。”一只很强暴的老虎，被人撵到河边上了，还不认输，到死都不后悔。你这种性格啊，我是不会跟着你一起玩的。

在《论语》的记载里，孔夫子和弟子之间的很多对话都非常有趣。前面周敦颐先生举了颜渊的例子，他是孔门最优秀的学生。而子路呢，则是与孔子相处得最无拘无束的学生。我们看到《论语》里子路和孔子的对话，有时候都会忍不住会心一笑。孔夫子确实非常喜欢子路。有一次甚至说，如果我传的这个道不行了，没有人来听了，我就坐船到东海之上，到蓬莱仙山去隐居，恐怕只有子路跟着我一起去哦。

子路的个性是非常刚强，同时也很直爽，有话就说，绝不拖泥带水。在《论语》的记载里，子路出场最多，挨孔夫子的批评也最多。尽管孔子屡次批评他，从不给面子，但他也毫不计较，反而很享受老师的批评指正。直心是道场嘛！正因为如此，所以《论语》里面对他的记载最多。他之所以流传千古，“喜闻过”给他加了不少分。在这一点上，周敦颐先生对他非常赞叹。

“今人有过，不喜人规，如护疾而忌医，宁灭其身而无悟也。噫！”这个句子很简单，周敦颐先生是北宋人，是以他所处的北宋时代作对比。周敦颐先生说，现在的人，有了过错却不喜欢人家指出来，不喜欢别人规劝，反而要护短。

就像明知道自己有病，却藏着不医治，还嫉妒人家医生来给你下药。这样的话，就是宁愿让自己毁灭也不改正自己的缺点。

我们回过头来看看自己，在社会中，比如我们在单位上、企业中，许多领导、老板听不进别人的规劝。中央说要反腐，他们偏要腐；中央说要反对赌博，他们偏要跑到澳门、跑到拉斯维加斯去赌。一个企业，如果下属觉得经营决策有问题，向老板提出来，说老板做错了，有几个老板能心平气和地听进去？总之，只要听不进别人的意见，就会有危险。我们看社会上许多人，自己搞得身败名裂。这些人和周敦颐先生说的一样，都是不喜欢闻过的人，就算把性命搭上了，他也不愿意清醒清醒。

势第二十七：顺天命，尽人事

天下，势而已矣。势，轻重也。极重不可反。识其重而亟反之，可也。重未极而识之，则犹可反也。反之，力也。识不早，力不易也。力而不竞，天也。不识不力，人也。天乎？人也，何尤！

——《通书·势第二十七》

这一章非常重要，是体现周敦颐先生大局观的一个境界和水准。这个势，是我们在面对客观世界、周围环境，能够有所作为的基础。如果能够审时度势，认识天下大势，能够有这种大局观，才有可能入世为人，建功立业，才有可能把事业做好。黄宗羲先生在读到《周子通书》这一章时的评语说："造化在手，宇宙在握。"真正了解了这个势，明白了这个天下大势，造化就在你手里，宇宙规律也被你掌握着，你就会很清楚世事、社会的变化，做事就会如顺水推舟，非常得力。

用佛教的语言来说，这一章是体现了周敦颐先生的世间法水准。实际上，世间法和出世间法是不二的，你在心性之学上水平的高低，是要在实际社会生活的运用中一一体现，说白了，是要在世间建立圣贤事业。我们要像古圣一样做好立德、立功、立言这"三不朽"的君子事业，就要在世间法上有很深的认识和体会。

【一切都是大势所趋】

"天下，势而已矣。"天下，就是外界的一切，包括宇宙间一切万物的运行变化，不管是社会变化也好，自然变化也好，用一个"势"字，就全部概括出来了。那么，究竟什么是势呢？

明末大儒王夫之在谈"势"的时候说："凡言势者，皆顺而不逆之谓也……"要谈势，就要看到它是一个洪流，是顺而不逆的滚滚洪流，这才能成为"势"。在这样的大势中，你只能顺流而下，不能逆流而上，这样才能称之为顺势。那么，"势"的特点又是什么呢？王夫之先生说："从高趋卑，从大包小，不容违阻之谓也。"这就是王夫之给"势"下的定义。从高趋卑，就像自由落体一样，从上往下扔个东西，是顺势而为的，直接落下去了。小朋友都喜欢比赛扔石头，看谁扔得最高，好像是克服了地心引力，扔上去了。但是，扔得再高也要落下来，万物都要顺这个势。“势”在这里就是地心的引力。长江黄河发源于青藏高原，从五六千米的地方顺势而下，蜿蜒曲折，不管中间有什么阻拦，都阻挡不了它一直要流到东海的大势。这就是势的“从高趋卑”的力量。

“势”还有一个力量，就是“从大包小”。我们看社会人事，不可能是小的把大的吃掉，只能是大的把小的包容、分化、瓦解掉。比如战国末期，秦始皇统一六国，这也是大势所趋。燕国的太子丹不服气，请了天下一流的大刺客荆轲去刺杀秦王嬴政，结果呢？也只是在历史上留下了一段“明知不可为而为之”的可歌可泣的故事。荆轲刺秦王，一个令人唏嘘感叹的英雄悲剧而已，阻挡不了天下大势，更阻挡不了秦国统一天下的步伐。这就是“势”的特性。

说到势，我想起以前在广元工作的时候，曾经去过剑门蜀道上一个叫筹笔驿的地方凭吊。诸葛亮曾经在那里屯军，并写出了天下闻名的《出师表》。古代大诗人中，像李商隐、罗隐、陆游等很多人，都写过关于筹笔驿的诗，完全可以编出一本集子来。我个人最喜欢的是唐代罗隐的《筹笔驿怀古》，真正把天下大势说清楚了，个人的命运、时代的命运，在一首怀古诗中讲得非常透：

抛却南阳为主忧，北征东讨尽良筹。
时来天地皆同力，运去英雄不自由。
千里山河轻孺子，两朝冠盖恨谯周。
惟余岩下多情水，犹解年年傍驿流。

“抛却南阳为主忧，北征东讨尽良筹。”诸葛亮在被刘备礼请出山之前，是“臣本布衣，躬耕于南阳”，被请出山后，出了很多主意，打了很多仗，立下很多令后人仰望的不世之功。以诸葛亮的智慧才华与治世能力，在三国时代的确是出类拔萃、无人能及的。这首诗的第二联和第三联可说是全诗最精彩的地方：“时来天地皆同力，运去英雄不自由。”这两句诗的张力很大啊！真正让人感觉英雄无奈，大势所趋，即使像诸葛先生这样的大英雄，失势了也不能得自由啊！“千里山河轻孺子，两朝冠盖恨谯周。”天地山川，都是亘古不动的，一介书生在天地之间、在天下大势之间，又算得了什么呢？谯周，就是后来喊着要蜀汉后主刘禅投降的代表人物，实际他在学术上是很厉害的，是《三国志》作者陈寿的老师。谯周劝后主刘禅投降，也是大势所趋，也使蜀中的黎民百姓少受了许多战争之苦。但是，这个事总是让人感觉很遗憾。就这么轻而易举地投降了，刘禅真是一个扶不起的阿斗啊！

记得我当年在筹笔驿界碑的地方，就站在那里放眼望去，只见嘉陵江水势浩大，横流无际，非常空旷，身后就是诸葛亮屯军十万的汉王山。诸葛亮在历史上多么了不起啊！筹笔驿当年的名声多响亮啊！但现在呢？就是眼前的一个小村子，就只留下了一小块石碑，除此之外，什么也没有了。你只要站在这种地方，再想想这首诗，确实就会对个人的命运、名利、得失，看得很轻了；确实就和辛弃疾所写的“千古江山，英雄无觅孙仲谋处；舞榭歌台，风流总被，雨打风吹去！”真的是同一个感觉。

【乘势而为，应运而生】

我们该怎么去体会这个“势”呢？如果没有对时间与空间、历史与现实的纵深认识，你根本不可能体会得到。势，也可以说就是罗隐这两句诗中的“时”和“运”。你在得时走运的时候，天地间的一切都好像顺着你的心思转，想什么来什么，一切都那么顺利、那么自如，就像“沉舟侧畔千帆过”一样顺畅。然而一旦失去了时运的话，不管再大的能力、再大的本事，也挡不住时代的车轮滚滚辗过。

我们大家现在之所以能够坐下来学习、体会这个东西，也是因为现在的时运所至。现在我们中国传统文化的这个“势”，这个时运，已经到了复兴的时候了。

这一段时间，我很关注冯老师在外地的讲学活动。他老人家正在北京巡讲，一会儿在寺庙里，一会儿又在居士林中，一会儿又在书店里面，一会儿又在清华、北大。他老人家到处讲传统文化，到处讲禅学、讲佛道，讲得很热闹啊！我看新闻报道，追捧他老人家的粉丝也多得很啊！为什么呢？得势了嘛。现在就是传统文化复兴的时机。当初不得势的时候，又是怎样一种状态呢？在《四十年学佛汇报》的讲座中，冯老师就讲到他在文革时期跟着海灯法师、本光法师学习，那个时候，传统文化没落到历史的最低点，那些老和尚、老先生又怎么敢公开给大家讲传统文化呢？什么孔孟之道、禅宗道学，根本不敢透露出一点点。冯老师他们师兄弟几个，偷偷向老先生学习，借着到望江公园喝茶的时候，偷偷闲摆几句，或者到哪个私人家中，学点东西就像做贼一样提防人看见。那时候还要在师父面前发毒誓，绝对不能向外人透露这些事！

所以我们在大势面前，一定要认清楚。如果势来了，就投身其中，义无反顾，顺势而为。如果势去了，到最低谷的时候了，怎么办呢？儒家讲“达则兼济天下，穷则独善其身”，不得势的时候，最好不要逆势而行。按照过去的说法，就是要留下一颗火种，等到大势来临的时候，“野火烧不尽，春风吹又生”，这个时候，才是顺势而为的时候。

总之，中国传统文化经过百年来的衰落，已经落到最低谷了，不可能再低了，已经开始触底反弹了。虽然现在还不完全明朗，但总有一种从云缝里见到一丝蓝天的感觉。这个大势一定是朝着越来越好的方向发展的。

■【把握先机，尽力而为】

“势，轻重也。极重不可反。”周敦颐先生认为，势就是一个对轻重的权衡，让我们感觉像天平一样，一轻一重，一升一降。我们在天平的这头砝码加多了，天平就会往重的一边倒，如果我们再往上加重量，天平重的一头就会一直落到底。天下大势也是这样，随着惯性的不断加大，极重就不可反。大势绝对是向重的一方倾斜的，所以说轻者愈轻，重者愈重，重到一定的程度后要想再扳回来，就很难办到了。

刚才我们谈到天下大势，其实，即使我们平时在小事上，也要从大局来考虑。哪怕是很小的事情，都要考虑一下合不合于时势？合不合于潮流？合不合于大众的心态？这并不是要我们成为没有主见、顺水推舟随大流的一类人，而是说我们在发出自己声音的时候，要考虑一下，在这个时机上，能不能被外界大众所接受？会不会适得其反？如果外界的潮流与我们的心智、精神，与我们追求的方向是相反的，那么我们就要仔细权衡一下，是不发出声音好呢，还是用很权巧方便的方法来表达自己的意见好呢？总之，不要去与主流思想、与时代潮流唱对台戏。如果这个大潮流符合我们的精神方向，那就很简单了，该怎么做就怎么做，顺势而为就好了。

“识其重而亟反之，可也。”认识到问题的严重性，认识到“势”正向不好的方向发展，就要立刻下决心“亟反之”，要赶紧扳回来；所谓病向浅中治，“重未极而识之，则犹可反也”，如果能在积重难返之前意识到，还是能够处理好，可以扭转局势。所以，有道之士的高明之处，往往就在“知几”上，知道事物的运行规律，就能把问题掐灭在萌芽状态，防患于未然，那是最方便、最省力的。所以，就连神医扁鹊都要说“上医治未病”。

“反之，力也。识不早，力不易也。”要扭转这个势态，必须是有真正的力量，是真正有能力的人才能做到。做非常之事，须是非常之人，要有强大的能力、能量，才能够扭转这个不好的势头。这种强大的力量是从哪里来的呢？并不是说你能举重，还是个大力士，就具有能量。这个能量，是从“识”当中来，是从你的见识、你的精神境界中生起的一种力量。

“识不早，力不易也”，我们的精神能量、意识能量表现在哪里呢？就表现在对大局大势的把握上。你对大局大势的认识是全面还是偏颇？是认识得早还是认识得迟？是知几还是不知几？这里，我们可以结合前面“诚几德”“圣”“慎动”这几章来体会。这几章都谈到了“几”的问题，“君子见几而作”，找到了、抓住了扭转时势的机会，你就可以去做。机会是什么呢？就是事物最初萌芽的一瞬间，或者事物可能发生转折的某一瞬间，这就是机。如果我们认识得比别人早一步，这种机会就容易抓住。如果认识得太晚了，没有抓住时机，养虎为患，老虎都已经养大了，你再想空手去把它拴住，那就很难了。这就是“识不早，力不易也”。

“力而不竞，天也。不识不力，人也。”下面这几句话，周敦颐先生就展现出他的圣贤境界了。真正的儒者，不光是在世间法上很通透、很清晰，而且还要有尽人事、听天命的旷达。我们面对天下大势，面对这滚滚洪流，如果识也识得早，也尽力去做了，却没有取得预想的结果，没有真正扭转局面，又怎么办呢？周敦颐先生就说，那也无所谓，这是天命啊！我们平时常说，做事情要本着一个原则，那就是“谋事在人，成事在天”。我们只要树立好自己的目标，坚持不懈地朝这个目标前进就好了，至于能不能达到理想的状态，能不能达到预期的目标，这确实不完全是人力所能够左右的。那么，人力到底能够左右什么呢？就是这个“识”。

对一个问题、一件事情、一个局势，我们是不是认识到了？认识到了之后，是不是出力了？这才是人能够做的事情。所以，我们要把老天爷的事情还给老天爷，只做我们人该做的事情。只要把我们应该做的事情做好了，把本分事料理好了，就是尽人事了。至于成功与否，就交给天老爷吧，我们懒得管，也管不了。

文辞第二十八：道德弘文，相得益彰

文，所以载道也。轮辕饰而人弗庸，徒饰也，况虚车乎？文辞，艺也；道德，实也。笃其实，而艺者书之，美则爱，爱则传焉。贤者得以学而至之，是为教。故曰：言之无文，行之不远。然不贤者，虽父兄临之，师保勉之，不学也，强之不从也。不知务道德，而第以文辞为能者，艺焉而已。噫！弊也久矣！

——《通书·文辞第二十八》

这一章主要是谈文字、语言、艺术和道之间的关系。我们周围也有不少艺术界、文学界的朋友，大家有没有想到过，这些东西是与大道相关的？我们来看看周敦颐学先生是怎么说的。

【文学艺术的三重境界】

“文，所以载道也。”这是中国传统的主流文学观，所谓“文以载道，车以载物”“铁肩担道义，妙手著文章”，都认为文章是真正的载道之器。如果一篇文章没有道气，那么在中国文人眼里，绝对是上不了档次的。本人以前在文学圈里也泡了很多年，也写了一些东西，现在回过头看，可以对自己的写作历程做个总结了。我个人认为，文学之美在境界上，可以简单地划分一下，除了功利性写作，比如为了挣钱养家吃饭，或为了出名应酬之作，真正的文学可以分为三个层次：

第一个是情感的层次，一般人开始写诗，或者写文章、散文，都是因为情感原因，想要抒发自己的情感。我最开始写诗也就十来岁吧，情感充沛，如果不抒发出来就很难受，所以当时写了很多抒情诗，包括爱情诗；后来由此再扩大一点，对社会、对人生、对事业、对父母亲友也抒发一些自己的情感。这个是文学最原始的动能，发乎情止乎礼，心有所感，发而为文，这是文学最原始最自然的功能。后来跟很多搞写作的朋友交流，自己为什么会走上文学这条路？发现大家都是从这里开始的，都是这样一个自然而然的过程。这是文学最基础的层面。

第二个层次是情趣的层次，为什么这样说呢？我们看历史上的很多文人，通过聚会、书信等方式，大家在一起吟诗作赋，体现出一种有别于世俗的高雅情趣。那么推而广之，比如现在有些朋友比较喜欢古玩，我有一个朋友，最近对淘古玩就突发兴趣，还非要拉我入伙。昨天他约我说一起到某个镇上转转，说那里的古董价廉物美，让我推辞了。他问我有没有朋友的车子比较空？我说有啊，书院有车的朋友还是不少嘛。但他说最好是卡车，这就吓了我一跳！我说你啥意思？他说去了镇上可是要下手的，怕一般的车子装不下。看来他是玩真的了，从中已经找到情趣了。说实在的，他也不过是今年早一些时候才开始对古玩感兴趣，但很快就玩出了感觉。所以，当我们有了生活的情趣，找到了一些高雅的爱好，就会使我们的生活更加丰富多彩，而且会让自己的精神变得不那么庸俗、世俗，不会成天只是搓麻斗地主、吃喝麻辣烫。写文章也是如此，文风要雅致，格调要高贵，自然就会情趣盎然。这是我体会到的文学艺术的第二层境界。

第三层境界，就是周敦颐先生这里说的，就是道的境界，“文，所以载道也”。我们从中外文学艺术史上也可以看到这点，真正能够流芳千古，真正伟大的文学艺术作品，无不是载道之作！

比如古希腊的《荷马史诗》，流浪的盲诗人荷马，天天在大街小巷吟唱。我不知道大家看过没有，《伊利亚特》《奥德赛》这两大史诗。当年我看到这两部史诗的时候，真是太震撼了！从中明白了为什么西方人会把这部《荷马史诗》推崇为最伟大的文学作品。虽然它们出自于一位连自己名字都说不清楚的盲人吟唱者，但我们确实可以从中感觉到人类文明史中的许多大问题。比如个人与族群的命运，从过去到未来，从产生到最后的消亡，史诗里面已经喻示得清清楚楚，明明了了。如果我们把眼光放大一点，其实，它揭示的是整个人类的命运。在《奥德赛》里面，希腊英雄奥德修斯在特洛伊战争结束后，为了重返家园，一个人在海上漂流，经历了无穷的磨难。这一切磨难并不只是奥德修斯个人的磨难，而是象征了人类的苦难命运。史诗一开头，人们因为一念情欲，为了大美女海伦而发动了一场残酷的战争，最终血流成河，国破家亡，一派荒凉。奥德修斯一路流浪，九死一生，最后终于回归到象征生命家园的故乡，中间这一系列过程非常精彩，喻义也非常深刻，有兴趣的朋友可以找来好好读一读，看看有没有文以载道的感觉。

其实，西方最优秀的文学艺术中，对道的感觉还是很深沉的。在西方文明的精髓中，对人神之间、对整个世界命运的思考，还是非常伟大的。中国人同样是如此，比如李白、王维、苏东坡等人的作品，他们真正把文学的境界提升到了一种道的高度。这也是文学艺术所能表达的最高境界。

【言之无文，行之不远】

下面周敦颐先生举了个例子，“轮辕饰而人弗庸，徒饰也，况虚车乎？”我们坐的这个车子，你把车辕装饰得很漂亮，就不会显得庸俗，就会给人高雅的感觉。轮辕饰就是我们前面所说文学艺术的趣味境界，可以丰富我们的情感，丰富我们的精神世界。但下面他又说了：“徒饰也，况虚车乎？”如果你仅仅是为了装饰而装饰，把这个车子装饰得没法坐人了，虚有车的外观，而没有车的实质，这就错了。车子本来就是坐人的，结果你装饰得徒有外表而不能坐人，那这个装饰还有没有意义呢？肯定没有意义了。

所以下面又说了，“文辞，艺也；道德，实也。”你的语言文字技术，你的修辞技巧水平，这些的确是很好的技艺，但是，技艺毕竟是技术层面上，技术再高，如果没有内在的精神作统帅，那么这种技术也只能流于较低的层面。过去对某些文艺作品评价说“匠气”太重，这说明什么？说明这个作品仅仅停留在工匠的水平，照着图画还行，但不是真正的创造，还谈不上一个文学家、艺术家，不过一手艺不错的工匠而已。“道德，实也”，这里的道德，大家不要理解成为我们平常所说的道德品格，这里的道德指的是天道地德，是从《易经》乾坤二卦里生出的品质。天道是生生不息的乾卦精神；地德是进德修业的坤卦精神，通过修业使自己的德行不断提高，合于天道。所以天道地德才是最重要、最实在的。

“笃其实，而艺者书之，美则爱，爱则传焉。”虽然天道地德是最实在的，但如果你是“茶壶里面煮汤圆，有嘴倒不出来”，那样的话，你一个人心里有道，却无法传达给别人，或者勉强传达出来了，但给人的感觉是干瘪瘪、没滋没味的，无法吸引人来听，这个道的薪火传不下去，问题也很严重。你把自己的境界写成文章，但是语句不通，你心里再有道也没用。所以“艺”从传播学这个角度来说，也是非常重要。如果我们在“笃其实”的基础上，对道有了很深的体会，同时又有很高明的表现手法、传播技巧，那么你的道就会使更多人喜欢，进而就能流传开来。

当代有一位历史学家叫唐德刚，是胡适的关门弟子，大家可以找找他的书来看看，写得非常好。他在一次讲演中谈到了文学和历史的关系。他认为历史如果离开了文学，就会非常枯燥，非常令人难受，甚至不能接受。比如说《后汉书》，当时类似的著作就有十七八种，写的都是后汉历史，但是我们现在看到的，也就是范晔所著的这一部，为什么呢？就是因为范晔的文章写得太漂亮了，大家看了他写的，就不愿意再看别人写的了，所以其他史书就没有流传下来。在古代，书籍传播的方式主要是靠传抄，如果文笔不好的话，谁还愿意抄呢？《史记》也是如此，其实在后人眼里，太史公写的史实也并非全都是板上钉钉的事实，也有不少是传说，甚至个人的推测。但是司马迁的文笔太好了，写得太精彩了，他自己都很自信这部书是要“藏诸名山，传诸后世”。所以，我们从这里就可以看到，文章的力量非常大。如果有人把贪嗔痴写得非常优美，那蛊惑人心的作用也是非常大的，当代文学艺术里就有这样的作品。所以，技艺是一把双刃剑，就看我们怎么用了。

“贤者得以学而至之，是为教。”真正有圣贤之德的人，再通过学习达到高超的文学修养，那以后就能够很好地教化。“故曰：言之无文，行之不远”，按孔夫子的话来说，就是“文质彬彬，然后君子”。文就是文辞优美，质就是德养淳厚，这样德才双运，当然就能流传久远了。

【重文轻道的弊端】

下面，周敦颐先生又从反面做了一番阐述。“然不贤者，虽父兄临之，师保勉之，不学也，强之不从也。”我们要看到，再好的东西对有些人也没有办法，他就不爱好这一口，他就不爱好圣贤之道。再好的文章，再好的内容，比如《史记》《后汉书》《易经》《诗经》等，他就是不感兴趣。你说“书中自有黄金屋，书中自有颜如玉”，把金钱美女都拿出来劝他读书了，但怎么劝就是没用。“父兄临之”，父亲兄长天天都守着；“师保勉之”，老师、学督天天都苦口婆心勉励，他就是“不学也，强之不从也”。不是读书这块料，怎么强迫也没用。

现在有些父母面对自己的孩子感觉很为难，对子女寄予了厚望，望子成龙，希望子女能够品学兼优，但是孩子就是学不进去，就是厌学。这也是无可奈何的事情。虽然道理上人人皆可成为圣贤，但是事实上呢？并不是人人都成了圣贤。

毕竟几千年以来，不管是古今中外，能够真正被称为大圣大贤的，也就那么几位，对不对？绝大多数人都还是芸芸众生，都还是凡夫俗子，都还是稀里糊涂过完了一生了事。所以，圣贤之道、圣贤之学不是街边的麻辣烫，随便哪个人都可以花两毛钱买来咬两口、吃一嘴，并不是如此。真正有机会学修圣贤之道，确实要因缘俱足才行！

佛教里就经常说，你这辈子能听到一个佛字，能念上一句佛号，那都是多生累劫积德修善才得来的善报，不然的话你根本就听不到。这个话虽然有点广告嫌疑，但是我们通过自身的体验，也可以感觉到佛法难闻。要学修佛法，学修圣贤之道，确实要有很好的因缘才行。按佛教的说法，在你的八识田中要有那颗种子才行，没有那颗种子你就发不出那个芽来。当然，有人说大家彼此的八识田都一样，那个种子是人人都有的，但是，你还要看外在因缘如何啊！因缘不到，那也没办法，种子也不会发芽。

总之，很多事情是不能勉强为之的。当父母的对子女不能过于苛刻，至少我自己心态还不错，对自己的孩子，就希望她心地善良，将来能够自食其力就行了。她这两天考试，我也没时间管她，现在孩子的压力是很大的，我这个样子，她也轻松一些。有些事情，我们还是应该睁一只眼闭一只眼，还是要得过且过。

“不知务道德，而第以文辞为能者，艺焉而已。”如果你没有真正从内在的道德上去努力提高，只是卖弄文辞，卖弄技艺，那就搞得一身匠气了，成就也只是一个匠人的成就而已。这里并不是贬低匠人，匠人并不是低人一等。人格上是平等的，但表现出来的精神境界还是有差别，这也是各人因缘所定。如果你真正有学修圣贤之道的因缘，但是你自己却不想去发奋，不想去努力，依旧沉迷于世间小道上面，那确实就不划算了。

这些年在当代诗歌圈子里面，我也看到不少才华过人的朋友，非常聪明，诗写得非常好，技艺之繁复、之精湛，让你看得目瞪口呆。现代诗啊，乍一看觉得是乱写，但仔细看会让人很震撼，可以突破人类的思维定势，开发语言表达的全新的可能性。但是，这种好、这种震撼仍然是从技艺层面上来说的，确实仅此而已。大多只是在技术层面上不断地开拓更新，深入一看，表达的无非这两个方面：一个方面是情感，甚至有标榜“下半身写作”，无非是荷尔蒙的冲动；好一点的呢？就是在雅致的层面上、趣味的层面上，这也不错了，但仅此而已。能够体现道、接近道的，至今还是无人能够和李白、杜甫、苏轼、黄庭坚等人媲美的。

“噫！弊也久矣！”周敦颐先生也在感叹啊！世间这种重文轻道的弊端已经很久了。周敦颐先生生活在北宋，北宋文学是以宋词为代表。今天早上看冯老师在北京讲座的视频，他谈到当年海灯法师教他们写律诗，但要他们尽量不要去填词。为什么呢？因为宋词里面，艳冶之词比较多，对学道没什么好处。周敦颐先生这里也是如此感叹，可见对道真正有所体会、有所深入的人，在这方面的认识都是共同的。

圣蕴第二十九：天道无私，圣人无言

不愤不启，不悱不发。举一隅不以三隅反，则不复也。子曰："予欲无言，天何言哉！四时行焉，百物生焉。"然则圣人之蕴，微颜子殆不可见。发圣人之蕴，教万世无穷者，颜子也。圣同天，不亦深乎！常人有一闻知，恐人不速知其有也，急人知而名也，薄亦甚矣！

——《通书·圣蕴第二十九》

所谓"圣蕴"，就是圣人的精神底蕴，所以这一章是要揭圣人的底。说实话，圣人到底是怎么一回事？孔夫子、老子、庄子、释迦牟尼是圣人，我们这些人是凡夫，那么圣人和凡夫之间，在精神底蕴上到底有什么不同？圣人的境界是博大精深，他们的博大精深到底体现在什么地方？凡夫浅薄陋劣，我们的浅薄陋劣又表现在什么地方呢？今天通过对这一章"圣蕴"的学习，我们都来找一找自己和圣人之间的差距。

【儒家教育的基本原则】

"不愤不启，不悱不发。举一隅不以三隅反，则不复也。"这一句是引自《论语》的原话，大义也比较清楚，是孔夫子提出来的教育原则。他认为老师对于学生，不要轻易地去解释、去发挥，要根据教育对象的实际情况和具体状态，给予相应的启发式教育。

什么是"举一隅不以三隅反"？古人认为一个器物有东南西北四个面，如果我举一个面给你，但是你不能通过所示的这一面而了知第二个面、第三个面、第四个面，那么你就不是好学生。"则不复也"，并不是说如果你不能举一反三，那么老师就不教你了。孔夫子可没那么狭隘。这是说，如果老师给你讲了一个问题，你没有搞懂，然后你就继续问下面的问题，那老师肯定是不会回答的。为什么呢？因为你第一个问题都没搞懂，何况二、三呢！首先，学习是有先后次第的，如果你连最基础的问题都没搞懂，要想更深一步的学习是不可能的；第二，如果你本来足够聪明，但是囫囵吞枣般一带而过，老师给你讲的第一个问题你都还没有真正领悟，就忙着问第二个问题，那说明你没有下功夫，根本就没有去认真地思考，下面再给你说什么也等于白说。

生活中我们也经常遇到这样的情况，有些人问题不断地冒出来，他提出一个问题，你正在给他解答，话还没说完，他第二个问题又冒出来了，你正准备就他的第二个问题交流交流，他第三个问题又出来了……遇到这种人就很麻烦，他的心思根本就没有专一嘛！他只是想把自己脑子里乱冒的问题讲出来，根本就不在乎你的解答。不要说别人，我们自己就经常犯这样的愚痴。有时候书院搞讨论，越讨论越热闹，突然一下发现，咦？怎么跑到这个话题上来了呢？刚开始讨论的问题与此全不相干啊！怎么东扯西扯地就无边无际了呢？这种现象很普遍，也是我们惯性思维中一个很严重的问题。对于学习、讨论，我们应该一个问题、一个问题地搞懂、理清，心要专一落实才行。

“不愤不启，不悱不发”，这是儒家教育的基本原则。愤，愤发，对于学习，我们要有强烈的愿望，要有强烈的求知欲，如果思考一个问题真达到了吃饭吃不香、睡觉睡不着的地步，这个时候就特别需要老师进行一下启发。如果你的思考没到一定程度，精神没有集中到一定时节，好的老师是不会给你指点的。时机还没到，就是跟你说了也没有用。悱，左边是一个心，右边是一个非，就是说心里面有疑问、有是非，心欲言而口不语，称之为悱。这种情况也是很常见的，有时候看一本书，听一句话，其中的道理自己在心头好像感觉差不多了，但是要说却又半天说不出来，总是有那么一点似是而非的感觉。

孔夫子提出的这种教育方法，后来的儒家继承了多少？说不清，倒是在禅宗内，这种教育方法体现得淋漓尽致，并还有很多独特的发挥。

【道吾打死不说】

禅宗有一个“啐啄同时”的说法，意思是老师和学生之间的关系，就像是母鸡孵蛋。在小鸡快要孵出来的时候，它会用喙往外啐壳；母鸡听到这个声音以后，知道小鸡要出来了，它就会在外面帮它啄。这样内外一起用力，就把蛋壳打破了，小鸡就破壳而出。如果母鸡不啄，小鸡力气弱，啐不开壳，就会闷死；如果小鸡还没有啐，时候没到，母鸡却先啄了，那小鸡还没发育完全，还是会死。禅宗的参禅就是这个道理，方法也是如此。

以前我们学哲学，谈内因和外因之间的关系，讲内因起主要作用，外因起辅助作用，外因必须要通过内因才能起作用，内因如果没有外因的作用，也不会发生变化。所以在这种情况下，作为学生，要使自己时时处在参学的状态上，处在精神临界的状态上，处在心欲言而口不语的状态，这是需要自身努力的过程。不管是听老师讲课，还是自己看书、独自参究，就是要从中找到问题，使自己能够进入参的状态。

禅宗里有一则公案，讲道吾禅师和他的徒弟渐源到一个村子里化缘。村子里正好有人去世了，徒弟渐源心头就突然产生了疑问，指着棺材问师父："生耶？死耶？"意思是说，这个躺在棺材里的人到底是去投生？还是去死？作为现代人来说，如果没有佛教观念的话，认为这个人死就死了，死了就走了嘛。但是如果有基本的佛教观念，知道佛教有六道轮回之说，人死了以后，就会到下一个阶段，也就是投生。那么这个时候，躺在棺材里的人到底是去生呢？还是去死呢？虽然尸体摆在那里，表象是死了，但是在佛教看来，他又是去生。到底这个人是生是死？道吾禅师说："生也不道，死也不道！"你这个问题我不管，我是生也不给你说，死也不给你说。渐源又问："为什么不道？"道吾禅师说，不道就是不道！这下渐源懵住了，心头一直憋闷在这个问题上，弄得很恼火。在回寺庙的路上，他实在是憋不住了，就对师父说："师父！你今天必须给我说，再不说我就要动手打你了！"道吾禅师不管他这一套，仍然说："你要打便打，就是打死也不道！"渐源憋得没办法，真的拳脚相加，把师父打了一顿。道吾被打之后，就对渐源说："你把我打也打了，还是解决不了问题。你必须外出回避，如果回到庙里，大家知道你打师父犯了大戒，肯定不会放过你的。你自己找个地方去好好参吧！"

渐源垂头丧气，只好跑出去隐居了好几年，也一直被这个问题缠得死死的，解脱不了。有一次他到村子里化缘，听到有人在念《普门品》，说观世音菩萨的功德非常大，其中有一句"应以何身得度者，即现何身以度之"。这是说一个人应该以什么样的形象得到度化，那么观世音菩萨就会变化成什么样的形象来度他。某人应以皇帝身得度，观世音菩萨就变化成皇帝来点化他；某人应以乞丐身来度，观世音菩萨就变化成乞丐来点化他；某人应以师父身得度，菩萨就现师父身以度之。听到这里，渐源一下就开悟了，明白了当时师父为什么不给他说破答案。

大家明白为什么不说破吗？就是要让他处在这样一种"愤"和"悱"的状态啊！如果一个人的精神真正处在这样状态，禅宗里就叫起疑情。只要是真疑情生起来了，那么随便一个声音、一点动静，甚至一句话、一个眼神，都可能让你打破疑团，从而大彻大悟。所以禅宗有个说法，叫作不怕不悟，就怕不疑。

渐源和尚也很有意思，开悟以后就跑回师父庙里，这时，道吾禅师已经圆寂了，当家住持的是师兄石霜禅师。渐源和尚扛了一把锄头，在大堂里走来走去，时不时还左锄一下、右挖一下。石霜禅师就问："你在搞什么名堂?"渐源回答说："我在这里找师父的灵骨!"石霜说："我这里洪波浩渺，白浪滔天，觅什么先师灵骨?"人一生的经历，如同在红尘滚滚、浊浪滔天中度过，应该在何处安身立命才不白过这一生呢？如果你不好好修行，还在那里东觅西找，求这求那，就不会有好结果。谁知渐源一听，回答说："这里洪波浩渺，白浪滔天，正好是我着力处!"

大家看渐源和尚这个话，理直气壮啊！所以道吾禅师被徒弟这顿打，没有白挨啊!

这个就是"不愤不启，不悱不发"。在教育方法上，不管是儒、释、道哪一家，圣人也好，禅师也好，真人也好，都有共通之处。但是，圣人的教育方法和"圣蕴"之间，又有什么关联呢?

【孔夫子也无话可说】

不知道大家意识到没有，"宗教"这个词很有深意啊！所谓的宗，其实就是"圣蕴"，就是精神的底蕴，而所谓的教，就是来表达这种圣蕴、传达这种圣蕴、传授这种圣蕴的方法。所以，宗教就是用"宗"来教化众生。佛教就是用佛的精神、佛的圣蕴来教化众生；道教就是用老庄的道理、老庄的圣蕴来教化世人；基督教就是用耶稣基督的思想、精神底蕴来教育大众。所以，这个"教"和"宗"是不可分的。周敦颐先生先提出了"教"原则，下面就开始谈"圣蕴"，也就是圣教之"宗"了。

"子曰：予欲无言。天何言哉！四时行焉，百物生焉。"圣教之宗是什么呢?孔夫子的回答是："予欲无言。"圣蕴无言，这是什么道理?孔夫子这么说，他的七十二个贤人弟子中，估计没几个学生搞得懂老师的话。予欲无言，我确实不想说话，也确实没什么好说的。为什么呢？"天何言哉!"你看天老爷有啥话说啊？大道有啥话说啊？根本就没有说任何东西。虽然老天爷没有说话，但是"四时行焉，百物生焉"，春夏秋冬四季照样有条不紊地运行，大地上的万物也照样生长繁衍、无有穷尽。所以圣蕴是什么？圣蕴就是无言，就如同天道一样无言无语，无声无臭，无在无不在。

《易经》乾卦是专讲天道的。乾以天为象，“天行健，君子以自强不息。”注意，是自强不息哦！并不是有个人强迫你不断地去生生不息地奋斗，并不是外在的原因让你生生不息。所以我们要看到，圣人之蕴体现的是一种道法自然、本来如是、现现成成的感觉。这是大道所体现出来的状态，它对待万物是平等的，圣人之蕴也同样是这种平等不二、自然天成的状态。

“然则圣人之蕴，微颜子殆不可见。发圣人之蕴，教万世无穷者，颜子也。”颜回和孔夫子之间的关系，在前面已经讲了很多。周敦颐先生不断地提到颜回，处处都表明他是孔子门下最优秀的弟子，唯有他对孔夫子的精神理解最深，一般人对这个无言的圣蕴，往往都摸不着头脑。我们看《论语》中孔夫子和学生们的对话，也没有说什么玄之又玄、妙之又妙的道理，很多都是一些日常生活的情景，都是面对具体事情的只言片语。不像现在有些大学者，动不动就拿出一大堆著作、搬出一大套理论压在你面前，弄得你半天都不知道他在说什么。孔夫子对他的弟子们，确确实实是在言传身教，而且是以身教为主。

《论语》中有一段就讲：“子曰：吾与回言，终日不违如愚。退而省其私，亦足以发。回也不愚。”这是孔夫子对颜回的评价，他说我与颜回说一句话，结果他从早到晚都记着，始终“不违”，就像一个傻瓜一样，好像没有一点自己的主见。但是他每天都认认真真地审查自己内心的状况，从而能得到真正的启发。所以说起来颜回“不违如愚”，但实际上他并不愚啊！他是一个真正聪明的人。

这里我们也可以看到，圣人和贤人还是有所区别的。孔夫子是一切现成，他的精神处于道法自然的状态。而他最优秀的弟子颜回呢，则是不断改过迁善、安贫乐道，反复修正自己，对老师的教导“不违如愚”。所以朱熹在品评这一段的时候说：“仲尼无迹，颜子微有迹。故孔子之教，既不轻发，又未尝自言其道之蕴，而学者惟颜子为得其全。故因其进修之迹，而后孔子之蕴可见。”孔夫子的教育是如何体现出来的？他自己“既不轻发”，就是前面说的“不愤不启，不悱不发”，同时“又未尝自言其道之蕴”，没有向别人说自己的精神处在哪种境界。所以圣人之蕴，按禅宗的说法，那确实是不可说、不可思议也。也只有像颜回这种能窥测到夫子圣蕴的大贤，才能够让孔夫子的精神传之千古，遗泽万代。

【闻木樨香悟道】

当年宋朝的大学士黄庭坚，去参他的师父黄龙晦堂禅师："师父啊，到底什么是佛？怎样才能开悟成佛啊？"晦堂禅师反问他："大学士，你读没读过《论语》？"哎呀！这个话听来就很不入耳、有点打人了！黄庭坚身为大学士，进士及第，岂有没读过《论语》之理？这话问得简直糟蹋人。黄庭坚虽然不高兴，但也不敢发作，还是老老实实回答："师父，我读过。"晦堂禅师说："读过就好，'子曰：二三子以我为隐乎？吾无隐乎尔。'"你怎么理解这句话？孔夫子这句话翻译成白话就是：学生们，你们以为我隐藏了什么学问吗？我什么都没有隐藏啊！

黄庭坚正准备讲自己对这句"子曰"的理解，晦堂禅师马上打断他说："不是！不是！"黄庭坚糊涂了。以前《论语》背得滚瓜烂熟，张口即来，但是禅师这么一问，对啊，既然都没有任何隐瞒，一切现成，眼所见耳所闻，为什么我还不懂呢？还没开悟呢？没办法，只好带着这个问题天天和师父泡在一起。

有一天晚饭过后，黄大学士陪着师父到山上散步。当时是秋天，路边桂花盛放，山风吹过，花香怡人，非常舒服，什么禅啊、佛啊、烦恼啊、涅槃啊，这些乱七八糟的东西统统都被这山色美景、鸟语花香给消融了。这时，晦堂禅师突然问他："你闻到木樨香没有？香不香啊？"黄庭坚说："闻到了，真香啊！"晦堂禅师马上说："吾无隐乎尔！"你看，我根本就没有对你隐瞒任何东西嘛！就这么一下，黄庭坚开悟了。

这就是禅史上有名的"闻木樨香悟道"的公案。开悟是什么？就是一下子明白圣人之蕴了。圣人之蕴是什么东西？予欲无言，不可说不可说。如果非要勉强说，它就是一切现成，你看日升月落，四季交替，吃喝拉撒，柴米油盐，无处不是，无处不在，现现成成。过去禅宗祖师也说，什么是道？平常心是道！平常如何修行？饥来吃饭困来眠。总之，他们说的都是这个意思。

【鸟衔花落碧岩前】

禅宗里还有一个公案。在唐代，有一个僧人来问夹山善会禅师："如何是夹山境？”夹山本是地名，古人为了尊重德高望重的人，一般以地名作人名来称呼。如何是夹山境？就是说，您老人家住持夹山丛林，到底凭的是什么境界？还是应该给我们显现一下啊！这时候，善会禅师说了两句千古流传的诗句：“猿抱子归青嶂里，鸟衔花落碧岩前。”这两句诗非常优美啊！你想看夹山的境界吗？猿猴抱着它的孩子，一闪就蹿到青山屏障里面去了；小鸟衔着一枝花，自在地飞落到碧绿的岩石前面。这个就是我的境界！这和孔夫子说的“予欲无言，天何言哉！四时行焉，百物生焉”，完是一个鼻孔出气啊！

当年成都昭觉寺的圆悟克勤禅师，曾经是宋代的禅门领袖，他曾经也在夹山住持过一段时间。圆悟克勤禅师有一本著作，号称“禅门第一书”，叫作《碧岩录》，书名就是从夹山善会禅师这两句诗里来的。

中国古代的圣贤们的确非常了不起。在西方文化中，也有这样令人眼前一亮的智慧。我以前喜读西方的诗歌，德国曾经有一位大诗人叫荷尔德林，他有一句名言就讲：“如果大师们令你却步，不妨请教大自然。”他说如果你读到大师的作品，觉得太高深了、太伟大了，自己完全不可能达到，自己和他们之间有着一条不可逾越的鸿沟，自己的水平确实是太差了，这个时候，你最好把大师的作品放下，走进大自然，去观察大自然、体会大自然。这时候把你所看到的、体会到的，再和大师的作品去对比，你就会发现，与大自然相比，与大道相比，一切所谓人为的创作、创造，都是如此的渺小！

我们书院的何大哥，不管平时再忙再累，每个周末都要到青城山住两天，去观察大自然中的一切，看树木是如何生长的？看小鸟是如何在树林间跳过来跳过去的？看板栗又是如何成熟，又如何从树上掉落下来的？还有天清气爽时自然万物是如何展现其姿态的？刮风下雨时自然万物又是如何收摄其生机的？等等。每次跟何大哥聊天，听他讲山里的感受，我就非常羡慕。亲近大自然，的确是人生一大乐事。

【德不配位的人生境况】

所谓圣蕴，就是让我们把人世间的恩恩怨怨、是非得失、荣辱兴衰等通通放下，认认真真去体会自然的运行、大道的运行。我看电视就特别喜欢看“国家地理”“动物世界”等与大自然有关的节目，感觉非常自在，就会发现人世间的很多东西，其实是不必要的。如果你能真正面对并认识千姿百态的大自然，你就不会被尘世间纷纷扰扰的东西所左右、所捆缚，就能在精神境界上有所超越，起码能脱俗一些。

“圣同天，不亦深乎！”道法自然，说起来简单，但实际上又非常深奥。我们在座的中间有几个人能看到并达到这样的境界呢？我们在座中间有几个人能够把一切是非得失、荣辱恩怨都放下呢？去体会、认识大自然，并不是一件简单的事情，说起来容易，做起来就很难。

“常人有一闻知，恐人不速知其有也，急人知而名也，薄亦甚矣！”前面讲了圣人之蕴，讲了圣人的精神底蕴，那么我们普通人、平常人的精神底蕴又是如何呢？这里周敦颐先生就指出了一个现象，就是我们平常人的习气是，只要自己知道了一点点东西，长了一点点本事，就生怕别人不知道，马上就要到处宣传，马上就想让自己的名声尽快地传遍四方。

大才女张爱玲就有一句名言：“出名要趁早。”我们平常人就是这样一种心态啊！但是，这种真的就很好吗？不一定啊！张爱玲虽然成名很早，但是她的一生非常惨淡，最后孤独地客死异乡，在美国一幢公寓大楼里，直到尸体发臭了才被邻居发现。跟张爱玲一样，现实生活中很多成名很早的人，未必就能善终，未必就能有好的结果。为什么呢？因为你的底蕴不厚嘛。如果成名太早，德不配位，虽然事业很快爬到了某个高度，但是很快就会跌落下来，不能够保持长久，不能够保持恒定，也是很不幸的。

所以，周敦颐先生说：“薄亦甚矣！”这样一种德不配位的人生境况、精神状态，确实是非常浅薄、非常令人悲哀的。

精蕴第三十：天地鬼神的奥秘

圣人之精，画卦以示；圣人之蕴，因卦以发。卦不画，圣人之精不可得而见；微卦，圣人之蕴殆不可悉得而闻。《易》何止《五经》之源，其天地鬼神之奥乎！

——《通书·精蕴第三十》

上节我们讲了“圣蕴”，这一节接着讲“精蕴”。大家要注意了，“圣蕴”和“精蕴”都是《周子通书》中的难点，一定要多留意。圣蕴，就是圣人境界，孔夫子都说“予欲无言，天何言哉?”我们却想把它解释清楚，拿出来供大家学习，这当然不容易。但是，我们又不能不学，不能不解释。虽然我们现在是以凡夫心在揣测圣意，用凡人境界来体会圣人境界，但是我们也要知道，周敦颐先生写这部《周子通书》，不是写给圣人看的，而是给我们凡人写的。圣人不需要读《周子通书》，只有我们这些凡人才需要读。

所以，“圣蕴”和“精蕴”虽然很难懂，但只要我们认认真真去体会，找到上节课所说的“愤”和“悱”的感觉，通过“愤而启”“悱而发”，把自己内在的智慧力量、精神能量奋发出来、提升起来，也许就能有所体会。

【闲坐小窗读周易】

上一章“圣蕴”，讲的是圣人的精神底蕴，这一章讲“精蕴”，则是在圣人精神底蕴的基础上，用一种高度精练、概括、抽象和理论化的方式，把圣人之蕴总结、凝聚，最后表达出来。这个高度凝聚、概括抽象而成的系统表达，会是什么样子呢？就是易之卦象。

《易经》对中国传统文化而言，是处于一种精神之源的地位。所有的圣人观点和主张，都是通过《易经》这种理论化的体系表现出来，用其他的理论体系，则很难达到这么精湛、全面、深刻。这一章，基本上是对《易经》的赞美，也是对中华古圣精神体系的一种阐扬。

圣人之精是什么呢？就是《易经》所云：“易简而天下之理得矣。”大易的精神是简易。我常说《易经》不是难经，大道易简，平常心是道，就是这个意思。但是，我们平常人一说到易经八卦，就觉得很神秘、了不得。以前还有一种说法，把易经八卦画出来放在小娃娃枕头底下，娃娃晚上睡觉都不会哭。据说有易经八卦的地方，鬼神都不敢来。当然这是古人对《易经》的一种神化、神秘化。其实，易道是有规律可循的。我们在讲《周子通书》的前几章时，也谈到过《易经》有“三易”之说，即简易、变易和不易。如果你入了门，找到了对易道的感觉，就会心心相印，同时有奥妙无穷的体会。

以前我刚接触传统文化，刚接触《易经》，记得一下子看了整整一个通夜，不知不觉天就亮了。当时就觉得这个东西有点凶险。古人说：“闲坐小窗读周易，不觉春去已多时。”真是这个体验。当时我还在广元邮电局工作，单位上的人都觉得我不合群，每天闭门在家读书，手上还带着念珠，总觉得这个年轻人怪怪的，精神是不是有问题？现在想起来，自己精神确实有点问题，有点自闭症的感觉。突然有一天，我觉得自己有问题了，这么年轻就学这个，搞得茶不思、饭不想，也懒得与人交往，工作也不想干了。实际上，我当时走入了误区，迷上《易经》当中阴阳数术的推理变化，反而对易理精华没有深入领会。如果那时候先在易理上下一番功夫，相信现在对《易经》的体会，就不是这种二不挂五的状态了。那个时候，自己搞得头昏脑涨，恍兮惚兮，觉得不妙，又听到别人说年轻人不可以学易，孔夫子都是“五十以学易，可以无大过矣”，以为要年纪大了才能学这个，也就不敢再搞了。后来读了佛教的《心经》，觉得这个好，能让人心平气和，不像读《易经》睡不好觉。从此我才转而学佛，直到最近两年整理冯老师的讲稿，才慢慢对易理找到了一点感觉。这才晓得当年错用心了，如果当时掌握好学习《易经》的次第，先学好易理，再从易象、易数上一步步地学习，就不会搞得神经兮兮的。

现在好多学《易经》的人，一上来就迷到预测数术上，往往就容易把大易的精神狭隘化，最后自己也变成看相算命的，满身都是江湖下九流的味道。所以，我们面对《周子通书》，一定要通过对易理的学习，从易卦、易象的精蕴中，明白人生之道，明白天地乾坤的根本规律。

【易道三要素】

以上是跟大家分享一下自己学习《易经》的感觉，以后有条件、有时间了，我们还可以专门系统地一起来学习易理。我们刚才也说了易理有“三易”之说，即简易、变易和不易，我们再来简单说明一下。

周敦颐在《太极图说》里面，介绍了怎么样由无极生太极，太极生阳、阴两仪，进而五行变化，生出世间万象和我们的精神世界。这看起来是很简单的道理，但就像爱因斯坦的《相对论》一样，虽然全世界没有几个人能弄懂，但实际上，用很简单的一个公式就可以概括出来、表达出来。简易，就是这种感觉，就是《易经》的根本规律性。它是通过什么表现出来的呢？是通过一阴一阳，相互作用，叠加变化表现出来的。整个《易经》所象征的大千世界，就是通过阴爻、阳爻的时位变化来表现的，要掌握这个规律并不难。“一阴一阳之谓道”，这就是简易。

变易是什么呢？虽然它的规律、公式并不难，但是这一阴一阳的作用变化所产生出来的结果，可以说是大千世界，无奇不有，无所不包。不管是宇宙的、自然的、人类社会的道理，还是人的精神世界，从最表面、简单的思维逻辑，到最深层的心理意识，都可以通过一阴一阳的变化而体现出来。这种变化是生生不息、繁复而无穷无尽，不是静止不变地待在那里。有时候，我们会遇到一些难事，左右为难，找不到解决的办法，于是就打卦来试一下。但是，我们要注意的是，这个卦不是死的，它是要不停变化的。虽然它给了你一个大的概念和范畴，但是在这里面，内在的缘起不同、外界的环境不同，都会产生不同的变化，得到不同的结果。一个对《易经》真正通达的人，是不会以宿命论的观点去看待易卦的，而是以一种主观能动性的精神，去面对卦象和显现出来的结果。

从变易上，又可以引申出不易这个概念。什么是不易呢？那就是我们的心性，就是道。世界的万千变化，都是在我们的心意识之中产生的，都是由我们的心意识来感受的。《易经》的规律性，也是只有通过人心的认识功能，才能够产生出来，才能够被总结出来。佛教的《心经》上也说了，什么东西是“不生不灭、不垢不净、不增不减”呢？什么东西可以让我们“心无挂碍”“远离颠倒梦想”呢？就是我们的心性本体，就是大道。

只有把人的精神加进去，站在大道的高度来看待，“变易、简易、不易”这易道三要素才得以齐备。所以，这里所说的圣人之精蕴，也就是易道之精蕴，也就是宇宙天地之精蕴。

【《易经》的衍变过程】

“圣人之精，画卦以示”，上古圣人之精蕴，是通过画出易经八卦的系统而显示出来。过去有“易历三圣”之说。唐代有一位易学大家叫孔颖达，写有一部书叫《周易正义》，后来成了官方易学。唐代的科举考试，《易经》作为六经之一，也成了考试内容。其标准答案，就是孔颖达这本《周易正义》。这本书里面就讲：“伏羲画卦，文王系辞，孔子十翼”，这就通过“易历三圣”，阐释了《易经》从产生到完备的全过程。

在上古伏羲氏时代，传说黄河里出现了一匹龙马，龙马背上有一幅河图，伏羲氏得到河图后，根据其数理就画了八个卦，这就是后来人们称为的“先天八卦”或“伏羲八卦”。《易经》最早就经历了这么一个阶段。到了商代末年，周文王被商纣囚禁在羑里七年，文王这七年也没白过，他根据伏羲氏这个简单八卦图，进行相互叠加，推衍出了八八六十四卦，还对每一卦、每一爻做出了解释，这就叫作“文王系辞”。再后来，到了孔夫子的时代，他老人家把《易经》的文字逐渐完备，并且用了十篇文章来解释《易经》。其中包括《彖》（上、下），即是用来解释卦辞的，古卦辞文字非常简奥，有时只有一两个字，彖辞就是用来解释古卦辞的；《象》（上、下），就是解释一个卦所代表的现象，比如乾卦代表天，坤卦代表地，巽卦代表风，兑卦代表泽等，象辞就是解释这个卦象的；《系》（上、下），讲的是整个《易经》所形成的道理，它是易理最重要的部分，学易必须要先过《系辞》这一关；《文言》（乾、坤）主要是讲乾坤二卦，因为六十四卦都是从这两卦衍生出来的，乾卦又称为父卦，坤卦称为母卦，其他各卦都是通过乾坤二卦的互相叠加变化而产生的；《序卦》，是解释六十四卦顺序的来历，这种次序，既有人世间的道理，也有自然规律在其中；《说卦》，是讲画卦的道理，从自然和人文的角度来解释卦象。

以上就是“易历三圣”和“十翼”的说法。到了宋代之后，这种说法遭到了质疑，宋儒们作过考证之后，就觉得这其中的疑问很大。到了现在，就更说不清楚了，你说“伏羲画卦”，按考据学的方法，历史上到底有没有伏羲氏这个人都没有定论，更何况画八卦这样的事情呢？又何况，黄河里面跳出一匹龙马，背上背个河图，现代人谁信这种玄虚事啊？伏羲就不说了，“文王系辞”经过考证后，也有人质疑。因为卦辞里面的很多说法、用语，是周文王以后才产生的，和当时的时代有矛盾，所以有人又补充说是“文王演卦，周公系辞”，文王只是把六十四卦画了出来，卦辞、爻辞这些是周公后来补充写就的。“孔子十翼”，后来也有说不是孔夫子写的，是荀子作的，等等。这些都是考据学上的事情，我们就不做过多的评价。

但是，“易历三圣”这个过程肯定是跳不过去的，《易经》一定是经过了这三个最重要的发展阶段。伏羲时代，那时文字尚处在萌芽阶段，画卦本身就很说明问题，那一定是《易经》最初的形态。以前的“夏易连山，殷易归藏”之说，也就是讲，除了文王所创立的《周易》之外，以前还有《连山易》和《归藏易》。但它们已经失传了，这就说不清了。周文王推衍六十四卦，这在历史上确有记载，因此《周易》六十四卦的形成，肯定是在周代前期。这和当时的政治文化基础分不开。至于是不是文王、周公干的事情，都不好说了。按照现代人的说法，毛泽东思想是中国共产党人的集体智慧，并非毛泽东一个人的思想，只不过以毛泽东作为冠名而已。在孔子时代，“十翼”也未必就是孔子一个人完成的，因为当中有些和《论语》的观念不太一样的地方，比如关于鬼神的观点，孔夫子在《论语》里就明确表示“敬鬼神而远之”，但是在“十翼”中，还是有很多关于鬼神的言论，这和孔夫子的观点是不太一致的。

一般的看法是，“十翼”的形成，一定是在孔子时代开始，然后经历了春秋战国，最后定型于西汉前期。我们古人有一个特点，就是把一切功劳、名誉都归功于圣人，这是可以理解的。这就是《易经》的基本衍变过程。

【圣人精蕴，三教共崇】

《系辞》中说：“圣人设卦观象，系辞焉而明吉凶，刚柔相推而生变化。”对社会人生、宇宙万物的体会和认识，中华古圣就是通过易卦、易象来直观展现，用文字来表达出这些卦象所代表的吉凶，然后通过一阴一阳、一刚一柔的叠加变化，来推衍出世界变化的规律。这就是“圣人之精，画卦以示；圣人之蕴，因卦以发。”

“卦不画，圣人之精不可得而见；微卦，圣人之蕴殆不可悉得而闻”。如果不画这个卦呢，圣人的精神底蕴就没法传达出来，没法让后人知道。微卦，是什么意思呢？有些注解把这个“微”注解为“没有”，就是说圣人没有画卦，就表现不出他的精神底蕴。我个人觉得，“微卦”还可以有另外一种解释，就是圣人已经画了卦，表现出他的精神底蕴，如果我们学习的人不深入到这个卦象最精微的地方，圣人的底蕴就不可悉得而闻。所谓悉得，就是全部的意思，就是不能全部得到、理解圣人的精确意思。《易经》是中国传统文化中最博大精深的源头，对《易经》的学习也不是一天两天、一年两年的事情。有些人皓首穷经，一生都泡在这个上面，以期不断有新的体会，这个也可以说是“微卦”。

大家都知道中华文化有三个主干：儒家、道家、佛家。其他的文学、艺术、社会制度、民间风俗等，都可以作为传统文化的枝叶，都是从儒释道三家精神所派生出来的。那么，《易经》在三教中起到什么作用呢？我们可以做一个简单的梳理。

从儒家来说，大家都把功劳归功于圣人，归功于孔夫子。《史记》中记载了孔夫子的易学是代代相传，一直到汉代。作为儒家的五经之首，汉朝经汉武帝“罢黜百家，独尊儒术”以后，也是把《易经》当作最根本的学问来提倡。从宋代的周敦颐到二程、朱熹，易学也始终是儒学的核心部分。如果易学不是儒家学问的有机组成部分，儒家对于形而上的这一块，就会显得很单薄，作为一个完整的学术体系，未必能立得起来。正因为有了《易经》，有了它关于天地宇宙、关于形而上的思索，才使得中华文化中的天人观得到了一种完整的体现。儒家对易学的推崇，主要在于易理方面，通过对《易经》的学修，能够把“仁义礼智信”这五常贯穿到社会伦理和日常生活之中。这是儒家易学的特点。

道家易学的渊源也很早，春秋时代是儒道同源，在孔夫子的时代，是没有儒道之分的。后来儒道分野，道家对《易经》也非常重视。汉代有一本《周易参同契》，是著名炼丹家魏伯阳所写。这本书讲什么呢？就是把《易经》的理论与道家的丹道修炼结合起来，不管内丹还是外丹，通过《易经》的生成变化规律，魏伯阳就从中找到了丹道修炼的理论根据。这本书被后人称为“万古丹经王”，后来的道家，尤其是养气炼丹的人，都首推《周易参同契》为丹经之祖。这本书到了明清以后，被带到西方，还从中找到了很多化学变化的根据，从里面发现了很多科学的实验方法。比如通过铅、汞之类元素的炼制所形成的物质间的转化，都是非常有科学道理的，对西方现代实验科学的产生也是有所贡献的。当然，后来的道家不断地有关于《周易参同契》的注释和发挥，不要说道家，朱熹后来对《参同契》都做了一个注释，只不过他不好意思用本名，就化名一个道士，毕竟他是继承孔夫子圣人之学的。但从中可以看到，他对道家易学也是很感兴趣的。

佛家对《易经》的研究，就更有说头了。我记得刚开始讲《周子通书》的时候，就把唐代的佛家易学——方山易学给大家作了一个简单的介绍。其实在唐代以前，佛经最初传译到中国，就受到了易学方方面面的影响。大家都知道，魏晋南北朝时期，士大夫都是喜欢谈玄，是玄学大兴的时代，老、庄、易“三玄”是当时的显学。佛经要转译成汉语，一般的汉语词汇很难表达佛教中的很多专门概念，当时中国的知识分子、佛教徒，乃至于从西域到中国来传播佛教的大师，通过学习玄学——老庄和易学，发现了其中有很多共通的地方，于是借用了整个玄学的语词系统来表达佛教的观念。这样翻译之后呢，大家感觉非常到位，中国人非常愿意接受。当时喜欢玄学的都是高级知识分子，这样翻译出来的佛经，很快就被中国上流知识分子所接受。大家都认同了，说东方有圣人，西方有圣人，此心同，此理同。我们东方的圣人就是孔子、老子，西方的圣人就是释迦牟尼。

当然，佛经中的推理很详细，很有逻辑性、系统性，不像我们学习《老子》、学习《易经》，大多是非常概括化、意象化的直观学问。在佛经里面，尤其是法相宗的理论体系，可以说是非常详细的，从人最具体的思维、念头，最具体的一言一行，都会形成一套很完整、很有说服力的系统，让人觉得很容易有个下手处。

为什么魏晋时期大家都爱好空谈玄学呢？玄学就是这样，道理非常舒服，大家讨论起来也很有逸趣、很高妙，但是要下手，要按照这个样子去学修，就很不容易。嘴巴上大家都可以说得很高、很妙，实际做起来就不行了。但是佛教不一样，它既有很高、很妙的理论，也有暗合我们自己的、最具体的下手之处。比如佛教关于戒、定、慧学说，首先从戒学入手，要你戒除杀盗淫妄酒；然后再从定学下手，要学会打坐，保持心性的安定、稳定、八风吹不动；最后呢，就启发了智慧。真得了大智慧之后，这时我们才发现，原来这个与老庄、《易经》里面的智慧竟然是一个鼻孔出气。我们学修如果找到这个感觉了，那你就很安逸、很自在了。后来在明代的藕益大师，还专门写了一部《周易禅解》，用佛教禅修的方法，来与《周易》的诸卦合参，成为历史上众多易学名著中别开生面的一枝奇葩。所以，借助于玄学，佛教在中国得到了非常广泛的发扬。

【岂止是五经之源】

佛教为什么能在中国迅速传播开来？就是和翻译息息相关。中国儒、释、道三教发展到后期，尤其是宋代以后，三教相融的呼声很高，一直到现在，成了中国传统文化的主流思想。我们要看到，这些都是和《易经》分不开的。如果中国没有《易经》，要谈三教相融恐怕就没有基础了。所以，周敦颐先生也在这里感叹道："《易》何止五经之源，其天地鬼神之奥乎？"

这里所谓的天地鬼神，其实就是精神世界的奥秘。说起《易经》，四川地区具有最深厚的传统和传承，以前甚至有"易学在蜀"的说法。天府之国的气候、文化、地理、氛围，能够让这种文化在这块土地上生生不息地繁衍，而且不断产生影响巨大的易学大师。

汉代成都有个严君平，他是邛崃人，也是个隐士。他每天就是出去给人算个卦，挣点小钱就收摊了。他在给人卜卦的时候，还要运用孔夫子的理论，如果看到一个不忠的人，就用忠恕之道给他解卦；是不孝的人，他就用孝道来解卦，让你好好孝敬父母，不然后果很惨。严君平在汉代是四川文化上很显眼的人物。他的弟子扬雄，大家也很熟悉，是汉代了不得的大儒，文章辞赋冠绝天下，"西蜀扬子云"指的就是他。

扬雄也是易学大家，他不仅精通易学，还在此基础上有了大的发展，他模仿《易经》，利用《易经》的结构，衍化出了一套自己独特的符号系统，叫作《太玄经》。《易经》讲一阴一阳，是二进制体系；扬雄的《太玄经》讲的是"道生一，一生二，二生三"，形成的是三进制体系。《易经》的卦象是六爻表示，扬雄的卦象用四爻。他所画的卦，当时很多人都觉得是天书，无法理解，但宋代的大儒司马光对他的评价非常高，还专门著了《太玄经集注》，以阐扬他的学问。

■【《元包经》与来氏易】

还有一本易学的天书叫《元包经》，是以坤卦作为第一卦。这是商代《归藏易》的特点。其作者卫元嵩是个道士，在历史上也很有名，因为他怂恿了北周武帝灭佛。他的易学非常厉害，预测也比较准，北周武帝很信任他，所以他提出了把所有和尚都赶出庙宇，然后把庙宇都改成道观。后来，在唐代释道宣的《高僧传》里面有写到这个卫元嵩，说他以前是个和尚，后来才当了道士，是四川什邡人。他觉得佛法有违儒家的天伦，就是"入家破家，入国破国"，违反了伦常，所以就转投道家了。

《高僧传》里这个故事很有趣，说是有个姓杜的官员突然人事不省，过了好多天才醒过来。醒过来后，人家问他哪里去了？他说到阴间去了，见阎王爷了。在阎王爷那里，他看到了周武帝正在受刑，因为他灭佛嘛，犯了天条，受到了极大的惩罚。人家又问他："你跟周武帝说话了吗？说了些什么话呢？"他就说："周武帝跟我说，哎呀，我灭佛是上了卫元嵩的当了啊！"这个姓杜的就问阎王爷，那么，这个罪魁祸首卫元嵩在哪里受罪呢？阎王爷皱着眉头说："上穷碧落下黄泉，找遍三界都找不到他啊！"为什么找不到他呢？原来这个卫元嵩是学通了《易经》，确实是神通广大，连皇帝都受到了惩罚，但阎王爷就是拿没有办法。这个是《高僧传》里记载的故事，释道宣是佛教高僧，他编的书里这样写卫元嵩，可见在当时佛教界人士看来，这个卫元嵩也是很了得的神仙。

历史上四川的易学的确非常了不起，不仅是苏东坡一类的士大夫学易，连贩夫走卒，甚至是街边的泥瓦匠、篾匠，都可能是易学大师。宋代二程的父亲以前在成都做官，二程兄弟在街上游玩的时候，看到一个篾匠在翻一本书，竟然是《周易》。二程很吃惊，就对他说："你一个篾匠，也懂《周易》啊？"老篾匠就说："看来二位也懂这个啊？这本书上有个问题，我来请教一下你们。"结果一问，二程就傻了，只好转而向老篾匠请教，老篾匠轻轻一点化，二程就恍然大悟，对《周易》的感觉从此大不一样。

明朝还有一位易学大家叫来知德，当时并不出名，因为他一直隐居在四川梁平。他写了一本《周易集注》，这本书也是易学名著，他的学派后来称为"来氏易学"，非常了不起。另外在民国时期，贾题韬老先生在成都街上遇到一个外号叫赵神仙的篾匠，也很了不起，精通丹道，非常厉害。由此可见，四川跟易学是有很有渊源的。

我讲了这么多，就是想给大家介绍一下《易经》的发展过程和基本情况。感兴趣的朋友如果想学《易经》的话，要先了解《系辞》《说卦》，然后学习乾坤二卦，要注意《文言》，然后再学习《序卦》。基本上这几个看完之后，大体道理就能弄懂了。其他的东西可以慢慢再学。学习《易经》，必须要下大功夫，爻辞卦辞都要能背。我们现在学习《易经》，只能是懂得一些基本原理，帮助我们在心性修养上有进一步的体会，真正要学通学好《易经》，必须穷尽一生的力量，不然就不能成气候。

乾损益动第三十一：不息于诚，如履薄冰

君子乾乾，不息于诚，然必惩忿窒欲、迁善改过而后至。乾之用，其善是；损益之大，莫是过。圣人之旨深哉！吉凶悔吝生乎动。噫！吉一而已，动可不慎乎！

——《通书·乾损益动第三十一》

【让自己的一念之诚起作用】

对《易经》熟悉的朋友一看就知道，“乾损益动”这个标题里面，含了三个易卦：乾卦、损卦、益卦。动是什么呢？它是《易经》里最重要的指标。我们以前也讲过“三易”之说，即简易、变易、不易，这个变易就体现在动上面。那么，这个动怎么通过乾、损、益三个卦表现出来呢？怎么通过我们的心性修养，与我们在社会生活的方方面面挂上钩呢？下面我们就来听听周敦颐先生怎么讲。

“君子乾乾，不息于诚”，这是从乾卦九三爻里来。我们在讲第一章“乾道变化，各正性命”的时候，就把乾卦单独提出来，很详细地讲了一次。我当时讲乾卦核心，就落在九三爻上面。我们不妨来重温一下九三的爻辞：“君子终日乾乾，夕惕若，厉，无咎。”

我们在《周子通书》的前几章里，专门对这个“诚”字作了很细致的分析，周敦颐先生把“诚”提到了非常高的位置。在《周子通书》的其他各章中，也都在反复提持这个诚。“君子乾乾，不息于诚”，它的核心依然是这个诚字。

按照易学关于爻位的理论来说，乾卦九三爻是得位而没有得中。判断易卦很重要的着眼处，就是这个“中”和“位”。九二和九五就是处在上、下卦之中，正当核心的位置，这个位置是可以掌握全局的。所以我们平时打卦，打出一个卦后，首先要看得中与否，是阳爻得中还是阴爻得中。九三爻没有得中，但是得位了。什么叫得位呢？一、三、五是阳位，二、四、六是阴位。阳爻处在阳位上就得位，阳爻处在阴位上就是失位。乾卦九三爻是处在阳位上，所以是得位而不得中。我们可以这样来看，九三爻是找到了自己的定位，但是，它在整个事情中处于边缘化的状态。正因为是处在边缘化的状态，所以就要随时提醒自己，随时随地要处在警惕的状态。“夕惕若”，就是说在晚上都要保持警惕；“厉，无咎”，虽然处在这样的位置比较危险，但是也没有什么大不了的过错。

其实，无论我们处于什么样的状态，只要能把乾卦九三爻这种“终日乾乾”的状态，时时保持、充盈于我们的内心，就不会有什么问题。君子之所以能够做到“终日乾乾”，就是因为自己的一念之诚起作用了，一直保持着这种乾乾之诚的状态。一个人做到了内不欺心，外不欺人，诚于中而形于外，还有什么可以恐惧的呢？

【损益之道的核心】

“然必惩忿窒欲、迁善改过而后至。”君子终日乾乾，就是早晚都能够保持这种警惕之心。那么怎样才能够保持呢？就是要“惩忿窒欲、迁善改过”。周敦颐先生这里用的这两个词，并不是随便拿出来用的，而是损、益这两个卦中最重要的指标。

损、益二卦在《易经》里面，也是非常重要的两个卦。传说孔子在读《易经》的时候，读到损、益二卦时，喟然长叹。跟孔夫子学《易经》最得力的弟子子夏，发现老师在那里长叹，于是走过去请教：“老师啊，你为什么叹息呢？”孔夫子于是说了一句相当经典的话：“夫自损者益，自益者损，是以叹也。”他说我在这里体会到了，如果你能够舍己，恰恰就会得益；如果拼命地想为自己谋私利，反而会有损失。他就对子夏说了这么一个很辩证的道理。但是，子夏觉得这个事情很难办啊，于是就问道：“然则学者不可益乎？”就是说，按照这种说法，我们学习《易经》或者其他的文化，想要得到好处，是不是就得不到呢？是不是就不应该得到好处呢？孔子回答他说：“天之道，成者未尝得久矣，夫学者以虚受人，故曰得。”并不是说我们学习就是做无用功、不可以得益，我要告诉你的是“天之道”。如果你真正体会到这个“天之道”，才会知道其中变化的奥妙。“未尝得久矣”，就是说任何东西得到之后，未必会长久，是会发生变化的。真正会学习的人，他是“以虚受人”，内心是要空下来，要处人之下，虚以待物。这才叫作真正有所得。

我们看佛教的《金刚经》，也是说要以“三轮体空”的方式去六度万行。三轮体空，就是虚以受人。那天心理姐姐给我们上灾后重建心理辅导课时也说，志愿者们到灾区去做心理干预或者心理辅导，得要有“慈悲不沾身”的功夫才行。心怀慈悲但是不沾身、不执着，这就是虚以受人。

冯老师的《信心铭》讲解到最后的时候，也说了一句话：“信心、信心，我们要信的是什么呢？就是信那个不可得的东西。”孔子这里说“以虚受人”，恰恰才是真正能够称之为“得”的东西。我们常说：“为学日益，为道日损，损之又损，以至于无为。”要达到这么一种状态，才是真正的大有所获、大有所得。所以在学习损、益二卦的过程中，我们要看到孔子与子夏的对话，实际上点出了损益之道的核心。

【高高兴兴地接受损失】

下面我们先看损卦的卦辞：“损。有孚，元吉。无咎，可贞，利有攸往。曷之用？二簋可享。”孚，就是诚心的意思。如果我们打卦打到损卦，只要你有诚心、能诚实面对，就不用害怕。元就是本元，最初，也通玄，感觉是看不见、摸不着，有点“有物先天地”的感觉，是太初本元的一种状态。如果你有诚心，就算打到损卦，也是没有什么过错的，这就是无咎。贞者，正也，就是说可以得到正位、正命。“利有攸往”是什么呢？攸就是来，往就是去，利有攸往，就是来去交往都有利。

我们打到这个损卦，比如我们买了只股票，这只股票在不断地损失、下跌，也不用怕。真正是诚心的，看准了行情，掌握了涨跌规律的人，就知道变化的结果。即使是全亏了，没关系嘛，你可以用心好好总结经验教训，也不是白亏的。“曷之用?”曷，通何，就是如果损失完了，拿什么东西来用呢？“二簋可享”，簋，是古代盛放食物的一种平常器皿，这句话就是说，损失也没有什么可怕的，损到最后，哪怕是用最平常的东西，也可以用来祭祀神灵。按理说，古代人对祭祀是很庄重、很敬畏的，祭神如神在，要拿出最精美、最高级的祭器和祭品来祭祀才能体现出对神灵的敬畏。但是，因为你这里是处于损卦的状态，只要你是一个内心无欺、诚实忠厚的人，虽然财物损失了，没有好的祭器了，也没有关系，你仍然可以用最朴实的器皿来祭祀，并与神灵取得沟通。这就是“二簋可享”的意义所在，也就是损卦的意义所在。

我们在现实生活中，遇到该你损失财物、该你拿出来布施的时候，你不要害怕，也不要犹豫，要高高兴兴地接受损失。

■【下好损益这盘棋】

我们再来看益卦，卦辞云：“利有攸往，利涉大川。”损、益二卦是互为综卦。综，就是所谓的上下相综，我们把损卦反过来看、上下颠倒来看，就是益卦。在学《易经》的时候，我们要知道每一个卦都不是孤立的，解卦的时候，也要与其他的卦综合起来进行分析。我们平常说的“错综复杂”，这个成语也是从《易经》里面来的，因为《易经》里面就有所谓的错卦、综卦、互卦、变卦等变化。这个等以后有机会专门讲《易经》的时候再说。

损、益二卦的关系很妙，损卦掉过来看，就是益卦。损卦的大象辞说：“山下有泽，损，君子以惩忿窒欲。”周敦颐先生上面所说的惩忿窒欲，就是从这里来的。如果单纯从易理的角度来解释，惩忿窒欲就是从心性修养的角度来处理。如果从卦象上来解释，这个忿和欲，都是来自于我们自己的内心。

我们要知道，《易经》中所包含的数理变化，也就是中国古代关于自然科学的原理，同时，这些数理变化又是与人类的社会形态、与人的心性结合在一起的，所以我们说《易经》是自然科学与人文精神高度统一的典范。

我们看损的内卦，阳爻处于下卦的中位，虽然得了中，却失了位，下卦的中位应该是阴爻。这表示一个人的内心如果还有愤恨、有欲望，那么就失了自己的位子，内心就会不平衡。那么，惩忿窒欲这种纯精神活动，是怎样通过卦象这种数理变化体现出来的呢？损卦的彖辞中有“损下益上，其道上行”的句子，就是说把损卦倒过来，让阳爻升到上面，这样内、外卦的中爻就是阴、阳各得其位，这就是“损下益上，其道上行”，就变成了益卦。按照《周易》的卦序，损卦过了就是益卦，正是体现了阴阳二气在事物发展过程中的变化规律。这里把这种变化落实到我们的心性修养上，那就是“惩忿窒欲、迁善改过”。

作为社会现象来说，当然又有另外的解释。比如“损下益上”，处于上下位的是什么人呢？上位当然是领导者，下位自然是被领导者，是老百姓。如果损下，就是说把老百姓的利益损害了，来帮助领导者、增加上位人物的利益。这种事情怎么能行呢？其实，只要打到了损卦，我们就要明白，这已经是非常时期了，处于一种必须要“损”的状态。在非常时期，就要用非常的办法。如果用社会状况来比喻，比如我们下一盘棋，到了棋局非常危险、非得舍车保帅的时候，你就一定要舍得这个车，才好保住这个帅，才能保住全局的利益。以前解放战争，胡宗南攻占延安，毛泽东在陕北的山沟里与之兜圈子，有那么多人不惜牺牲自己来保护他。为什么呢？因为毛泽东是整盘棋的帅，帅都没了还下什么棋？

益卦的彖辞是什么呢？“损上益下，民说无疆。自上下下，其道大光。”益卦的整体，是处于正常发展的状态之下，这个时候就必须要“损上益下”。也就是说，位置高的人必须把自己的利益拿出来与百姓分享，这样一来，老百姓才能够安居乐业，民心也才能稳定下来，社会才能够得到和谐与安宁。

所以，《易经》不是一成不变、死板僵化的东西，而是随着时间、地点、时节因缘以及不同的环境、不同的状况而发生变化的，不是死搬硬套就能学通的。不是说“损下益上”就绝对错，也不是说“损上益下”就绝对正确。如果我们从僵化的民本主义角度来看待它，那就没办法说了。但是，《易经》是关乎天人之际的整体观学说，具体情况总是因时因地不断地变化。我们学习《易经》，如果头脑僵化、认死理，学起来就会很困难；头脑灵活的人，内心没有那么多固执的人，学起来就比较容易。

【吉凶悔吝，心诚而后慎动】

我们学了乾、损、益这三个卦的基本内容以后，再来看周敦颐先生所说的句子，就非常容易理解了。“惩忿窒欲、迁善改过”，都是因为诚；诚了之后又怎样呢？就能够“君子乾乾”，哪怕处于非常不利的状况下，也能够无害无咎。

“乾之用，其善是；损益之大，莫是过。圣人之旨深哉！”这一句就说，乾卦之中最好、最有利、最善的就是九三爻。这个“是”指代的就是九三爻。“损益之大莫是过。”损、益两卦最大的作用，就是“是”与“过”。我们读这一句的时候，一定要把这个“是”和“过”分开来读，因为这是两个意思。是，代表的是益；过，代表的是损。我们在平常生活中，要把握好损与益，把握好是与过。我们平常做事最在乎的，不外乎就是损益得失；我们对一个事物的认识，看一件事情的变化，也不过是阴阳消长、消息盈虚。我们把握住了损、益二卦的精神，再用乾卦“君子乾乾，不息于诚”的态度去面对一切人与事，那么，我们生而为人，也就不会有什么可遗憾的。所以，“圣人之旨深哉！”圣人之旨，就是《易经》里告诉我们的这些精神。

“吉凶悔吝生乎动。噫！吉一而已，动可不慎乎！”《易经》中的每一卦，都逃不出吉、凶、悔、吝这四种结果。我们平常做任何一件事情，也逃不出吉、凶、悔、吝这四种结果。吉就是很好、很吉祥的事情，凶就是很不好、后果很严重的事情。悔和吝，是处在中间状态，虽然还没有达到凶的结果，但是有后悔，因过失而感到后悔。虽然“悔”和“吝”还没有达到“凶”这样的极端结果，但是在心态上已经有这种趋势了。吝就是有耻辱，有名誉上的损害。吉、凶、悔、吝这四种结果，从《易经》的道理来说，是阴阳消长变动而产生的。从我们内心来说，就是一念之动。你念头这么这一动，再付之于行动，就会产生吉、凶、悔、吝这样的结果。

我们起一个善的念头，发挥出来后成了行动，就会产生一个结果。有的时候，善念会带来好的结果，有的时候却也未必，所以才有“好心办坏事”的说法。

所以，《易经》的道理很清楚，任何一件事情，完全称得上吉的，只占四分之一，剩下的四分之三都不太好。当然，最不好的就是凶，而悔和吝也都不太好。所以，“吉一而已，动可不慎乎！”所以我们的脑子虽然可以天花乱坠，什么都可以想，但是要付诸行动的时候，确实要慎之又慎。

我到书院以后，前前后后有好多人和书院接触，也想搞合作，大家一起来弘扬传统文化。有好多事情，眼看着就可以动手做了，都是因为因缘不足或没有绝对把握而没有做。这个因缘也真是不依人的意志为转移。

这一章，最重要的启示就是要慎动。慎动，就是要对损益、吉凶有一个清晰准确的判断。怎样才算判断清楚？怎样才能够判断清楚呢？这就是要“惩忿窒欲”，要把自己内心刚强难化的欲念收拾住，才能看清一个事情的本来面目；然后“迁善改过”，这样就做到了内心的诚。有了诚，才会“利有攸往”，才算把握住了乾卦九三爻的精髓。

家人睽复无妄第三十二：修齐治平之道

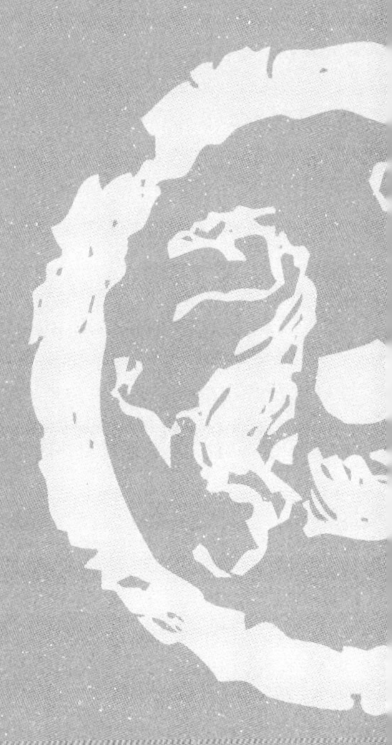

治天下有本，身之谓也；治天下有则，家之谓也。本必端，端本，诚心而已矣；则必善，善则，和亲而已矣。家难而天下易，家亲而天下疏也。家人离，必起于妇人。故睽次家人，以二女同居而志不同行也。尧所以厘降二女于妫汭，舜可禅乎？吾兹试矣。是治天下观于家，治家观身而已矣。身端，心诚之谓也；诚心，复其不善之动而已矣。不善之动，妄也；妄复则无妄矣；无妄则诚矣。故无妄次复，而曰先王以茂对时育万物，深哉！

——《通书·家人睽复无妄第三十二》

我们来看第三十二章，章题上显示，又有四个卦要我们好好领会：家人、睽、复、无妄。说实话，儒家的思想和方法，自从秦火以后，直到《周子通书》才真正形成了一整套从形而上到形而下的完备系统，而周敦颐先生学问最得力处，就是对易经的融会贯通。

【治天下的根本与原则】

“治天下有本，身之谓也。”治理天下的本在什么地方呢？就在修身上面。《大学》中说：“自天子以至于庶人，壹是皆以修身为本”，无论是天子还是普通老百姓，平生最根本的事情就是修身，所以周敦颐先生这里说，修身是治理天下最应该下的本钱。

在《大学》中有一套从内修到外用的一整套学修系统，就是“八目”，即格物、致知、诚意、正心、修身、齐家、治国、平天下。格物、致知、诚意、正心这四目是君子内修。格物，一说是格于事物之理，即学习各方面的知识，展开对世界的认识，就是朱熹所谓“格物穷理”；也有一说是格去心中之物，要把自己心中的块垒去掉，这是王阳明的观点。我个人以为，王阳明的说法在我们心性修养上更切贴，更能发挥作用。当你真正把心中块垒全部消除掉，让精神进入到一种虚空、灵明、通达的状态时，那么，这就致知。就如同镜子，只有空空荡荡、干干净净时，才能照见万物，才能清楚地理解你所面对的一切事情。真正达到致知，按王阳明的说法是“致良知”，那么诚意、正心也就自在其中了。

格物、致知、诚意、正心，是儒家的一整套内修功夫，进而发之于外，外用的第一条就是修身。我们也可以这么说，修身是儒家内修与外用的结合点，所以周敦颐先生才说：“治天下有本，身之谓也。”

“治天下有则，家之谓也。”则，原则、法则。治理天下有一条基本的原则，就是齐家。前面说外用的第一步是修身，其次就是齐家了。我们要把自己的家庭关系搞好，夫妇之间、父子之间、兄弟姐妹之间的关系都要搞好，这样家庭才能和谐。家国同构，这是儒家治理天下的基本原则。我们继续看周敦颐先生是怎样进一步对此加以阐述的。

“本必端，端本，诚心而已矣；则必善，善则，和亲而已矣。”本必端，修身就必须要身正，只有品行端正了，我们的精神才能达到诚的状态。前面我们讲乾卦九三爻的时候就说，“君子乾乾，不息于诚”，诚是使我们修身这个本钱能够不断增息的基本条件。则必善，治理天下的原则必须亲善，必须有条不紊，其本质就是“和亲而已矣”。和，和睦、和谐；亲，亲善、亲切。《大学》开篇说：“大学之道，在明明德，在亲民，在止于至善。”亲民，有解说成新民，这一说也是随着时节因缘而来的。清末民初的时候，需要新的思想、新的启蒙，需要中国人民在危难之际有一个全新的精神面貌，便将“亲民”解释为“新民”。实际上，还是应该理解成“亲民”才对。中国古代的政治思想中，历来把国家当成是一个大家，而把夫妇、父子之家当成是一个小家。大家和小家的关系也是一一对应的，皇帝皇后是这个大家庭的父母家长，整个国家的所有人都是这个大家庭的成员，是子民。父母家长对成员、子女自然要疼爱、关怀，成员子女对父母家长也要尊敬、孝顺。这道理看起来很简单，中国这么几千年也一直这样提倡，但是能真正做到的时代，却非常少。

“家难而天下易，家亲而天下疏也。”为什么会家难而天下易？是因为家亲而天下疏啊！后面这一句其实是对前一句的解释。“家难而天下易”是结论，因为治家非常难，如果家能治理好，那治理天下就比较容易了。这是为什么呢？因为“家亲而天下疏”，家人和你太亲近了，很难处理好；而天下离你很疏远，所以没觉得有什么了不得。

在中国古代童蒙教育有一个规矩，叫作“易子而教”。自己的娃娃自己教不好，因为太亲了。娃娃一撒娇，老婆又在一旁干涉，你就不敢轻易对娃娃施行家法了，所以，孩子最好是交给朋友，或交给其他老师来教。在这一点上，哪怕是再高明的人，面对的时候也都有难处。

另外还有一种说法，说圣人有两怕：一怕童伴，二怕老婆。童伴就是自己的光屁股朋友，儿时一起相伴长大，什么调皮捣蛋、丢人现眼的事都一清二楚。不管你以后的名声再大，在外面的德行再高、声望再好，但是一遇到光屁股朋友，把你小时候的丑事给你抖搂出来，比如一起到地里偷红苕啊，一下就弄得你颜面扫地。马祖大师当年在南岳怀让那里得了道，后来名满天下。也曾被地方官员声势隆重地请回来，可是，街坊邻居们一看，哎呀！啥得道高僧哦，不就是隔壁马簸箕家的儿子嘛，有什么了不起！你看，这就叫“得道莫还乡，还乡道不香”。

所以“家难而天下易”，治家真正是非常之难。以前国家大治的时候，似乎还好一点，内宫外朝各安其分；但是只要国家一乱，往往起因都是祸起萧墙。萧墙，就是使内外有别的那道屏风，就是说内部先乱，尤其是后宫先起火，然后逐渐扩大。历史上凡治天下有道的君王，往往都会立下严禁后宫干政的规矩，以杜绝祸起萧墙之难。“家难而天下易，家亲而天下疏”，讲的就是这个理。

【女人不是祸水】

下一句：“家人离，必起于妇人。”这在历史上的争论很大，也因此使周敦颐先生戴了一顶“歧视妇女”的帽子。从字面上看，一般人都容易理解成家庭治不好，搞得四分五裂了，其原因都在妇人身上。其实，周敦颐先生真是冤枉啊！这都怪过去注解此文的人，大多没在《易经》上下过功夫，所以望文生义，不晓得这句话的真正含义。仅从字面上看，好像是说女人把家搞散了，所以红颜是祸水、女人是毒药……其实远不是这么回事。下面我们一起来分析一下家人卦，就会明白周敦颐先生的本意。

风火家人，上卦巽为风，下卦离为火。“家人离，必起于妇人”就是说家人这个卦，它的下卦或者说内卦，是单卦离。家人卦中最重要的一爻是六二爻，就是内卦离的中间一根阴爻。六二爻一方面得了中位，另一方面还得了阴爻的本位，是既得中又得位，所以在整个家人卦中起着关键性的作用。家人卦的卦辞、彖辞也说得很清楚，卦辞说“利女贞”，就是说这一卦对女性来说，是很有利的，是很好的。经过这么一分析，“家人离，必起于妇人”的意思就很清楚了。原来周敦颐先生讲的是，家人这一卦最重要的是内卦离中间的阴爻，它代表的是家庭主妇。一个家庭要想搞好，要想有起色，“必起于妇人”，必然是因为家庭主妇很好。你看，跟字面上讲的正好相反。

我们看家人卦的彖辞："女正位乎内，男正位乎外，男女正，天地之大义也。家人有严君焉，父母之谓也。父父，子子，兄兄，弟弟，夫夫，妇妇，而家道正；正家而天下定矣。"从这里我们就明白了，中国人"女主内、男主外"的观念，理论根据就在《易经》的家人卦里。家庭事务要听女人的，外面的事务则要听男人的。如果男女双方都找到了自己的正位，那么不仅家庭会和睦兴旺，而且也是"天地之大义"，是天经地义的事情。如果按照这个原则来治理天下，当然就是"天下定矣"。

这一章开篇讲的："治天下有本，身之谓也；治天下有则，家之谓也……"实际上就是对家人卦精义的发挥。由此可见，周敦颐先生通过对《易经》诸卦的研究，对社会人生的理解非常透彻。

说到这里，我又想起上次胥老师拿给我一本《太极图说通书义解》来参考，作者是湖南省社科院一位很有名的学者。他对"家人睽复无妄"这一章的解析，就把周敦颐先生如此精当的思想，当作封建时代重男轻妇的观念来批判，说什么"家庭之所以离异，起于妇人者固不可少，但起于男人者亦所常见，完全归咎于女方是不公道的"。唉！这都是哪跟哪啊？像这种具有学术地位、在世间拥有发言权的人，都带有这种偏见，对圣贤经典根本没有理解透彻就妄加批判，真是很可悲的事！人文学者们都是如此误解，更何况社会上的一般人了。

【二女同居不同心】

再看下一句："故睽次家人，以二女同居而志不同行也。"这里涉及《易经》的另一卦——睽卦。如果没有研究《易经》，那么在这一句的理解上又很麻烦，又会产生很多歧义。"睽次家人"，是指睽卦在《周易》的卦序排位上，仅次于家人卦。另外，睽卦正好是家人卦的综卦，卦辞很简单，"小事吉"。在小事情上还算比较吉利，但真正在大事情上，就不是很好说了。为什么呢？"以二女同居而志不同行也。"

"二女同居"该怎么理解？这就涉及《易经》单八卦中关于阴卦和阳卦的说法了。前面说的家人卦、睽卦等六十四卦，都是由八个单卦两两重叠形成的，称之为重卦。《易经》里面，乾坤二卦称之为父母卦，乾是父，坤是母。父母相交，生了六个娃娃：震、巽、坎、离、艮、兑，它们与乾坤二卦一起，组成八个基本卦。乾坤二卦相结合，从乾卦这一脉，产生的第一个卦是震卦，一阳初生在下，对于这个“八卦家庭”来说，它代表的是长男，是大儿子。接下来，这一阳爻再往上走，进入中位，就变成了坎卦，代表的是中男，家中的老二；阳爻再往上走，就变成了艮卦，代表的是少男，就是这一家的小儿子。那么从坤卦这一脉呢，一阴初生，产生的第一个卦是巽卦，代表的是长女；阴爻再往上走，就变成了离卦，代表的是中女；阴爻再往上走，就变成了兑卦，代表的是少女。所以“震巽坎、离艮兑”，这六个卦代表了三男三女。为什么震坎艮称之为阳卦，而巽离兑称之为阴卦呢？这是因为《易经》里面有个原则，叫作“阳卦多阴，阴卦多阳”，从卦象上看，震、坎、艮都是两根阴爻，而巽、离、兑则是两根阳爻。诸阳卦都是一阳在两阴中间起的变化，而诸阴卦则是一阴在阳爻中间起变化。

以上所谓“三男三女”都是比喻的说法，其实在道家的丹经里面，也都用了很多类似的比喻，比如什么姹女元婴、鼎器大药之类的名词，往往都是从《易经》这些卦象的变化，以及阴阳五行的生克中，有意识地将这些名词神秘化，其实，不外乎都是一些代号而已。

我们再来看这个睽卦，睽字本身有乖离、目不对视之意，它是家人卦的综卦。家人卦倒过来看，就是睽卦，说明它们的卦义正好相反，家庭和睦的反面，就是亲人相睽。睽卦的上卦为离，即中女；下卦为兑，即少女。

这一句“以二女同居而志不同行也”，就把这个睽卦的特点，用比喻的方式表示出来了。这个比喻非常形象啊！说两个女儿都居住在家里，她们各怀心意，各打各的算盘。为什么“志不同行”呢？因为离卦为中女，即已经出了嫁的女子，出了嫁的女子又回到娘家里来住，那是很犯忌讳的，肯定是发生了不太好的事情。兑卦为少女，一个还待嫁于闺中的少女，还没有出嫁。一个已出嫁却长期住在娘家，一个守在闺房里老是嫁不出去，对于父母来说，当然会很犯愁啦！这两个女子同居在家，各怀各的心思、各打各的算盘了，这个家庭的氛围也一定是怪怪的。

“二女同居而志不同行”，这就是睽卦的整体氛围。在这种情况下，如果遇到小事情，两个女儿之间还可以商量，比如帮父母做做家务啊，招待招待客人啊，所以卦辞是“小事吉”。但是遇到大事情，比如婚丧娶嫁这样的人生大事，二女之间各有自己的主张，就可能产生冲突。

【娶媳妇与治天下】

从上面就可以看出，家人卦与睽卦所包含的卦义，的确对治家具有非常重要的指导作用。那么，从家人和睽卦上，又怎么与治国平天下联系到一起呢？周敦颐先生于是举了一个例子。

“尧所以厘降二女于妫汭，舜可禅乎？”这一句是讲上古尧帝传位给舜的故事。尧、舜、禹是孔夫子最为推崇的上古三王，那么尧帝是如何禅位给舜帝的呢？舜本来是一个普通人家的孩子，经历比较坎坷，小时候母亲就去世了，父亲娶了个后妈，又生了个儿子，名字叫象。这一家人对舜特别排斥，视为眼中钉，恨不得除之而后快。舜在这么难的一个家庭局面里面，他是如何自处的呢？以孝悌而与家人相处。不管父亲、后母和同父异母的弟弟如何对待他，他都以仁义孝悌的精神来要求自己。同时，舜也非常聪明，这在典籍上有记载，他是“大杖则避，小杖则受，年二十始以孝闻”。如果父亲是用鸡毛掸子来打他，他就老老实实地挨打；如果是用锄头、顶门杠之类要命的大家伙来打他，那对不起，他立马爬起来就跑掉了，等躲过了风头又跑回来。后来，他的孝名越传越远，传到了尧帝的耳朵里。尧帝觉得这个小伙子确实很不错，就把自己的两个女儿娥皇、女英一起嫁给了舜，同时还把妫汭一带的地方封给舜去治理。

哈哈！上古帝王原来是这样培养后备人才的。一方面，尧帝觉得小伙子很不错，是个人才，很爱惜他，把女儿嫁给他；但另一方面，这也是在考验他，看他有没有办法把家治好。乍看起来，舜一下子娶了尧帝的两个女儿，穷小子的大运是走到极点了；但实际上，这个事情很烫手、很麻烦啊！你想想，天子把两个宝贝女儿同时嫁给你，两个公主同时下嫁给一个平民百姓，你要怎么办？既要让两个公主之间相处得好，互相不争风吃醋，还要让她们同时与丈夫相处好，这个非常难啊！我们在古装电视剧中也看到，那些描写大宅院、大家族的故事，比如《红楼梦》之类的，那些大老婆、二老婆、三老婆……她们之间产生了多少矛盾，产生了很多钩心斗角的事情啊！甚至有的还非常残酷，斗得你死我活，血腥十足。

前两天看了某个朋友的博客，他很赞成过去的一夫多妻制，还列举了一系列的好处，还拿欧洲的情人制、现在的婚外恋来进行对比，最后说一夫一妻制“这种灭绝人性的制度必然崩溃”。当然，古代社会的一夫多妻制有其存在的合理性，但是也要看到，要想处理好“一个茶壶和多个茶杯”的关系，也并非易事！如果是像舜这样大圣大贤之人，也许没问题；如果是普通人，那就很难处理得好了，尤其是现代人，几乎不可能把这种人际关系处理好！在传统时代，一个家庭伦理至少还有三纲五常来制约，但还是出现了很多问题；现代人思想那么活跃，提倡的是男女平等，同时女权主义那么流行，怎么可能回头搞一夫多妻制呢？

还是把话题扯回到《周子通书》上来。周敦颐先生在此做了个结论：“吾兹试矣。是治天下观于家，治家观身而已矣。”前面说了尧帝将两个女儿嫁给舜，并给予一块封底让其治理。经过一段时间的观察之后，看到舜确实经受住了治家的考验，把他的封地也治理得井井有条，于是尧帝这才把王位传给他。由此可见，治家确实是不容易。那么，为什么舜能把家治理得很好呢？“观身而已矣”，因为舜修身修得非常之好，真正是把儒家提倡的仁义礼智信这五常都做到了。

【一阳来复守子时】

“身端，心诚之谓也。诚心，复其不善之动而已矣。不善之动，妄也；妄复则无妄矣；无妄则诚矣。”从这几句里，周敦颐先生就从“身端心诚”出发，又讲到了《易经》中复卦的精神与无妄卦的精义。

我们先来看看这个复卦。这一卦很有意思，是《易经》六十四卦中非常有特殊讲究的一卦。地雷复卦，上卦为坤为地，下卦为震为雷，从卦象上看特征也非常明显，上面五爻为阴，最下一爻为阳，所以有“一阳来复”之说。

复卦的卦辞说：“亨，出入无疾，朋来无咎。反复其道。七日来复，利有攸往。”第一个字是“亨”，说明如果打卦打出复卦，那还是不错的，说明未来的发展是可以通达的，以后做事会是亨通的。“出入无疾”，出，指阳爻向上不断地发生变化；入，指最初的一阳来复。我们知道坤卦是纯阴之卦，六爻皆阴，复卦从初爻开始变成阳爻，上升空间非常巨大，说明不管是“一阳来复”还是“反复其道”，都是没有问题的。“朋来无咎”也是这个意思。朋，按照一般的理解，就意味着有成群结队的人来了，但是按《易经》数理来判断的话，朋是两个月组成，代表的是阴，从复卦的卦象上看，是五阴对一阳。本来一阳在下，五阴在上，阳气一步一步向上发展是非常不易的，但是对复卦而言，则不成问题，哪怕是成群结队的阴爻在你上面，你都不要怕，因为你已经得了势了。这个势就是万物转化、阳气开始上升的这样一个时机。“反复其道”，我们做任何事情都是如此，都不可能一蹴而就，尤其是在学修的过程中，一定要反复再反复，学习再学习，一日三省，不懈不怠。这是复卦所体现出来的精神内涵。

去年我女儿刚上初中，一时不适应新的环境和氛围，担心以后学习成绩不行。那天她突然跟我说：“给我打一卦吧，看我以后能不能把学习搞好。”我让她自己扔硬币，刚好就扔出了这个复卦。哈哈，我就让她自己看这个卦辞，跟她说：“丫头，没啥说的，你就老老实实地“反复其道”吧，只要你做到这一点，以后肯定没问题，前途是光明的，命运掌握在自己的手中，亨通着呢！”

“七日来复”，我们的传统里面很重视这个“七”字。禅宗的修行讲“打七”，不打六也不打八，就是以七天作为一个周期，来进行专门的禅修，为什么呢？因为七天正好是自然运行的一个周期，人的身心变化也与之相应。我们看农历，物候节气就是这样七天一个变化，形成一个反复的循环。在西方文化里面，从《圣经·创世纪》里看，上帝第一天创造了光，第二天创造了天、空气、地球，接着第三天、第四天……到了第七天，觉得可以了，该休息了，于是就有了星期天。这里也体现了“七日来复”的精神。

现代人生活没规律，所以我们经常让大家一定要早点睡觉，要守子时。为什么要守子时呢？一天之中有几个非常重要的时刻，比如午时，11：00 点到 13：00，这是一天之中阳气最旺盛的时候，阳极而阴，午时一阴生，然后经过未、申、酉、戌、亥，到了子时，也就是夜里 23：00 点到凌晨 1：00 之间，是一天之中的阴气最盛的时候，阴极而阳，子时一阳生，就是复卦“一阳来复”的时候。人体在子、午二时里，一定要好好休息安养，这比在其他时辰里养身养心的效果要明显得多。有打坐习惯的朋友，在子、午二时分别坐一个小时，效果会非常好。过去专门修行的人，一天之内要抓住四个时辰，即子午卯酉。子时是第一个，最重要，一阳来复，正好要养阳。其次是午时，午时一阴生，要养阴。再次是卯时和酉时，卯时是早上 5：00 点到 7：00 点，酉时是下午的 17：00 到 19：00点，这两个时辰，阴阳处于平衡的状态。总的来说，这四个时辰是一天之内最重要的时段。

复卦行令的时辰，就是子时“一阳来复”的时辰，这是恢复先天元阳的根本。本光法师就特别强调“恢复一己之阳明正知”，要学人在自己的阳明之知上多下功夫。当然，这已经属于精神修炼的范畴了。复卦的意义，无论从精神修炼上还是从自然节律上，都非常重要。

【以诚心融化无妄之灾】

“诚心，复其不善之动而已矣。不善之动，妄也；妄复则无妄矣。”在前面讲“乾损益动”时，就讲了这个“动”，吉凶悔吝生乎动，所以做事要慎动。这里说“不善之动”，如果我们能认真领会复卦的精神，在行动之前，先从事情当中抽身出来，仿佛置身事外，先静一下，把心里的念头思维过滤一下，让心恢复到“诚”的澄明状态，这样就能把事情观察清楚，就能从很大程度上避免不善之动所带来的恶果。那么，你就能“妄复则无妄矣”。

我们再简单说一下无妄卦，天雷无妄，上卦为乾为天，下卦为震为雷。此卦有天打雷霹之象，正是不善之动来临，所以，听而任之就会带来无妄之灾。

那么，我们面对无妄之灾时，应该如何自处、如何化解呢？只有诚心一条路。如果我们认识到“诚心”，通过正心诚意，从而让“不善之动”停止，进而恢复我们的阳明正知，那么，“妄复则无妄矣”，顺理成章也就达到“无妄则诚矣”的状态。所以，有了“诚心”这一个无上法宝，前面所说的一切，不论是修身、齐家，还是治国平天下，就都能够理所当然地得以实现。

“故无妄次复，而曰：先王以茂对，时育万物，深哉！”在《易经》的序卦里面，无妄卦仅次于复卦，通过复卦的作用，把不善之动克服了，就能够达到无妄。“先王以茂对，时育万物”，这一句是无妄卦的大象辞。古代的圣王，不管是尧舜禹汤还是文武周公，都是以充沛繁茂的德行来应对芸芸众生，如同春雨一般及时滋润和哺育着天地万物。这正是以诚心去其不善之动，从而“妄复则无妄”的状态。

在这一章里，我们看到周敦颐先生从家人卦开始，进而推演出睽卦、复卦、无妄卦这一系列的关于儒家“修齐治平”的纲要。其思路严谨有据，其道理也非常深刻，即使对我们现代人，也不无启发意义。对此，周敦颐先生也不由得发出赞叹：“深哉！”

富贵第三十三：
君子的价值观

君子以道充为贵，身安为富，故常泰，无不足。而铢视轩冕，尘视金玉，其重无加焉尔。

——《通书·富贵第三十三》

这一章是谈富贵。富贵是我们大家都很喜欢并且追求的，但是这个地方，周敦颐先生把富贵的地位提得很高，是讲君子的富贵观。富贵这两个字，在中国古代是很讲究的。我们平时说富贵，是作为一个词来说的，实际上在古文里面，一个字代表的是一个含意，富和贵应该分开来讲。

什么是富呢？就是多，多多益善。它最基本的含义，就是财物多，所以第一层含义也被称为“殷富”，家道殷实，就是这个意思。第二层是什么意思呢？财富有了，还想延年益寿，所以又被称为“年富”。我们常说某人年富力强，就是说这个人的生命状态非常好，这也是一种富。有了钱活不长，再富有也没人羡慕。又有钱又长寿当然已经很好了，但是对一些人来说，还是不满足，因为光是有钱、活得长，却没有知识文化，得不到别人尊重，也不痛快。俗话说“有智不在年高，无智空活百岁”，所以，没有知识智慧也是不行的。这个有知识、有学问，那就叫“学富”，作为世间人来说，这就算是很高层次的一种富了。过去有学富五车的说法，那是很令人尊敬的。从财富到年富到学富，就是世间人富有的三个阶梯，也算是从物质到精神的一种层层递进的过程。

但是，周敦颐先生所认为的君子之富，还不在这三点上面。我们看看原文就知道了，儒家所提倡的君子之富，远远超出了上面这些世俗的说法。

“君子以道充为贵，身安为富。”这里的身安，其实进一步来说就是心安。当然，身心其实是一体的，比如前面说有很多财富，哪怕你吃的是山珍海味，睡的是雕床锦被，但是只要心不安宁，那还是会觉得吃得不舒服，睡得不安稳。所以，心安和身安是联系在一起的，真正的君子之富，就在于心安。一个人真正有了那种“素富贵行乎富贵，素贫贱行乎贫贱，素夷狄行乎夷狄”的内在精神状态，按照周敦颐先生在这一章里的说法，就是非常富有了。

对于学道求道的人来说，为求得一个心安，是要用很大的心血，甚至成为终身追求的目标。禅宗的二祖见达摩，在雪地里跪了几天几夜，最后把手臂都砍下来了，究竟是为了什么呢？就是为了求得这个心安！二祖见达摩的时候说：“我心不安，乞师与安。”只要安了心，一切就太平无事了，这个就是君子之富。

那么贵呢？也有一些说法。贵就是高贵，一个是现实社会中的地位高，还有一个含义就是精神世界的地位高。这种很高地位的人，就是贵人。一般来说，权贵是指社会地位高，官做得大，有权有势，这不算什么了不起的。在古代还有一种“清贵”，是指在精神世界上高贵的人，他虽然没有多少财富，没有多少实权，却非常有学问、有道德，受到社会的尊重，在精神领域内有很大的权威。比如旧成都时期的“五老七贤”，等等。在这一点上来看，这些清贵们与周敦颐先生这里所提倡的“君子之贵”有点靠谱了，但还是有一定的距离。

周敦颐先生所谓的君子，是“以道充为贵”，不是以财富、知识、地位为标准，是看你是否与道合一，是否行在道上。什么是道充呢？美而实之为充嘛，道德美好又充实，就是道充的感觉。当然这种道德，就不是我们平常说的社会道德伦理这些，而是指天之道、地之德，体现的是《易经》中乾坤二卦的精神，是“天行健，君子当自强不息；地势坤，君子当厚德载物”。乾卦体现的是天道，是涵盖一切、生生不息的这样一种精神；坤卦体现的是地德，是厚德载物、进德修业的精神。你要体会到了“天之道”“地之德”，才能真正理解什么叫道充。

道充，就是大道充满，无处不在。《易经》中还有一句是“百姓日用而不知”，就是说普通人每天都在大道之中，自己的日常生活、家庭起居、生意事业，都是在大道中，而且每一个人对大道原则的运用，也是自然而然，毫无障碍，只是，大家天天用却不知道而已。所以，天有天道，地有地道，人有人道，君子有君子之道，小人也有小人之道。庄子里面还讲了一个故事叫“盗亦有道”，就算是强盗，也有强盗的道，比如抢东西的时候要冲锋在前，不怕危险；逃跑的时候，不能自己先跑了，要照顾其他兄弟伙先撤退；抢了东西以后，分配财物时必须公正公平，不能徇私舞弊，等等。这是强盗的逻辑，同时也是强盗之道，不这样的话，你就充其量做个小毛贼，做不成一个江洋大盗。所以，道无处不通，无处不在，如果天老爷只养好人不养坏人，只长鲜花不长毒草，那就不成其为老天、不成其为大道。大道自然，一切现成，一切包容，平等无私。我们要找到这种“道充”的感觉，才好谈“君子以道充为贵”。

在《论语》里面，孔子说有一次对学生们说：“予欲无言。”我不想再说话了。子贡就问：“子如不言，则小子何述焉？”你老人家要是不说话了，我们这些学生又怎么得到您老人家的教诲呢？子曰：“天何言哉？四时行焉，百物生焉。天何言哉？”这几句话《周子通书》前面引用过，老天爷有什么话说呢？一年四季，时节因缘的变化都是自然的，万物都在天地间生长啊！大道充满于一切时、一切地，只要好好体悟这个无言之道就可以了，何必非要成天论道谈玄呢？

“故常泰，无不足”，你有了这种感觉，那当然就知足常乐了。你体会到了君子之富贵与世间凡夫之富贵的区别，内心时常道德充实，安宁自然，那就会保持一种泰然自若的精神状态，就不会觉得这里也不对，那里也不对，这里不满足，那里也不满足了。

“而铢视轩冕，尘视金玉，其重无加焉尔。”轩冕就是高帽子，代表的是世间的权贵和地位；铢是非常小的计量单位，有个成语叫锱铢必较，就是说很小的东西都很计较。铢视轩冕，就是说把这些世间的权贵都看得很小、很轻，可以毫不在乎。尘视金玉，金玉是财富的象征，尘视金玉就是视金钱如粪土的意思。“其重无加焉尔”，在君子的眼中，大道比这些东西都要贵重，没有什么比大道更值得人去追求了。

《论语》里说：“邦无道，富且贵焉，耻也。”一个国家或者一个社会，如果处于很迷乱的状态，国君无道，那么对于君子来说，就算你在这个社会中有很多钱财权势，都是耻辱的事情，都不值得炫耀。

陋第三十四：圣道岂只是说说而已

圣人之道，入乎耳，存乎心，蕴之为德行，行之为事业。彼以文辞而已者，陋矣！

——《通书·陋第三十四》

我们学习的人间正道，包括《论语》里面的道理、四书五经、佛法、道学，这些都是圣人之道。“入乎耳”，就是接受了，听到耳朵里面去了，还要“存乎心”，要放到心上，随时都要拿出来温习一下。就像前面我们讲到的“乾损益动”一样，要“君子乾乾，不息于诚”，随时心里都要挂着这个事情。“蕴之为德行，行之为事业”，就是要把学习到的这些“圣人之道”蕴藏起来、葆养起来，时间长了，让它慢慢化在自己身上了，就变成我们自己的德行。这些德行从我们的言行中表现出来，就体现为圣贤的事业。“彼以文辞而已者，陋矣”，如果光是在语言文字上到处宣传吹嘘，说得天花乱坠，而自己实际做的又是另一套，就是非常不好的陋习。

这里主要涉及了儒家所讲的文与质的关系，也就是言辞与德行的关系。孔夫子认为他继承的是周公文武之道，所以他说：“郁郁乎文哉！吾从周。”因为周代的精神是以人文来表现出来的，和前朝都不一样。商代尚质，没有在文化上有所成就。我们现在发掘了大量的商代甲骨文，可以看到没有什么文化上的建树，都只是记录的一些卜辞而已。今天国家有事情要做，烧个乌龟壳看一看吉凶，就记录下来，甲骨文就是这样，没有体现出什么思想文化来。从周文王演《周易》开始，就有了周公文武之道。周朝统一天下后，形成了一整套以礼乐为中心的精神文化体系。对孔子来说，这对于治理国家社会，安抚世道人心，都是非常重要的。

孔夫子说：“质胜文则野，文胜质则史，文质彬彬，然后君子。”我们所崇尚的朴实无华的内容，如果没有一个好的表现形式，所体现出来的结果就会比较粗野。内心有道德，有修养，是我们的质；如果质胜于文，没有一个好的形式表达出来，就会显得很粗朴。如果文胜质呢？形式大过内容，就史——过去的史官，都带有仪式性和礼节性，“文胜质则史”，是说形式超过了内容，那就会流于文饰，就会显得浮夸。孔子认为，必须把形式和内容结合起来，相得益彰，不能偏废，才能成为君子。我们看这个“彬”字，是很有意思的，两个树木并立在一起，一同生长，雨露均沾，形式和内容并重，就有点“两手抓，两手都要硬”的感觉。“文质彬彬，然后君子”，内心道德充实，修养很高，外在又表现出斯文有礼的仪态，这就是君子的状态。

《论语》里面还有一个记载，说有个叫棘子成的人问孔夫子的学生子贡：“君子质而已矣，何以文为?”一个君子，只要他内心的修养达到了就很好了，还注重那么多形式做什么呢？子贡回答说：“惜乎，夫子之说君子也，驷不及舌！文犹质也，质犹文也；虎豹之鞟，犹犬羊之鞟。”子贡回答道，孔夫子都说了啊，人的嘴巴是很快的，就算是四匹马拉的车也跑不过一个人的舌头。所以就算是君子，也要注意自己的语言修辞问题。文和质应该是相通的，内容和形式也要统一才好。他在后面还打了一个比喻，老虎豹子的皮毛非常华丽，但如果把表面的毛刮掉，只剩下皮革，那么虎豹的皮和羊皮、狗皮也就没有什么区别了。“文”就是虎豹身上的花纹，“质”就是皮革，花纹都去掉了，皮革还有什么区别呢？所以，道德修养或者文化的传播，如果没有一个很好的方式表达出来，有修养的人和没有修养的人也就没什么区别了。这样的话，要想传播和提倡优秀的文化，要想更大范围地提倡仁义道德修养，就是不可能的。

我们回过头来看周敦颐先生在这一章里的说法。“彼以文辞而已者，陋矣”，他在这里批评了用优美的辞藻、华丽的句子来表达圣人之道，好像并没有像孔夫子所提倡的那样“文质彬彬”，而是偏重于以质胜文。实际上，这并不是他有悖于孔夫子的原意，而是和他所处的时代有关。

周敦颐所处的北宋，毕竟和孔子所处的春秋时期已经很不一样了。宋代是中国文化高度发展、高度成熟的时期，宋代的文学艺术非常发达，宋词之华美多姿也是名垂青史的。还有，宋代的文学家、艺术家也是中国历史上最多的，整个社会，从皇帝到老百姓，大家都能够出口成章，文学水平非常高，琴棋书画也样样都行。在这个时候，整个时代就处于“文胜于质”的状态，所以周敦颐先生在这里是针砭时弊，力批以文辞取胜的人，大力倡导内在的道德修养。这也是宋代时节因缘所造成的，并非是注重文辞就一无是处，起码从《周子通书》《太极图说》，以及被选入中学课本的《爱莲说》来看，周敦颐本人的文学修养就是极高的。

如果放在今天，时节因缘又发生了变化，肯定状况又不一样了。我们好好思索一下当代的状况，文化传统究竟哪里还有？全民素质到底是个什么状况？这个问题认真想一想，还真有点斯文扫地的感觉！看看现在的文学艺术，看看当代人的文化修养，看看目前社会对文化的重视程度，不要说跟唐宋时期比，就是跟晚明、清代相比，都远远地落在后面。这个时候，还真的该好好提倡一下“文”。

这说明什么呢？说明我们现在的社会主流，在人文素质上面确实还很欠缺，还需要大力提倡文化建设、精神文明建设。当然，最好的结果是做到“文质彬彬，然后君子”，这是最好、最理想的状态。如果做不到，先就紧缺的部分进行弥补，也是必要的步骤。

拟议第三十五：诚动变化，拟议而后行

至诚则动，“动则变，变则化。”故曰：“拟之而后言，议之而后动，拟议以成其变化。”

——《通书·拟议第三十五》

前面几章的内容都很少，很简单，稍加注解就很好理解。这一章虽然也很短，但可以更深入地探讨一下，因为在这章里，至诚、动、变、化，这几个概念都是从《易经》里引申出来的，跟我们平常感觉到的这些概念，还有所区别的。我们来看看周敦颐先生是怎么讲的。

【不着痕迹的诚心】

前面讲“乾损益动”时，讲到了“君子乾乾，不息于诚”，这里一开始又提出“至诚则动，动则变，变则化。”我们看周敦颐先生始终是把“诚”作为最高要求提出来的。

《周子通书》一开始，就讲了“诚上”“诚下”“诚几德”这几章，是把“诚”的概念提到了本体论的高度，把它作为心性的本来面目来讲的。诚，如果作为一种修养的品德，就是内不欺心、外不欺人，能够明明白白、清清楚楚。即便是一个罪犯要去做坏事，他最初的一念也一定是清楚的，知道做这件事情是不好的，可能会有麻烦的。这就是“诚”的作用。只不过，虽然他内心最初也有一念之诚的作用，但紧跟着就被心里继起的欲望、贪婪等“第二念”所左右了，所以才做了不好的事情。这里，我们要意识到“诚”的普遍性意义，要意识到“诚”是人人都有的，是每一个人内心的根本。

“至诚则动”，我们内心的一念之动，其出发点要牢牢立足在“诚”的基础上，要在“至诚”的基础上决定我们的行为。在前面的“乾损益动”一章，还有“慎动”“动静”等章节里面，我们对这个“动”谈得很多。动是什么感觉呢？就是内心一念初生的状态。“动则变”就是改变了最初的格局，是“动”的作用在外界产生了一个变化，改变了旧有的状态。虽然结果改变了，但在改变过程中留下的痕迹还在，还能被人看到。比如我们现在的社会，改革开放已经三十年了，各方面都取得了很大的成果，和三十年前相比，完全改变了旧有的格局。但是也要看到，我们的社会体系、社会制度、生活态度，以及人的观念、行为方式等，还残留着很多旧有的痕迹。虽然这些旧有的痕迹已经不是主流，而仅仅是遗留的问题，但毕竟仍然在影响着我们的生活和精神。那么，“变则化”是什么感觉呢？就是整个事物已经完全转变过来，甚至转变过程中的痕迹，也已经消除干净了。

禅宗里有一个说法叫作“灵龟曳尾无踪迹”，就是说老乌龟从沙滩上爬过去时，尾巴还要在地上把自己爬过的痕迹扫掉。过去老禅也经常在说，有些人虽然修行很好，但就是“悟迹未除”，他修行的痕迹还没有除掉，还没有完全把学问与自己化为一体，把修行与生活打成一片。

我们看有些学佛的朋友，那是非常虔诚，非常精进，简直令人赞叹。但是他一说话呢，满口都还是因果、轮回、造业、功德这些佛教专有名词，整个人的感觉都还是“佛里佛气”的。虽说你内心已经明白了佛法的道理，从精神的根本之处已经有了变动，但是痕迹没有扫除掉啊！这就要继续努力在“化”字上下功夫。那么，要化到什么程度才行呢？一定要达到孔夫子所说的“予欲无言，天何言哉”的感觉，这才真正算是修行到家了。

所以“动”“变”“化”这三个词，中间有着很细微的区别和联系，我们在自己的学修过程中，也一定要认真体会其中的微妙之处，这样才能更好地把握自己的学修进程。

【自净其意，心诚则灵】

在整个“动”“变”“化”的过程中，“至诚”是第一位的。我们自净其意，让自己内心保持干净、真诚、不欺心、不欺人的状态，是所有这一切中最重要的。

学《易经》的人都喜欢打卦，为什么有时候打卦很准，有时候又不太准呢？就是内心诚与不诚的问题。我自己对这点有很深的体会。以前学《易经》的时候，总觉得为了掌握一个打卦的方法，什么事情都试着去打上一卦，以帮助自己理解卦象和卦辞。但是慢慢就发觉，有些事情打一卦就很像回事，有些事情打卦以后却不是那么回事。方法都没有错啊，但为什么会有这样不同的结果呢？仔细一想，原来是自己心态不一样。如果抱着试一试的态度打卦，内心之“诚”就打了折扣，结果就出入很大。如果你真正遇到了难题，真正一门心思要找解决这个难题的办法，这样没有杂念、心无旁骛地去打卦，结果就一定很准。

“至诚而动”，只有内心达到至诚的状态，你才不会妄动。学易打卦也是这样，并不是说谁一时好奇，非要你打卦试一下，看看灵不灵。这样的话就不行了，也不灵了。以至诚之心来面对任何事，结果都会不一样的。

【动则变，变则化】

“动”“变”“化”这三个概念，确实是来源于《易经》。我们打卦的时候，如果打到本卦，就可以参看本卦的卦辞来理解，但是，我们在打卦的时候，往往会出现动爻。

就拿刚才这个旅卦来说，如果打卦时初爻是动爻，那么整个卦象就变了，初爻动则阴变阳，就变成了离卦，上离下离，为重离之卦。如果是二爻动，那么二爻阴变阳，整个卦就是上离下巽，成了火风鼎卦。所以，爻一动，就会形成一个变卦，这个就是《易经》里面“动则变”的本意。用《易经》的话来说，打卦时就要以至诚之心来占这个卦，如果这个卦中有动爻，那么整个卦象就会发生变化。所谓“变则化”，产生了卦变之后，前一个卦的影子就逐渐消失了，比如这里旅卦，二爻“动则变”之后，就形成了鼎卦，革故鼎新，和旅卦本卦的意思就完全不一样了。这就是“变则化”的效果，所谓大化无迹，也就如此来的。

我们看“文化”这个概念，就是通过人文的精神来变化这个社会，以文来化，使社会在不知不觉之中，产生一个全新的面貌。“化”字特别有意思，就像一杯水里面放进了一颗糖，你不管它，它慢慢就融化掉了，这个水的味道也在不知悄觉之间，发生了彻底的改变。

人类历史的演进、社会的更迭，往往是通过两种方式进行的，一是通过暴力革命的方式，一是通过和平演化的方式。暴力革命是不得已而为之，病急用猛药，是没有办法的办法，会造成社会财富与人民生命的极大损失，还会留下很多后遗症。相反，用文化演进的方式来推动社会改革、进步，温和而非暴力，这才是社会变化的常态，也是最值得执政者重视的社会演进方式。

【苍蝇不盯无缝蛋】

我们前面讲了“至诚则动，动则变，变则化”。其所体现的正是《易经》的根本精神，即自强不息，生生不息，一阴一阳之谓道。所以天地间的一切事物，都是在阴阳之间不断地交替、不停地变化，以此才构成了“变动不居、周流六虚”的宇宙运动状态。

“动”“变”“化”这三个概念，是事物演变的不同阶段，就像登阶梯一样，一步一步地产生结果。但是不管怎样，最终都要落实在一点上，也就是本章开篇所说的“至诚”。所以，周敦颐先生就借用《易传》中的原文，作了这样一个结论：“故曰：拟之而后言，议之而后动，拟议以成其变化。”

“拟之而后言”，我们说话之前应该在内心预先“拟”一下，这个“拟”是内在思维运行的一种状态，是预先的一种准备。有时候我们听人说话语无伦次，也会提醒别人：“喂，你说话之前还是先打个草稿嘛!”这就是一种拟的状态。我们说话以前，内心里先拟一个草稿出来，这样说出来的话，就不会东一句西一句，没有主次条理。另外，这个“拟”字还含有采集、分析、判断和揣摩的意思。说话之前，自己不仅要把想表达的理清楚，还要分析这句话说出来对不对？说出来了会有什么样的结果？如果一句话引起了对方的注意，那这个注意是好的还是不好的？会不会引起对方的反感？等等。

【拟议以成其变化】

“议之而后动”，议，商议，讨论，在行动做事之前，多找几个朋友，多找一些参谋，大家一起议一议、商量商量，把可能出现的情况都尽量考虑到，把应对的办法也事先商量好。研讨、会议、策划等，都属于“议”的范畴。经过商议后再动，就不会后悔。做事之前，有了计划，有了步骤，有了安排，一步一步做下去就会有好的结果。

“拟议以成其变化”，拟和议是由内而外的一个过程，是对我们在说话做事之前要慎动的一个提示。拟议，其实是我们说话做事的一个基本的程序，先是在内心里面进行预备、判断、推测，然后再拿出来与共事者、朋友或家人多多商量，最后再付诸行动，这样才能让事情按着预计的结果进行变化，所以是“拟议以成其变化”。

那么，如何拟议？如何做出正确的判断？如何才能产生正确的行动？如何才能在正确的行动中达到“变”、达到“化”呢？这就要回归到最初的源头，也就是周敦颐先生反复提出的“诚”。

要达到“至诚”的状态，不外乎就是要“惩忿窒欲”，不外乎就是要“迁善改过”。我们要从这些方面入手，把自己内心的种种垃圾、种种杂乱无章的东西清除干净，使我们的心保持一种通达、宁静、空灵的状态，就如同一面干干净净的镜子一样。当我们用“诚”铸造的这面镜子来面对外界的事物时，一切就都会清清楚楚、明明了了。有了这样的功夫，你就知道自己该怎么动；动了以后又会怎么变；变了之后又会化成什么样子。这样推而广之，在时空之间自在出入，你就是站在“宇宙在乎手，万化存乎心”的境界上来看问题了。那么，还会有什么事业不能够成就呢?

刑第三十六：
春秋刑赏之慎治

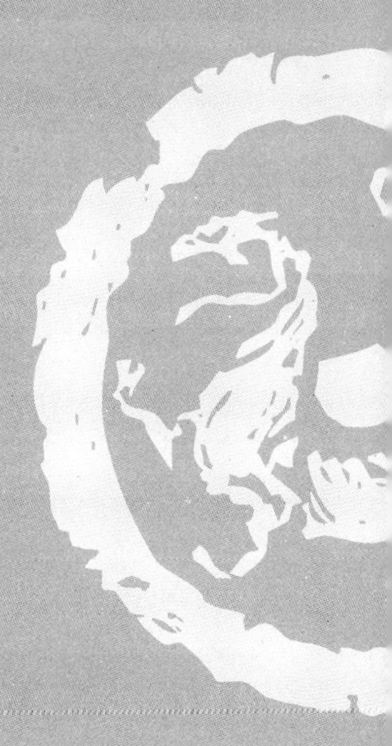

天以春生万物，止之以秋。物之生也，既成矣，不止则过焉，故得秋以成。圣人之法天，以政养万民，肃之以刑。民之盛也，欲动情胜，利害相攻，不止则贼灭无伦焉。故得刑以治。情伪微暧，其变千状，苟非中正明达果断者，不能治也。讼卦曰：“利见大人。”以“刚得中”也。噬嗑曰：“利用狱。”以“动而明”也。呜呼！天下之广，主刑者，民之司命也。任用可不慎乎！

——《通书·刑第三十六》

这一章主要谈到的是中国古代政治制度中关于刑法的问题。周敦颐先生的《周子通书》共计四十章，所涉及的内容非常广泛，有形而上的道、形而下的器，还有对大道法则的运用，以及由此所体现出来的社会制度、社会生活、社会伦理等方方面面。所以《周子通书》作为宋明理学的奠基之作，确实是有大纲大法的意义。

■【圣人也会杀人】

这一章主要谈司法。司法是社会政治制度当中极为重要的一环，那么，周敦颐先生在这一章中是如何谈的呢？它在儒家学术中，又处在什么样的位置呢？大家都知道孔夫子以及他所代表的儒家，向来都是以“仁义礼智信”这五常作为最基本的标准来衡量世道人心，并以此来教化民众。而儒家治国平天下的理想，也是牢牢立足于个人的修养，立足于最基本的社会细胞——家庭，从修身齐家这些最细节的地方，进而扩大到整个社会。这是儒家的一套基本理念。

但是，我们也要看到刑法在社会生活中的作用，中国历史上的儒、法之间，还是有剪不断、理还乱的关系。虽然儒家以“仁义礼智信”作为对社会的教化核心，但是也并没有因此就忽略了刑法，毕竟对于复杂的社会而言，还存在教化不足的地方，还是有教化抵达不到的角落，还是有屡教而不化的人心。那么，面对这些该怎么办呢？只有借助刑法，以司法制度来弥补教化之不足。孔夫子第一提倡的，肯定是教育、教化，但是对于教而不能育、教而不能化的漏网之鱼，就必须施之以刑法。所以我们也要看到刑法在儒家思想中的作用。其实，先秦诸子中的法家思想，其发端还是要溯源到荀子那里。大家都知道，荀子是战国时期最重要的儒家人物之一，而韩非、李斯等法家人物，都出自他的门下。

前两天看到一个朋友的博客，他的一篇文章被天涯作为热点博客放在首页上，题目是《孔子是杀人犯》。他说孔夫子在鲁国当官，上任第七天就将一个叫少正卯的人杀了，此人是鲁国的一个大夫，也相当有名望的。这位朋友暗指孔夫子，看上去是温柔淳厚，背后却心狠手辣，一旦大权在握，转眼间就将一个社会名流杀掉了。那么，这个事件到底是怎么一回事呢？

我查了一下相关资料，朱熹就认为孔夫子没有做这个事情，是后人栽赃的。这个事件最早是出现在荀子的著作中，荀子是法家思想的早期渊源，他的著作中记载孔夫子杀少正卯，是以社会治理不能离开司法的角度出发的，是为法家正名。但是，荀子之前的典籍里面并没有这方面的记载。不过，我们可以仔细推测一下，当时孔夫子在鲁国做官，是为大司寇，相当于现在的司法部长，在这样一个位置上不牵涉到签署一些杀伐决断的事情，似乎也有点不可思议。更何况在当时那个时代，正是春秋时期，可以说整个社会已经进入了乱世，乱世用重典，这是千古不易之理。

荀子讲的这个故事里，孔子杀少正卯的理由有五个：一是其“心达而险”，说这个人心很细很精，什么东西都看通了，但是心胸险恶，非常功利；二是“行辟而坚”，行为怪僻，违反了社会常态，并且性格极其坚执；三是“言伪而辩”，他非常善辩，但是言辞虚伪，说的都是伪科学、伪道理；四是“记丑而博”，此人知识面非常广，博学强记，但记的都是丑恶的东西、阴暗的东西；五是“顺非而泽”，他顺从于非理邪法，不以为耻，还到处宣扬。孔子认为“此五者有一于人，则不得免于君子之诛”，而少正卯是五条皆犯，并且有一定的社会影响力，有不少追随者。所以，我这个朋友的博客中说，孔夫子不推崇言论自由，民主意识不行，算是最早打击言论自由的人。

对此，我们有不同的看法。孔子是两千多年前的人，我们不能以现代人所谓的民主自由的观念来要求，更何况乱世用重典，非常时期就要有非常的方式。当时社会人心已经极度恶化，处在非常危险的状态，这种情况下，还有人用歪理邪说去煽动，那就很容易出大乱。

所以我们要看到，假如历史上真有孔夫子杀少正卯这件事，那么在当时的时节因缘下，也是无可厚非的。下面我们看看周敦颐先生是怎么来谈刑法的。

【不能没有底线】

“天以春生万物，止之以秋”，中国古人的一切社会法则、社会制度乃至于人伦道德，都要寻求一个更高的理由，这个理由就是天道，也就是我们现在说的自然法则，正所谓法天则地嘛。“天以春生万物”，春天三阳开泰，春雨润物细无声，万物复苏生长，欣欣向荣。“止之以秋”，秋天是结果的时候，也就是万物知止的时候。

实际上，中国古代的社会形态确实是和大自然的周期变化息息相关。比如说春生夏长、秋收冬藏，这四季轮替各有各的特点，那么在古代的社会政治制度里面，就有“庆、赏、罚、刑”的不同安排。

庆，它所对应的就是春生，像春节、端午节、重阳节的时候要庆祝，这在古代是作为一个制度把它确定下来，要把国家治理好，要让人们安居乐业，要让社会和谐，那么就要给大家带来欢乐，就需要建立节日庆祝的制度。夏长，到了夏天，万物达到了生长的极致，处在非常茂盛的状态，它所对应的就是赏。在社会生活中，遇到有特殊贡献的，不管是官员还是百姓，就要以奖赏的方式来犒劳激励他们。罚，对应的是秋天，带有一种惩治的感觉，因为秋天一到，寒冷的感觉就袭上身来。冬天呢？一派肃杀冷酷的景象，对应的就是刑。从中我们可以看出，古代制度的这个“庆、赏、罚、刑”，正是和大自然一年四季的变化结合得非常严密。这也是中国文化中“天人合一”思想在政治制度上的一种体现。虽然周敦颐先生在这里只说了春生、秋止，但实际上，春秋也就暗含了四季变化对为政者的启示。

“物之生也，既成矣，不止则过焉，故得秋以成。”这是一个比喻，春天万物生长，到了秋天成熟结果了。如果到了秋天植物还没有成熟结果，那就晚了。因为一到冬天，植物凋零，那就没有任何收成了。那么对应于人间社会该怎么办呢？就要施之以刑，也就是文中紧接所说的“圣人之法天，以政养万民，肃之以刑。”中国古代的政治理想是希望圣人治理天下，上古的尧舜就是最理想的代表。通过道法自然，法天则地，以此形成种种政治制度来养育万民，并通过刑律来保证其严肃性。

“民之盛也，欲动情胜，利害相攻，不止则贼灭无伦焉。故得刑以治。”这几句就点出了用刑的缘由。为什么要用司法管理万民呢？就是因为“欲动情胜，利害相攻”。这里又出现了一个“动”，它和前面“拟议”一章中提到的“动”，又有什么区别呢？前一章讲的是君子之动，是以“至诚”为前提；而这里指的是小人之动，是以“欲”“情”为前提。正因为前提不一样，所以“动”的结果就不一样。君子之动就能化成天下，能教化、养育众生；而小人之动就会导致利害相攻，其结果就是“不止则贼灭无伦焉”，彼此打过来打过去，冤冤相报何时了，就会使整个社会的安宁被破坏，伦常被毁灭。所以“故得刑以治”，就必须动用司法力量来惩治。

【掌刑之职，不可轻授】

我们再看周敦颐先生下面进一步的分析：“情伪微暧，其变千状。苟非中正明达果断者，不能治也。”前面说了欲动情胜，小人欲念一动以后，感情战胜了理智，就会引起纷争。

对于这个情，我们也是要区别对待，毕竟于人于事，既有真情实情，也有伪情，即虚情假意。“情伪微暧”，说明这个是伪情，而且伪装得很真实，达到了非常暧昧的程度，让你分不清楚这个情到底是真是假。在人的情志里面，确实是非常复杂，千变万化。我们说人有七情六欲，有喜怒哀乐忧恐惊，这还只是大体的划分。在人的七情六欲里面，还可以有很多细小的划分。如果一个人不能对自己的七情六欲做主，不能够掌控自己的七情六欲，任其发之于外的话，就会引起很多很多的矛盾，就会出现利害相攻的情况。面对这种状况，如果产生了严重后果，那就要动之以刑。

那么，什么人才能掌握这个刑的尺度呢？这里就点明了，动刑的主体必须是“中正明达果断者”，必须是具有中正、明达、果断的素质，只有这样的人才能够掌握司法。

中正，就是不偏不倚，不失位，能够公平、公正地处理事情，不偏向任何一方。但是，只讲中正还不行，中正只是一个人的品德问题，主观上的中正，还需要明达的智慧配合才行，所以，还要有智慧，能够明辨是非曲直，对人情世故通达无碍。智慧明达，就能够照见事情的来龙去脉，明了整个事件最初是如何生起？中间是如何发展？最后的结果又是如何？以及如何才能解开这个结？等等。

那么，有了品质上的中正，有了智慧上的明达，这样行不行、够不够呢？还不行，还必须要有果断的性格，处理事情要干净利落，不拖泥带水。作为司法人员，你掌握了众生的生杀大权，如果没有果断的性格，哪怕你再聪明，再中正，但为人处世犹豫不决，缺乏决断精神，那么在公堂之上你就会表现得优柔寡断，就担当不起这个生杀重任。

所以，中正、明达、果断这三点，是每一个主刑之人、掌握司法大权之人，所应该具备的重要素质。这是保证司法公正的前提和基础，而且是缺一不可。

【关于刑法的两个卦】

“讼卦曰：利见大人。以刚得中也。噬嗑曰：利用狱。以动而明也。”周敦颐先生先提出了刑法的概念，继而又讲明了动用刑法的理由，接着又提出了主刑之人所必须具备的三个素质。那么，他提出的这些观点的理论根据是什么呢？根据的就是《易经》中的两个卦——讼卦和噬嗑卦。

天水讼卦，上卦为乾为天，下卦为坎为水。卦辞云：“有孚，窒，惕。中吉，终凶。利见大人，不利涉大川。”孚，指的是诚信。如果打了一个讼卦，那就要注意了，你必须是一个有诚信的人才行得通。窒，塞而止。当你面对一个纠纷，面对一个官司的时候，要快刀斩乱麻，要迅速地把它堵住、解决了才行。如果你能保持一种比较警惕的状态，那么就是“中吉”，就是得中道而吉利。但是，如果你不能及时地制止并结束它，让这个事情无休无止地拖延下去，那么就是“终凶”，到最后就会非常不好，对你会非常不利。“利见大人”，在这件事情上面，如果你有诚信，能够及时地阻止，那么就会有贵人相助。为什么会有贵人相助呢？周敦颐先生在后面解释了一句：“以刚得中也。”刚，就是阳爻，在整个讼卦的卦象中，上卦和下卦的中位都是阳爻，也就是“刚得中”，所以才能“利见大人”。这是一个关于主刑者的卦，“刚得中”，主刑之人必须要有前面所说的中正、明达、果断的素质才行。

再看噬嗑卦，这里周敦颐先生引用了其卦辞中的一句：“利用狱”。噬嗑，按原意解释的话，噬指的是嘴巴张开，嗑指的是嘴巴闭上；噬嗑，就是咬合，嘴一张一闭咬东西的感觉。噬嗑卦所反映出来的象征意义，就有动用刑律之义，是要动刑的。那么，为什么噬嗑卦就表示要动刑呢？

从卦象上看，火雷噬嗑，上卦为离为火，下卦为震为雷。离通丽，为火，为明；震为雷，表明有着极大的震动。从噬嗑的整个卦象上看，就体现出来一种“以动而明也”的感觉。噬嗑卦为闪电之象，犹如闪电的光明在一瞬间照亮大地之后，跟着惊雷就响了。所以火雷噬嗑，在社会人世间就象征着刑法的严肃性、迅猛性、震慑性。

古人面对大自然，认为最恐怖、最具有震慑力的现象就是闪电雷震。当然地震也很吓人，但地震毕竟是地底下的作用，它不是从天上来的。雷电代表了上天的威力，古希腊的最高神宙斯，他之所以能慑服众神，就是因为手中掌握了雷电。在古代，如果有谁被雷电给打死了，所谓五雷轰顶而死，那是非常不好、非常不吉利的事情。中国民间有“雷打逆子”之说。对于那些大逆不道的人，如弑君杀父之人，没听到谁会诅咒他们被地震震死、被洪水淹死，而是诅咒他们要遭天打五雷轰。所以，这个雷电的震慑之力非常威猛，噬嗑之卦所体现出来的，就是这样的力道。周敦颐先生把噬嗑卦纳入到“刑第三十六”这一章里面，来体现刑法的严肃性、震慑性，是非常准确、非常生动，也非常具有说服力的。

“呜呼！天下之广，主刑者，民之司命也，任用可不慎乎！”这一句是周敦颐先生的感叹。天下那么大，老百姓那么多，每个人都处在刑法的威慑、管理之下，法律面前人人平等，这是非常凝重肃穆的气氛。在这样的情况下，对于主掌刑法之人，那些法官、检察官、公安人员，他们就“民之司命也”。司命，是古人认为的一个神，它掌管着万物的生死命运。这表明主刑之人跟司命之神一样，也掌握着老百姓的生杀大权，因此任命主刑之人，任命法官、检察官等司法机关人员，要非常非常慎重。如果所任非人，就会给老百姓带来极大的伤害，进而就会对整个社会的和谐稳定带来极大的破坏。

公第三十七：圣人之道，天地至公

圣人之道，至公而已矣。或曰："何谓也？"曰："天地，至公而已矣。"

——《通书·公第三十七》

【狠斗私字一闪念】

这一章文字非常简明，大家一看就很清楚。什么是圣人之道？说白了就是一个至公之心。为什么至公之心就是圣人之道呢？"曰：天地至公已矣。"天地本来就是至公的，不会徇任何私情。上天对万物都是平等的，阳光既照到好人头上，也照到恶人头上；劫难既降临到坏人头上，也降临到好人头上。

但是，怎样才把这种天地至公的感觉，和我们的心性修养结合在一起呢？并不是说得出一个结论，给大家说说"至公而已"就完了。

像我这样20世纪60年代出生的一代人，从小接受的思想品德教育都是要大公无私，要公而忘私，从小就有这种思想在影响我们对生活、对事物的判断。但是，每个人是不是就能对这种判断有很明确的标准呢？是不是能够义无反顾地按这个标准做到呢？这是个大问题。对于我个人来说，有时也会陷入一种很尴尬的处境。在公与私的关系上，还是经常会出现一些为了一己之利而冒出来的私心杂念。以前我们经常说"狠斗私字一闪念"，有时候我们心里的这个"私"字冒出来了，还下不了决心去斗它、去消灭它，虽然观照到了这个私念，但还是对自己心不狠，不忍心就地把它消灭掉。所以，在对待公与私的关系中，我们每个人都会产生这样的矛盾。除非像周敦颐先生说的一样，除非你成了圣人，成了菩萨，在这个问题上才能彻底看破、放下、解决。

为什么我们这些凡夫会有这些矛盾呢？虽然我们学习传统文化，一直在提倡公心，但为什么还一直有这种犹豫不决的尴尬情况出现呢？这还是和我们为人做事的发愿、发心有关系。

我们在座中有些是佛教徒，皈依、受戒的时候也发起过无我利他的大愿；有些朋友热爱传统文化，热爱国学，内心也有一心为公的愿望，经常会想到孙中山先生的题词："大道之行，天下为公"。但是我们也要时时留心，我们发的这个大愿，是不是时时处处都在脑门上？是不是能够一直坚定，成为我们思想行动的核心动力？当私字一闪念的时候，你的大愿还在不在？你的愿力能不能够控制住私心？总之，这是一个大问题。

【公心与菩提心】

儒家说至公、公心，佛教中说得要玄一点，叫作菩提心。实际上菩提心就是公心，就是无我利他之心。简单地说，把自己这个小我放下，一心利益他人，直到一切众生都圆满解脱，这就是佛教的菩提心。儒家作为中国的本土文化，大而化之惯了，不会在细节上去划分。周敦颐先生也是这样，他在这里只提出“圣人之道，至公而已矣”，然后就让我们在生活中慢慢去体会和感受，慢慢向这个方向去做。但是佛教在这个上面，会有很细致的分析和方法，会给你一个下手处。佛教中有一个非常重要的修行方法，就是很具体的菩提心的修法。

从佛家修行的角度来说，菩提心分为愿菩提心和行菩提心。我们在佛菩萨的塑像、在皈依师父面前发愿，要向诸佛菩萨学习大公无私的精神，明明知道自己一时还做不到，但也是“虽不能至，心向往之”。我们发起了这个大愿，那就很好，就说明你发起了愿菩提心，就有无私利他、彻底解脱的基础了。但是，所谓修行，还要实实在在地去行，去修正、修改自己的行为，去打磨、消融自己的习气。你发起了这个心愿，而且一步步就这么去做了，那就叫行菩提心。所以，愿菩提心和行菩提心，是要结合在一起，才会对你实际的修行产生作用。

从思想行为上，佛教的菩提心修法就有这么一种划分；而在菩提修行的境界上，佛教有中又有世俗菩提心和胜义菩提心这两种境界。

世俗菩提心，一般人都容易生起，就像我们从小接受的教育那样，要大公无私，公而忘私，尽量把自己个人的执着放下，要无我利他，这就是世俗菩提心。胜义菩提心是最高意义上的菩提心，在佛教里面，就是要对般若智慧，对空性智慧有真实不虚的体会，才会发起胜义菩提心。

读过《金刚经》的朋友，都知道有这么一个三心不可得的观点，即“过去心不可得，现在心不可得，未来心不可得”。尽管什么都不可得，但是在这个“不可得”的基础上，该做的事情还是要认真去做。所谓“三轮体空，六度万行”，就是过去、现在、未来，时间之轮的体性都是不可得的，是空性的；在这个认识的基础上，我们照样要把布施、持戒、忍辱、精进、禅定、智慧这六种修行做好，照样要把利益一切众生的所有事情做好。过去禅宗老和尚们有个说法，叫“宴坐水月道场，大做空花佛事”。就是说，我这个寺庙、这个道场是水中之月，是虚幻不实的，是会随着时节因缘而变化，会产生也会消失。一个朝代变了，思想文化体系变了，遇到兵火灾难时，道场也许就消失了，所以是水月道场。我们知道这个道场是虚幻不实的，是水中之月，但我们一样要安心在那里坐着。别人来问法，就要老老实实一问一答；有人来求皈依，就给他做皈依；有死人要做超度，就给他做超度。总之，一切事情都要有条不紊地进行。“大做空花佛事”就是这个道理，我们做的一切事情，哪怕是功德无量的事情，也要做了就放下，都是水中月、空中花嘛。

佛教里面有如此细分，但是对于儒家而言，用“至公”二字，就把一切问题都解决了。要有公心，还要把这个公心推而广之，达到极致之处，这个就是“至公”。然而对于普通人来说，还是需要入手之处，需要一个次第。我们在这里把儒家的公心与佛家的菩提心做了一个简单的对比，实际上，其核心的内容、核心的思想都是一致的。

【转自己归山河大地】

佛家所谓的发菩提心，我们能不能一以贯之呢？过去有个讽刺学佛的风凉话，说：“修行一年，佛在眼前；修行三年，佛在天边。”就是说刚刚信佛、刚刚发心学佛的人，一般都会很精进，但是，我们的这种感觉能不能一直保持下去呢？这才是最重要的。如果学了三年佛，佛都还在眼前，这三年时间就可能会有点小成。起码对佛法的体会，对菩提心的认识，会更进一层。如果是“修行三年，佛在天边”，又把学佛修行的事放到脑后去了，那就又退回到原点去了。

所以，修行就是要在时间的长河里面，保持一种恒定、稳定、连续性，这是非常重要的。那么，具体要怎样才能做到公心呢？

有个僧人问长沙景岑禅师：“如何转山河大地归自己？”这个意思很明确，就是要打破自己和山河大地之间的界限，要让世界完全汇归于自己一心。这确实是个修行人提的问题，他也可能确实在这个问题上有所体会。但是景岑禅师回答他说：“你何不转自己归山河大地呢？你为什么不把自己放下，把自己放在山河大地中去，彻底地把私心放下呢？”虽然这两种思维的目标都一样，都是要让世界与自心汇归一体，达到天人合一的最高境界，但出发点不同，结果就会大不相同。

什么是修行？修行人与世间人之间有什么不同？南怀瑾先生在他的书里经常说，修行人不要认为自己有多高尚，有多了不得，实际上，你跟世间人没什么两样，都是满肚子私心妄想。世间人的私心妄想还好确认，也好解决，无非就是财色名利这些，对不对？大家一看就清楚。但是修行人的私心妄想，往往会包装得很好，甚至自己把自己骗了，还骗得理直气壮。其实，修行人的私心才最大、妄想才最大！为什么呢？修行人都想成菩萨、成佛啊！世间的功名利禄这些小果子你看不上，只看得上成佛成圣这个最大的果子啊！学儒家的想成圣人，学道家的想要长生不老，想要达到《易经》里面说的“与天地合其德，与日月合其明，与四时和其序，与鬼神合其吉凶”，要达到与天地万物一体。这是好大一个私心啊，对不对？

那么，以这个为出发点修行可不可以呢？如果你为了这个最大的私心，真正能把世间的功名利禄都放下，一心去求去修道求道，最后在精神上猛地转身，把这个私心彻底放下，也可能达到大公、至公的境界。关键就是我们怎么去体会，怎么去发心，怎么去认清公与私之间的关系。所以，即使是从最利己的角度而言，也应该放下自我，去利益他人。当然，最好还是一开始就走至公的路线，只要你以公心出发做一切事，我执自然放下，自然就到无我的境界。

重要的不是转山河大地归自己，这样的话，自己的私心就越放不下，哪怕整个宇宙都转到自己身上了，但自己这个根本执着就更难放下了。《金刚经》里面说无四相，即“无我相，无人相，无众生相，无寿者相”，其中无我相是基础，就是要把一己之私放下，把我相破除掉。这是最关键的。你一旦把我相破掉了，其他的人相、众生相、寿者相都会迎刃而解。因为其他三相的执着，都是以我执为基础的。“皮之不存，毛将焉附？”真正修行到连我都没有了，其余的人相、众生相、寿者相，乃至山河大地、宇宙万相又从何而来呢？所以从学修的角度来说，我们还是要把方向搞清楚，才可以找到地方下手。

【认识生死一如的本质】

说到这里，我再补充一点。过去道教求长生不老，也讲修丹炼气转河车，这个怎么说呢？这种感觉就有点像我们前面说的“转山河大地归自己”。有些道人的修行也非常好，但往往在最后那一刻放不下，为什么呢？因为道教修炼的入手处，就是在自己的身体上做文章。你越是修自己这个身体，就越是对自己这身臭皮囊放不下！所以，很多人在修行上走了弯路，几十年炼这炼那，说白了，都是在自己的身体上面打转转。你对自己的身体关注得太多，对这个寿命太执着，太过于在身体气脉上玩，就不容易放下这个根本执着。

我们看先秦时代的道家原典，老子《道德经》、庄子《南华经》、列子《冲虚经》，被称为“道教三经”，这里面就没有后来道教中的那些驱神役鬼、画符念咒、丹道气脉的东西。在《道德经》里，尤其是在《庄子》里面，根本看不见什么长生不老、九转还丹之类的说法，甚至在《养生主》这篇专门讲养生的文章里，庄子还写了一个“秦失吊老聃”的寓言。在这个寓言里，作为道家的鼻祖老子也跟我们一样，还是在生老病死之中，最后还是要死，死了以后还是有一大堆人给他治丧，哭得一塌糊涂。庄子写这个寓言的目的，并不是贬低老子，而是说明真正道家面对生死的态度，是“安时而处顺”，是认识“生死一如”的本质，而不是拼命延长寿命。

为什么后来道教会转变成这种状态呢？就是因为修行下手的方向不同，就产生了不同的结果。现在的道教很衰落，我个人认为，根源就是从这里开始的。

道教是发源于中国的本土宗教，但现在的情况很不妙，跟不上传统文化复兴的潮流，远远赶不上佛教的影响力。怎样才能让它重新兴盛起来呢？冯老师只是一句话：道教只有回到先秦道家的根本经典上面，回到《老》《庄》《列》上面，才会有希望。是啊！如果能够回到《道德经》《南华经》这些经典上面，道教的振兴就有可能了。如果不想回到原典上去，反而学佛教的三藏十二部，也去搞个三洞道经，收罗了很多文化人一看就晓得是仿照佛教三藏而编辑出来的东西，那就成问题了。

其实真正的修行，真正的度众生，根本不需要那么多的经典。比如基督教，人家就是一部《圣经》，在全世界传得那么广、那么开，帮助了那么多的人。道教何必去和佛教拼什么经典呢？佛教有其自身的特点，它之所以形成了洋洋洒洒、鸿篇巨制的经律论三藏，是和印度人的思辨习惯分不开的，印度人非常重视思辨，也重视学术体系的建立。而中国文化的传统却并非如此，何必这样硬往上靠呢？

这个事情扯远了，不好再多说了。这一章就讲到这里为止。

孔子上第三十八：春秋大法，万世之宜

《春秋》，正王道，明大法也，孔子为后世王者而修也。乱臣贼子，诛死者于前，所以惧生者于后也。宜乎万世无穷，王祀夫子，报德报功之无尽焉。

——《通书·孔子上第三十八》

下面接着两章，章题是“孔子上、下”，周敦颐先生要把孔夫子请出来说事儿了。周敦颐先生为宋明理学的开山鼻祖，以继承孔门绝学为己任，《周子通书》中也时时提到了孔子与他的学生，像子贡、颜回、子路这些学生们都谈到过。在《周子通书》接近尾声的时候，连续两章谈及孔夫子，体现了周敦颐先生对孔夫子极大的尊敬。

【孔夫子的著作权】

以前我在佛学上钻得深一些，对孔夫子谈不上有多少感情。后来到了书院，跟着冯老师学习了儒家的经典，对孔夫子他老人家的感情就逐渐建立起来了，到现在越来越深，钦仰得五体投地。当然，跟周敦颐先生相比，他对孔夫子的感情可能会更深一些吧！

这一章主要是把《春秋》这本书提出来，以此说明孔子对社会政治、社会伦理、社会道德的贡献。《春秋》这部书对整个中华民族社会制度的建立，乃至于人心的取舍，都做出了巨大的贡献。我们这里对《春秋》作一个基本介绍。我在史学上面没有下过什么功夫，只能现炒现卖，给大家简单介绍一下。如果以后有机会一起学习这部经典，当然是最好的了。

春秋，基本上可以作为中国史书的一个代名词。因为在上古时代，各个诸侯都是在春秋二季向天子进贡，尤其是在周代。所以史官记录的大事情，往往在春秋季节就特别多，所以“春秋”逐渐就变成了一个史书的代名词。同时，春秋作为一年四季当中最滋润、最宜人的两个季节，也代表了生命的轮替。我们现在都还能看到，有些说话文绉绉的人问别人：“先生春秋几何?”实际上问的是年龄多大啦?所以“春秋”一词也可以代表一年四季。我们前面讲“刑”这一章的时候，也提到过“春秋”代表了一年四季的轮回。

儒家学说以“四书五经”为核心，五经就是指《诗》《书》《易》《礼》《春秋》。从现代人著作权的角度来看，《春秋》是唯一可以把著作权列到孔子名下的书。其他的书，《论语》是弟子们记录孔夫子的言行的书，《诗经》《书经》《易经》这些，传说是孔夫子整理先人的文化的书，著作权不能算他老人家头上。孔夫子真正有独家著作权的，只有《春秋》。

【微言大义，万世标杆】

《春秋》是一部编年体史书，记录了从鲁隐公到鲁哀公时代一共 242 年所发生的政治制度、文化、经济等领域的大事，甚至对祭祀、礼仪、天灾这些，都有详细的记载。

史学上一般把史书分为四种：一种是编年体，即按年份甚至月份来记录事情，《春秋》、《资治通鉴》这些就是；第二种是纪传体，像《史记》那种，以人物为中心，分为本纪、世家、列传，等等；第三种是国别体，按照不同的国别来记录，比如《战国策》、《国语》等都是这种类型。还有一种叫作纪事本末，这种史书的体裁出现得比较晚，是南宋才开始的。它是围绕一件历史大事来记叙的，中间夹杂人物关系、事件的起因、发展，直到最后的结局。比如唐朝的玄武门事件，它的起因、过程、哪些人参加、结果如何……作为业余爱好者来说，看这种纪事本末体的史书，相对更容易一些，因为它的综合性和故事性都很强，把一件事情的来龙去脉也分析得很清楚。

实际上，从西周结束后进入东周列国的春秋时期，确实是中华文化史上的高峰时期，为后世的中华文化传统，乃至于后世的中华民族的形成，都起到了举足轻重的作用。《春秋》一书，不仅仅是这一时期最为重要第一手资料，而且为后世史家写史，树立起了一个千古不易的精神标杆。

那个时候，诸子百家的学说风起云涌，在此之前，思想文化都是掌握在上层社会或皇族手中的。春秋时期的政治形态发生了巨大变化，诸侯林立，民间的学术也很快兴起，终于形成了“百花齐放、百家争鸣”的局面，在推动历史进程上起到了巨大的作用。同时，在社会政治制度上，也产生了很大的变化。

春秋这个时代，是中国政治制度大变革的时代。从周朝的分封，延续到战国以后，形成了集权，春秋是一个巨大的转型期，对中华民族思想文化的影响非常巨大。春秋时期最权威的史书，就是这部号称“微言大义”的《春秋》；它还有种说法，叫作“孔子著春秋，乱臣贼子惧”。孔子写了《春秋》以后，后来那些想篡权的乱臣，包括那些不称职的皇帝都很害怕。它对史学界的精神影响也很大，后世治史的大家，往往身上都有一种非常自信的气质，有一种大义凛然的骨气。这就是从《春秋》里继承下来的史家精神，就是不畏强权，公平、诚意、刚直不阿地把历史事件原原本本地记录下来。

我们接下来看周敦颐先生的原文："《春秋》，正王道，明大法也，孔子为后世王者而修也。"在这里，周敦颐先生也说，《春秋》是正王道、明大法的。王道就是"祖述尧舜，宪章文武"的这一套安邦定国的王法大道，通过《春秋》对历史的记录，让王道的基本法则显现出来。

《春秋》这部书，是写给治理天下的人看的，是写给有责任、能够承担天下大事的人看的。这部书在历史上的可信度也非常高，从鲁隐公到鲁哀公这十二世，后人通过研究发现，确实记录得非常清晰。甚至有些人把西方对天文的记录拿来同期相比，发现对日蚀月食的天文记录都是一致的，是非常可信的。司马迁对《春秋》有个评价是"砭天子，退诸侯，讨大夫，以达王事。"对后世史家来说，这可以说是非常振奋人心的几句话。"砭天子"是什么？孔夫子在这部书里正儿八经地对周天子进行了针砭和评价。因为进入春秋时代以来，社会礼崩乐坏的根子就出在周天子身上。从周天子开始，就已经对先王所制定的礼法不尊崇了。大家有空的话，可以翻阅《资治通鉴》，里面说了很多这方面的事情。"退诸侯"是什么呢？就是对诸侯之间的相互倾轧、分合都记载得很清楚，让后人看到这些有权有势者贪婪、无耻的嘴脸。"讨大夫"，就是对大夫这类社会上层人物之间尔虞我诈、权谋徇私的事情，也记录得很清楚，在后人看来，也是一种口诛笔伐。其最后的根本作用是"以达王事"，就是《周子通书》里说的"正王道，明大法"。

"乱臣贼子，诛死者于前，所以惧生者于后也。宜乎万世无穷。"《春秋》就像明镜一样，后来想犯上作乱的人看到这本书，就会产生恐惧，因为作乱的话，就会被牢牢钉在历史的耻辱柱上面。那些心中有大野心、大妄想，想篡权夺位的人，面对这部书也会产生畏惧的心理。所以周子说，孔子的思想就像《春秋》一样，只要中华民族还在繁衍，中华文化还在世上，孔夫子的这种精神，他所提出的以"仁义礼智信"为核心的儒家精神，就肯定不会泯灭。

"王祀夫子，报德报功之无尽焉。"后代的王者，对孔夫子都很尊敬，他们认为孔夫子对治理国家有很大的功德，所以大家都对他进行祭祀，以此来报答他老人家。其实，孔夫子在世的时候，他的名声和德行就已经传遍了诸侯国。孔夫子去世第二年，鲁哀公就下令在他的旧宅立庙祭祀。后来，汉高祖刘邦经过山东的时候，作为国家最高统治者，首次对孔夫子进行了祭祀。从此对孔子的祭祀由此成了国之大祀，成为国家最高级别的祭祀，一直延续了两千多年。

2004 年，山东曲阜的地方政府也开始公祭孔子了，这是第一次官方公开祭祀孔子。随着国家越来越富强，国学的复兴也是大势所趋，我们相信对孔子的祭祀也会越来越隆重。当然，祭祀只是缅怀先圣的一种形式，更进一步，我们要继承古代圣贤的精神，把古圣先贤的薪火一代代地传递下去，这才是最重要的事情。

孔子下第三十九：千古一人而已

道德高厚，教化无穷，实与天地参而四时同，其惟孔子乎？

——《通书·孔子下第三十九》

这是周敦颐先生对孔夫子的最高赞誉。朱熹对这一章点评道："道高如天者，阳也；德厚如地者，阴也。教化无穷如四时者，五行也。孔子其太极乎！"这里朱熹把孔夫子和太极拉到一起了，所以后来又说"天不生仲尼，万古长如夜"，把孔夫子比为天上的太阳，如果没有孔夫子，那大家就都如同永远生活在黑夜之中没有希望。

后世儒家对孔夫子的评价非常高，借助周敦颐先生这里对孔夫子的盛赞，我们来体会一下孔夫子对中华文化所做的巨大贡献。孔夫子的学问和精神可以用八个字体现出来："祖述尧舜，宪章文武。"孔夫子的精神源头要追溯到上古三王，而他的人文思想的总原则，则是效法文王、武王和周公。孔夫子继承了上古三王的文化精髓和文武周公之道，通过传道授业、教育教化，把这一脉源远流长的中华文化道统保存下来，并且推广开来。孔子门下有"弟子三千，贤人七十二"，通过这些弟子们后来的进一步发扬，使中国文化的精神得以延续和弘扬。所以，孔夫子对中华文化的格局和中国人精神的塑造，有着巨大的影响；对中华民族形成兼容并包、宽厚深沉的民族性格，也起着巨大的作用。孔夫子确实堪称千古第一人！

周敦颐先生这里说："实与天地参而四时同，其惟孔子乎？"参，可以从两个方面去理解。一个是参与，天地是宇宙造化的一个代表，圣人以他的精神参与了天地的造化，体现了人在天地之间的积极作为。还有一个是把"参"理解为三，所谓天地人三极，天极体现的是《易经》乾卦的精神，地极体现的是《易经》坤卦的精神，而圣人呢，体现的是人极。圣人立人极，就是为所有人为立下一个榜样。我们在天地之间，如何成为一个有价值的、大写的人呢？孔夫子这样的圣人，就为我们树立了一个标杆。"四时同"也是来自于《易经》，乾文言中讲："夫大人者，与天地合其德，与日月合其明，与四时合其序，与鬼神合其吉凶，先天而天弗违，后天而奉天时。"四时，一年四季，春夏秋冬，春生夏长秋收冬藏，每个季节都有各自不同的特性。有了四季的演变，万物才能生长，并不是说只有春天才能生长万物，也并不是说只有秋天才能结果。秋天来了，万物凋零，如果没有冬天，那春天也就不会到来。春夏秋冬四时轮替，缺一不可，这是天地之道的自然体现，圣人的精神也是如此自然而然地流露。

对于孔夫子在中华文化上的贡献，后人有一个经典性的概括：删诗书，订礼乐，序周易，著春秋。《诗经》是经孔夫子之手编纂的，所谓“诗三百，一言以蔽之，曰思无邪”，既体现了当时中国民间大众的声音，如男女爱情、劳动丰收等，同时也体现了煌煌的庙堂之音，比如《周颂》《鲁颂》《商颂》等，它是一个非常全面的集结上古之风的诗歌总集。《书经》就是《尚书》，辑录了上起尧舜下至秦穆公的历史文献，对于中国史学也起到了一个奠基的作用。礼，指的是中国古代的典章制度，孔夫子把上古时代礼法的精神、典章制度的资料整理并厘定出来，使之成为后世效法的典范。乐，音乐，孔夫子是一个音乐家，对音乐非常重视，因为音乐是各种艺术里面最能直接打动人心的艺术，在学习《周子通书》前面的章节时，就讲到了不少关于音乐方面的作用。《周易》的系传相传是由孔夫子著的，虽然后世也有一些争论，但总体上都认为，只有孔夫子这样德高望重的人才能承担这个事情，所以即便真的有其他人，也甘心情愿伪托到孔夫子名下。

总之，这一章就是对孔夫子德行的高度赞美，是对其文化精神和文化贡献的高度浓缩，说明他对中华文化和中国人精神世界的贡献，是独一无二、无人能及的。

蒙艮第四十：始于诚，终于诚

童蒙求我，我正果行，如筮焉。筮，叩神也，再三则渎矣，渎则不告也。山下出泉，静而清也。汩则乱，乱不决也，慎哉，其惟时中乎！艮其背，背非见也；静则止，止非为也，为不止矣。其道也深乎！

——《通书·蒙艮第四十》

这最后一章，是周敦颐先生给整部《周子通书》画的句号。古人写文章有“龙头、猪肚、豹尾”一说，开篇一定要雄奇，有如龙头峥嵘；中间一定要深厚，如同猪肚浑圆充实；结尾一定要干净响亮，有如豹尾一闪而过。我们下面就来看看《周子通书》的豹尾是如何闪过的。

【一始一终两卦象】

这一章读来让人很有感触，这本《周子通书》刚开始大家一点都不了解，现在到了尾声，通过蒙、艮两卦的精神，就给整个学修过程画上了一个完整的轨迹。周敦颐先生把蒙、艮二卦作为全篇最后一章也有他的深意，可以说真正是用心良苦。

我们现代人对真正的传统文化，绝大多数人都还处在童蒙这样一个阶段。真正是如此，我自己也是这种感觉，在很多地方都还是懵懵懂懂的。蒙卦的蒙字，通萌芽的萌，就是指刚刚开始、最初的生发状态。不管是做事情，做学问，都有一个最初的学步阶段。整个蒙卦就是在教我们应该怎样学习、怎样蹒跚学步；同时，也在告诫师长，要怎样才能做好童蒙的启蒙老师。这是蒙卦的内涵。

那么艮卦呢？它指的是事物的终结、终止。艮者，止也。在这一章中，周敦颐先生从蒙卦到艮卦，从启蒙到终结，强调了学修圣人之道的一个循环。蒙卦的具体内容在前面“师友”一章中就讲到过，这里不再详述，只是略微地解释一下。周敦颐先生这一章的文字，基本上都是参照蒙、艮二卦的卦爻辞、象辞和彖辞而来。

【非诚勿启之蒙】

“童蒙求我，我正果行。”这是蒙卦的卦辞。如果我们打卦出现一个蒙卦，也许你就会有点发蒙。是不是不太好啊？是不是要犯迷糊啊？呵呵，不要想太多。蒙卦的卦辞说：“亨。匪我求童蒙，童蒙求我。初筮告，再三渎，渎则不告。利贞。”虽然此时自己好像处在迷蒙的状态，只要你明白自己所处的位置，也就是知位，那么就能够通达，就不会永远都是迷糊的。“匪我求童蒙，童蒙求我”，真正的教学，并不是老师求着要去教学生，而是学生必须清楚自己在学问上处于无知的状态，然后去求教于老师。学生求教老师，要像卜筮叩神那样庄重，只有这样怀着诚敬之心去求学，老师的指导才会入心，整个教学才会取得上佳的效果。

我们再来看看蒙卦彖辞的解释：“蒙，山下有险，险而止，蒙。蒙亨，以亨行时中也。匪我求童蒙，童蒙求我，志应也。初筮告，以刚中也。再三渎，渎则不告，渎，蒙也。蒙以养正，圣功也。”这一段里的“山下有险”，具体指的是卦象上下之间的关系。上卦为艮为山为止，下卦为坎为水，同时也代表了门坎、陷阱。“险而止”，内险而外止，这是艮卦的一个表现。人遇到险境当然要止，要悬崖勒马，不然就要掉入万丈深渊。“蒙亨，以亨行时中也。”这一句指上下卦的中爻是互补的。我们看下卦中爻是阳爻，上卦中爻是阴爻，所谓阳气上升，阴气下降，阴阳之间相通，彼此可以互相补充运行。其实，蒙卦在这里是个比喻，下卦比喻为童蒙、求学之人，上卦比喻为老师。在《易经》里面，下卦又叫内卦，代表内部环境，上卦为外卦，也指外部环境。作为一个求学的人，内心因为迷蒙之险而求师于外，老师于外止其迷蒙，开其智慧，则亨通无碍也。你看下卦一阳上升，上卦阴爻下降，这就是一种互相交流的状态，有交流就能亨通。所以是“亨行时中也”。

“匪我求童蒙，童蒙求我。志应也。”这里的“童蒙求我”，在卦象上看，指的是下卦的中爻往上去寻求上卦的中爻，有上升以求的这样一种趋势。对于上卦，由于下卦阳爻一动，他也会产生反应，于是一阴下降，这整个过程就是“志应也”，即上卦和下卦的志向是相应的。从教与学的角度上看，一个想求学的人找老师去求学，而对于一个真正的老师，他肯定非常乐意把自己的东西传授出来，这两者的志向当然是相应的。

“初筮告，以刚中也。”这一句指的是下卦阳爻居于中，阳爻以刚为表象，说明求学的志向很坚定，对于这种来求学的人，就应该教他。

“再三渎，渎则不告，渎蒙也。”再三，从教和学的关系上来说，如果你老是一而再、再而三地提同一个问题，那就说明你对老师的回答并没有认真地去思考，没有认真地去领会，你心不在焉。这是对老师的不尊重，也就是“渎”，对于这样的学生，老师就应该“不告”。从卦象上体会呢？所谓的再三，指的是卦象中的三爻和四爻。在《易经》里面，上下卦各爻是要相应的，刚才讲下卦的中爻要和上卦的中爻相应，即二五之间要相应，三爻就应该和上爻相应，初爻就应该和四爻相应。对于蒙卦而言，初爻是阴爻，四爻也是阴爻，它们之间是很难沟通的。三爻是阴爻，上爻是阳爻，看起来是一阴一阳，好像可以沟通，但前面我们也说了，阳气体现的是一种上升的趋势，而阴气体现的是下降的趋势，这里的六三阴爻和上九阳爻之间还是不能相通。因为六三爻的阴气长不上去，上九爻的阳气也降不下来。“再三渎”，就是三爻和四爻找不到答案，它体现的是“渎”这样一种不良的状态。

【我只知道我一无所知】

彖辞的最后一句：“蒙以养正，圣功也。”这怎么理解呢？为什么“蒙”这样一种迷迷糊糊的状态，能长养心中之正呢？甚至能有成贤成圣的功德呢？这里我们可以参看一下蒙卦的象辞：“山下出泉，蒙。君子以果行育德。”蒙卦上艮山、下坎水，其象就构成了一幅很清丽的画面：在静静的山麓，有一股清泉从中流出，汇成一条小溪，蜿蜒地向远方流去。

周敦颐先生这里也有解释：“山下出泉，静而清也。”比喻童蒙的这样一种状态。娃娃刚开始求学的时候，心里面没有什么杂念，就如同一汪清水，如果能好好引导，那么就能灌溉良田，滋养大地。“静而清也”，就是心里面很干净，也很安静。

“汩则乱，乱不决也，慎哉，其惟时中乎！”如果你不断地搅动它，以小孩子为例，你教了这样又教那样，在课堂学习之外，一会上这个补习班一会又上那个兴趣班，钢琴、奥数、舞蹈、绘画什么都让他去学，就把心思整个搅乱了。当然，如果孩子本身喜欢某个东西，那么顺势而为让他去学就会比较好；但如果孩子本身并不喜欢，我们大人把自己的想法掺杂进去，硬让孩子搞这搞那，那就搅乱了。“乱不决也”，这样的话，那孩子都不知道自己真正想要学什么了，无法立下志向，就不能做出恰当的决定。所以说“慎哉，其惟时中乎！”对于教育，确实应该非常非常慎重。对于蒙卦而言，并不是只有处在中爻时才要慎重，处在每一爻位时都应该很慎重才对。

我们再回到“蒙以养正”上来看。象辞中的“君子以果行育德”就是彖辞里的“蒙以养正”。为什么这样说？我记得当初冯老师在讲《庄子》的时候，特别强调“以其知之所知，以养其知之所不知”，这是什么意思？这也是“蒙以养正”。我们对于某件事、某个学问、某种道理不清楚，处于迷蒙的状态，不是什么坏事，谁敢说自己是全知全能啊？我们知道自己迷蒙，才会去求教老师，这样你的知识、你的学问、你的水平、你的经验才会增长。如果没有这个“蒙”，你觉得自己把一切都搞懂了，天上晓得一半，地下全都晓得，那么你就不可能再进步了，也就不可能养这个“正”。

古希腊大哲学家苏格拉底，现代人称他为西方第一智者，也有人说他是西方的孔子。称他为西方的孔子，主要是指他对西方社会伦理思想的贡献，但从他的言行上看，我个人认为，他更像是一位佛教的中观家。他对世间的一切学说都只破不立，最后他说了这么一句话总结自己：你们都认为我是一个智者，实际上我知道的唯一的事，就是自己什么都不知道。

就这一点，知道自己什么都不知道，所以苏格拉底成了西方第一智者。作为一个智者，他周围有很多学生追随他。他来到雅典，当时雅典有很多大哲学家、大学问家，苏格拉底与他们一一辩论。他的辩论很有意思，见面时先说自己是雅典城里面最无知的人，是来向您这位德高望重的大师请教问题的。您认为您的学问中最根本、最好的是什么东西？有的说是爱、博爱。苏格拉底又接着问，那您这个爱是有分别的爱还是无分别的爱呢？如果是有分别的，那么对好人爱，对坏人还爱不爱？如果是无分别的，您对坏人也爱，那对好人就是不公平的……就这样一步一步，他把雅典城里所有的大学问家都逼到自相矛盾、哑口无言的地步。到了后来，他引起了上层社会的公愤，说他不信神灵，还用歪理邪说教坏了青年，然后经过很严格的法律程序，投票表决要将苏格拉底处死。当时虽然判了死刑，但又觉得苏格拉底确实是一个很有智慧的人，也没有做过什么真正的坏事，就想给他留一条生路，只要他承认自己的学说是歪理邪说，愿意悔改，就可以赦免他。但是，苏格拉底死不认错，很平静地接受了他的命运。在临终的时候，有人问他还有什么事情没交待？他突然想起，说自己还欠别人一只公鸡，让学生帮自己还了。

苏格拉底就是这样一个人，号称西方第一智者。但他的智慧是什么？就是知道自己什么都不知道。这就是“蒙以养正”的感觉。

对于“蒙以养正”，我们若能切身体会，那是非常奇妙、非常精彩的。不管是东方文化还是西方文化，在这点上也都是相通的。我们学习传统文化，要记住西方文化中优秀的东西，我们也要善于吸纳，不要在东、西方文化之间，树立起了一道人为的樊篱。

【停在该停的地方】

下面再来看看艮卦。艮卦比蒙卦要稍微难理解一点。“艮其背，背非见也。”这个背有好几种说法，有的认为这个背实实在在就是指人的背，背就是艮。从中医上来说，把人体各个部分用《易经》的卦来代表，比如背是艮，头是乾，腹是坤……但是从卦辞上看，背指的是背面的意思，因为艮卦最核心的象征是止，停止，所谓艮止，止又有背面的意思。《易经》是最讲阴阳的，从一般的角度来看，阳是清楚的部分，太阳照到的地方；阴指的是背面，就和月亮一样，我们看到的永远是月亮阳的那一面，阴的那面我们看不到，这就是背面的意思。

艮卦的卦辞说：“艮其背，不获其身。行其庭，不见其人，无咎。”由于它处在背面，那么我们要想找到背面的东西是找不到的。虽然我们找不到背面的东西，但是我们又时时刻刻地受到它的影响，始终在它的阴影之中，所以是“行其庭，不见其人”。万事万物其实都是这样一种状态。周敦颐先生对这个“艮其背”的解释也是如此，也是指背面的意思。所以他说：“艮其背，背非见也。”背面的东西我们看不到，是从这个感觉上来说的。

我们再看看艮卦的彖辞：“时止则止，时行则行。”真正碰到南墙的时候，我们该回头的还是要回头；同样的道理，我们该大胆往前走的时候，就要大胆前行。如果你反其道而行，该止的时候你不止，该行的时候你不行，那就会给自己带来麻烦。“动静不失其时，其道光明”，艮卦所代表的精神就是“动静不失其时”，这就前景一片光明。“艮其止，止其所也”，艮是要让我们止，那么止在什么地方呢？就是“止其所也”，就是在当下这个地方，当下我们就要止住！其所，就是当止则止的这个地方。如果我们面对了一个真正不可逾越的东西，不能说我要耍蛮，要强行通过，这样就是犯傻了。应该就在这个地方停止下来，找一找自己的位置，看清周围的环境，认清事物的变化趋势。“上下敌应，不相与也”，周敦颐先生之所以前面说“艮其背，背非见也”，这也是从卦象的角度来看，艮卦上下皆艮，互相都是背离的。你看，初爻和四爻都是阴爻，是相背离的；二爻和五爻也都是阴爻，还是不能相通；三爻和上爻都是阳爻，也不能互补沟通。整个上下卦的爻位都是“上下敌应，不相与也”，是互相排斥的。所以“是以不获其身，行其庭，不见其人，无咎也。”

艮卦大象辞说：“兼山，艮。君子以思不出其位。”兼山，指两重山，艮卦的上艮下艮，是两座山重在一起。那么它在精神方面所代表的意义是什么呢？就是“君子以思不出其位。”艮止艮止，要止在哪里啊？要止得其所。止得其所，就是止于自己所处的位置，也就是“思不出其位”。我们做事情、想问题都不能过，不能超出自己的位置，不能越过自己所能了知的范围，做好自己的本分事就行了。

【知止守中，从心所欲】

为什么周敦颐先生要把艮卦放在《周子通书》的最后呢？这是因为艮卦对于心性修养来说，是非常关键的启示。不管是儒家还是佛家、道家，在这一点上都是如此。比如佛教讲止观法门，首先强调的就是要止。有些人就会说了，我是一开始就直接修观的。然而，如果没有得止，那观肯定是修不起、观不起来的。这是因为止和观是一体不二的，止是止你心中的妄念，能够把妄念控制住、停止住，这个时候你才有能力修观。如果你连妄念都止不住，那你还观什么呢？你想观这个，但妄念一来，你就跟着跑了。所以修观的同时，也就是在修止，否则你就观不起来。佛教讲“止观双运”，其实修止是最根本、最重要的。道教讲“致虚极，守敬笃”，也是同样的道理，要虚到极致之处，要敬到笃的程度，这仍然是在修止上的功夫。

周敦颐先生的学养经验，最初确实是通过参禅得来的。他曾参学过当时众多大禅师，如寿涯禅师、东林常总禅师、黄龙慧南禅师、黄龙祖心禅师、佛印了元禅师等，确实在其中找到了感觉。想必大家对佛印了元禅师应该有些印象，他和苏东坡的交往非常深，他们之间的往来唱和也经常见于各种书籍。其实，周敦颐先生和佛印了元的交往也很深。

据《居士分灯录》的记载，周敦颐是佛印了元的法嗣。有这么一则公案，周敦颐去参佛印了元禅师，问："我们儒家讲"天命之谓性，率性之谓道"，而你们禅家为什么要讲无心是道呢？"佛印回答说："疑则别参。"如果你怀疑你们孔夫子和我们老佛爷的话，觉得两者之间是自相矛盾的话，你就别参了，或者到别处去参，不要来问我。周敦颐颐说："参则不无，毕竟以何为道？"我也不到别处参，也不去参另外的话头，我就是有此疑问，请问到底什么是道？佛印了元就说："满目青山一任看。"到处都是青山绿水，随便你看。周敦颐听了后，感觉老和尚答话很诗意，很舒服，就在禅师那里住了下来。有一天，他突然看见窗前的草长起来了，很青翠很茂盛，恍然一下就找到了感觉，顺口说道："与自家意思一般。"他立刻写了一首偈子呈给佛印了元：

昔本不迷今不悟，心融境会豁幽潜。
草深窗外松当道，尽日令人看不厌。

佛印禅师印可了周敦颐的悟境，并且还和了一偈，我这里也录出来供大家体会：

大道体宽无不在，何拘动植与蜚潜。
行观坐看了无碍，色见声求心自厌。

从此以后，周敦颐先生逢人就说："一部《法华经》，只消一个艮字可了。"意思是说老佛爷用心良苦啊，太慈悲了，讲了那么大一部《法华经》，太庞大了！说那么多干吗？还不如用《易经》的艮卦就解决问题了。后来有些佛教人士认为周敦颐的这句话太过分了，居然说老佛爷一部《法华经》还不如一个艮卦，岂有此理？不要说《法华经》了，如果说《易经》六十四卦不如一个艮卦，也都说不过去嘛！你把伟大的乾坤二卦放哪里呢？其实，我们也不必在这里拈过拿错，周敦颐先生讲这句话是有他的时节因缘，他针对的是我们心性修养具体的下手之处。佛教净土宗不是也说过："念一句佛号，胜过念释迦牟尼的三藏十二部。"藕益大师还说："一句阿弥陀佛，就是释迦本师于五浊恶世所得之阿耨多罗三藐三菩提法。"其实，这都是指具体的修行入手处而言，并不是说佛教的三藏十二部就真的不如一句佛号，或《法华经》真的就不如一个艮卦。

那么，艮卦的精神是什么？就是止！你看释迦牟尼修了那么多的苦行，遍参了九十六种外道，最后在菩提树下打坐，睹明星而悟道。他悟道后说的第一句话是什么？“止止不须说，我法妙难思。”他说的是止！止啊！他老人家悟道以后，就觉得没什么好说的了，也不要想多了。这就是要止！止！言语道断，心行处灭，不立文字，见性成佛。你如果还在东想西想，以为这个东西有多玄多妙，那就错了！

但是话又说回来，我们能不能止住这个念头？能不能把自己的一切情解意识都打掉？有些人一说到止，首先想到的就是什么念头都没有，什么感觉都没有，一切都静止不动了。这和一块木头、一块石头有什么区别？《信心铭》中说“止动归止，止更弥动”，这个内涵要好好参，才能过得了这一关。凡夫观念总是落在两边，不在这边就在那边，说空就落入顽空，说有又陷入实有，就是不能中道而行。那么，中道而行是什么感觉？很简单，就是艮卦大象辞的最后一句：“君子以思不出其位。”这个就是中道而行，就是真知止！我在什么位置就做什么事情，不出其位即真止，并不是我什么事情都不做了。

艮卦的精神对我们的心性修养，确实非常重要。夏代的《连山易》就是以艮卦作为第一个卦开头。这个大家可以在今后的学修中慢慢体会，你真体会到止的妙处了，那就真有修行入门的感觉了。总之，我们修行的入手处就在于此，而终结之处也在于此。

附录

《太极图说》讲记

无极而太极。太极动而生阳，动极而静；静而生阴，静极复动。一动一静，互为其根；分阴分阳，两仪立焉。阳变阴合，而生水、火、木、金、土。五气顺布，四时行焉。五行一阴阳也，阴阳一太极也，太极本无极也。五行之生也，各一其性。无极之真，二五之精，妙合而凝。乾道成男，坤道成女，二气交感，化生万物，万物生而变化无穷焉。惟人也得其秀而最灵。形既生矣，神发知矣。五性感动而善恶分、万事出矣。圣人定之以中正仁义而主静（自注：无欲故静），立人极焉。故圣人与天地合其德，日月合其明，四时合其序，鬼神合其吉凶。君子修之吉，小人悖之凶。故曰：立天之道，曰阴与阳。立地之道，曰柔与刚。立人之道，曰仁与义。又曰：原始反终，故知死生之说。大哉易也，斯之至也！

——《太极图说》【宋】周敦颐/著

引言

学完了《周子通书》，再来看《太极图说》，就会有很深的感觉。《周子通书》的核心思想与《太极图说》是一致的，只不过《太极图说》更精炼，纯粹用的是符号语言，概念也是点到即止，是整个周子学说的一个大纲。而《周子通书》呢，不仅有形而上的宇宙观、世界观，还具体到了形而下的社会道德、伦理，乃至儒家修齐治平等一系列的东西，它全都包含在里面了。

有了《周子通书》的基础，我们再把《太极图说》拿来学习，就把周敦颐先生的思想精华一次性学完了，而且，学习《太极图说》也是一个精神提纯的过程。

上篇：太极图的演化历程

万物何尝出此圆

我们现在到青羊宫也好，到道家的其他一些道观里也好，都会看到太极图。

一般人都以为太极图是道教的专利，实际上，太极图是儒家的专利，后来被道教反客为主借用了。使太极理论真正形成，把它真正推广和发挥出来的，还是周敦颐先生的《太极图说》。我们后来看到的太极图，是由一个圆圈里面的两条阴阳鱼，还有圈外的单八卦组成。

这个标准的太极图，一般叫“伏羲先天图”，出现得较晚，应在宋元以后，我没作具体的考证。我看到的资料，最早是从明代任道逊那里传出，他还写了一些咏太极的诗，这里录两首，供大家赏玩。

其一

太极中分一气旋，两仪四象五行全。
先天八卦浑沦具，万物何尝出此圆。

其二

造化根源文字祖，图成太极自天然。
当时早见周夫子，不费钻研作正传。

自从后面这个“伏羲先天图”出来以后，周敦颐先生的太极图就逐渐被人们忽视了。因为后者那种符号化的语言，那种一阴一阳、灵动活泼、浑然天成的图像，更具有神秘而抽象的美学意味，更容易被人接受。甚至于韩国人把它改头换面，放在自己的国旗上，所以韩国人又被叫作“太极虎”。虽然后后胜于前前，但可以肯定的是，周敦颐先生的太极图问世在先，而伏羲先天图传之在后，应是后人伪托伏羲之名而作。

太极图与佛教禅宗

周敦颐先生画这个太极图也有他的渊源。中国古代的哲学思想、天文观、宇宙观，用图像的形式来表示，唐代以前都很少见。最早是佛教，尤其是禅宗运用了很多图像来表示禅理。禅宗标榜不立文字，是怕学人执着在文字上。但是，你真的一字不写、一法不立，这个禅道、这个心灯又怎么能传得下去呢？所以，有人就用图像这么恍兮惚兮地表示一下。

最早运用这种方法的禅师，可能要上推到石头希迁和尚那里。石头和尚是六祖的小弟子，后来到了青原行思那里继续深造，成为一代大祖师。他写了个修行的口诀叫作《参同契》，把易学的思想纳入到了禅门的修行中来。

《参同契》里面有些句子相当有意思，比如："当明中有暗，勿以暗相随；当暗中有明，勿以明相睹。"就是说你的内心、你的思维处在明的状态时，你要知道有暗，有一个不可知、不可得的东西在背后。但是，你又不能随了这个无思无记的东西落入死水一潭中去。当你的心识处于昏暗不明的状态时，你就要提起这一念灵知的明来，但又要防止过了头。用《易经》知位守位的道理来讲，当你处在阳位时，你要知道阴位的存在，但是不要念头一随就转入阴位了；当你处在阴位的时候，你也要知道阳位，但也不能念头随着就转入阳位。总之要知位、守位，与周围环境和谐一致，不落一丝痕迹，始终处在太极图黑白分明的那条线上，可阴可阳，可进可退，始终保持心识的灵觉状态。

石头和尚的《参同契》里面有很多易学的思想，传说也是有图像的，但是从我看到的资料里面还没有查到。

到了唐朝南阳忠国师那里，他就喜欢直接用圆相符号把禅意表现出来。比如有人来问："什么是禅？"国师就伸出指头在空气里画一个圈，反问来参的人："会么？"据说，南阳忠国师曾画过九十六种圆相，用圆相符号来代表形而上的宇宙观，也表示禅的不可说。后来，禅宗到了沩仰宗这一派，他们的禅法讲究细致绵密、方圆默契，是禅宗里面把修行跟《易经》结合得很紧密的宗派。因为沩仰宗的第二代祖师仰山，就是从南阳忠国师的徒弟耽源禅师那里学过禅法，后来沩仰宗的香严智闲禅师开悟，也与南阳忠国师有不可思议的因缘。

记得我们讲《周子通书》的时候，就讲过香严禅师，他有一首著名的禅偈：

我有一机，瞬目示伊。
若人不会，别唤沙弥。

后来，这首偈子经仰山祖师的印可，就成为如来禅与祖师禅分野的标志。香严之所以开悟，也是因为被沩山所激，一个人跑到南阳忠国师的墓前，搭了个茅草棚，还说自己一辈子就住在这里当粥食僧，不走了。结果有一天他在地里耕作，拾起一块瓦片随意扔进竹林中，"哗啦"一声，他突然就顿悟了。

为什么我们在这里要说这么多禅宗的事呢？因为我们以前，可能都以为太极图是道教的版权，后来，才知道是周敦颐提出来的，是儒家的东西。然而，仔细追溯其来源，却又与佛教禅宗相关。所以，中华文化中儒、释、道三家，到后来是你中有我，我中有你，难以彻底分开。这也是其互补互融的一个例子，所以，我们后人大可不必产生门户之见，相互排斥。

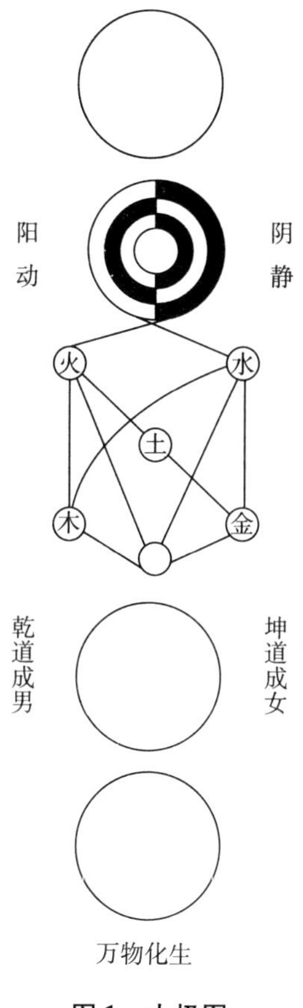

图1　太极图

麻衣道者与圭峰禅师

实际上，太极图涉及佛、道两教，最早是与唐朝后期有个叫麻衣道者的人有关。麻衣道者介乎佛道之间，亦佛亦道，神神秘秘，神龙见首不见尾，后世只有《麻衣相法》传世。相传他是宋初道士陈抟老祖的师父。这个麻衣道者将他的思想画成了一些图像，中间有些如“水火匡济图”“三五至精图”，等等。其实，所谓的“水火匡济图”和周敦颐先生太极图的第二个图一模一样；“三五至精图”呢，就是下面的第三个图，就是金、木、水、火、土所形成的相生相克关系图。

麻衣道者的“水火匡济图”，估计是借用圭峰宗密禅师所画的阿赖耶识图，也就是上面分阴分阳的第二个图。圭峰禅师就是用它，把佛教唯识学中八识的道理，完全表示出来了。

我本来想找一下历代有关这个“阿赖耶识图”的注释文字，但一时又没有找到。这里只好用我自己对唯识学的体会，把对这个阿赖耶识图的认识，简单给大家汇报一下。

我们先来看“阳动、阴静”的这个图。我在一旁把八识也列出来：眼耳鼻舌身（前五识）、意识（第六识）、末那识（第七识）、阿赖耶识（第八识）。

佛教讲八识，前五识就是我们的“眼耳鼻舌身”。我们人与世界的交流，完全就是通过“眼耳鼻舌身”这五识来进行交流的。这是我们人的内部精神与外部世界进行沟通的一个通道，或者说是一个桥梁。那么，我们眼睛所见、耳朵所闻、舌头所尝到的味道、身体的感觉，如果没有背后的东西作为支撑，就会完全不同。比如一个精神病人，他眼睛看到的东西和我们看到的完全一样，但是他对外界的东西没有反应，是因为他内部的这个“识”没有起作用。所以，前五识的根源，就在于内在于前五识的这个第六识，也就是我们的意识。

我们平常肚子饿了，身体发生了反应，马上就知道该去吃饭，而且知道吃什么好，吃什么不好，吃什么有营养，吃什么只不过填充一下肚子，等等。这些就是意识产生的作用。眼睛看到好看的东西，意识就会反映出很好，就有想要的感觉；或者看到一个害怕的东西，意识会让你躲避它。第六识，就是对前五识的感受，进行判断、推理、综合的作用，能够把外部事物综合成一个完整的概念。意识又从哪里来呢？它背后还有个东西，就是佛教所说的第七识，就是末那识。这个第七识，我们平时很难体会到和注意到，但它又时时处处在起作用。比如我们的呼吸，没人管它，它自然要一呼一吸；我们的血液不用你去指挥，它自己知道该怎么流动；我们吃进肚子里的东西，怎么消化、怎么分解，都由不得我们的意识做主，这都是第七识的作用。另外，我们每个人，你之所以是你，我之所以是我，之所以每个人都有区别，也是第七识在起作用。这个第七识，就是我们执着为“我”的根子。

最后的第八识，是人基本无法体会的东西。佛教说，第八识就是个大仓库，世界上万事万物，时间、空间里发生的一切，都可以装到这个仓库里面。它就是这么一个巨大的、没有时空概念的仓库，所以阿赖耶识又叫藏识，能收藏保存一切。你搞修行，如果想要在第八识上起作用，基本是不可能的。随你修什么法，都沾不到它的边，为什么沾不到边？下面我们会讲。这是唯识学中八识的基本道理。

浅说“阿赖耶识图”

我们再来看圭峰宗密禅师所做的这个阿赖耶识图，前五识就是最外面这一圈，左边是空白的，表示阳面，右边有阴影的，表示阴面。前五识里面，不管是眼耳鼻舌身哪个在起作用，看见一个东西、听见一个东西、感觉到一个东西，注意力就产生了一个作用。但是，只要我们用眼睛看了，有看到的东西，就有没看到的东西，外境上就有阴阳之分了。眼睛本身呢？眼睛哪怕是平常每天都睁开，晚上睡觉总要闭上，这时在眼识上，也就变成了阴的一面。我们的其他感觉也是如此。接触到的东西体现的是阳面，没有接触到，体现的就是阴的一面，总之，这就是前五识的作用。

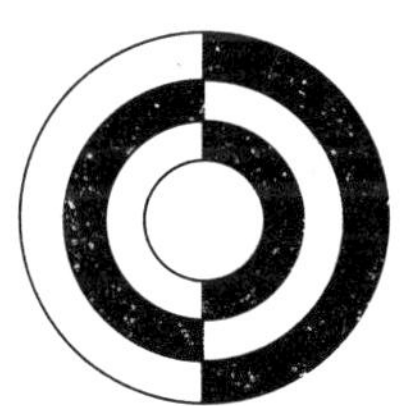

图 2　阿赖耶识图

再里面一层，就是进入第六识，即进入意识的层面，同样也是如此。我们意识到的，和没有意识到的，也要分阴阳。再往里一层进入第七识，更是如此。唯有最里面的第八识，是我们接触不到的，是一个完全的空白。

在这个阿赖耶识图上面，我们可以慢慢去体会。我们看每一层，比如最外一层是体现前五识，当它处于阳面的时候，我们的感觉器官异常灵敏，但是，紧挨着的里面一圈，即第六识，就处在阴面，就很迟钝。

我们自己平时也有这种体会。一旦你被好看、好吃、好喝、好玩的东西抓住了，眼耳鼻舌身这前五识，就处于很积极的一面，嘴里流口水、眼睛目不转睛、耳朵竖得老高、全身毛孔张开。这时，你的第六识，也就是你的意识就很蒙蔽了，你的理智也就处于很低下的位置了。所以，我们看那些被拉下水的贪腐官员，往往就是让人用钱财酒色给迷惑了，让他的前五识处于很阳亢、很兴奋的状态，这时候的人，他的第六识就是一片混沌。

所以，我们平时要小心，不要随随便便就被前五识牵着鼻子转了。人和动物最大的区别，也就是在第六识上面。人的前五识几乎都赶不上动物，猫眼睛、狗鼻子、兔耳朵……我们哪一样都赶不上这些动物。但是，正因为人在前五识上的偏弱，我们的第六识才非常强大，所以，人的理性、人的意识，是任何动物都赶不上的。

同理，第六识和第七识的关系也是如此，我们一看这个图，就清清楚楚了。在《宝镜三昧》中，洞山祖师有一句“夜半正明，天晓不露”的话，我们结合这个阿赖耶识图来体会一下，是不是有所悟啊？“夜半正明”啊，你晚上睡着了，关闭了自己的意识，把第六识停下来了，它对第七识的遮蔽就不起作用了，这时，第七识不就“明”起来了嘛！——我们说第七识管着我们意识所不能控制的部分，一旦它“明”起来了，那么，我们被前六识折腾了整个白天的身心，也就得到了很好的恢复。所以，这又说到现代人不良的生活习惯上来了，大家要好好守子时，好好睡觉，不要老是熬夜不睡。那么“天晓不露”又怎么讲呢？天一亮，你的前六识一下子活跃起来了，当然第七识就退居二线，处于阴面了，你的意识就感觉不到它的存在了。

唯识学在佛教里面毕竟是很难学的一门学问，中间还涉及了很多细微的名词术语。我们在这里，只能把八识的基本东西、基本特点说一下。比如第八识，阿赖耶识就有一个特点，即“恒而不审”。它是永恒的，没有任何变化，却是我们的意识达不到、认识不了的，它只是一个大仓库而已。第六识，即意识的一个特点是“审而不恒”。我们能够很清晰地意识到很多东西，产生概念、判断、推理，通过意识能够认识事物，认识很多抽象的规律，但是，它却不恒定，用一段时间就要休息。也许定力深厚的人，第六识的“审”的功能会强一些，时间会持续地更长久一些，但是，最终还是有“闪火”的时候，还是要休息才行。平常我们这些没有经过定力训练的人，就更容易风一吹，就跟着风走；火一燎，就跟着火走。不同的外境会产生不同的力量，就把你的鼻子牵住了，你的第六识就忽东忽西、忽强忽弱了。

最关键的是第七识，它的特点是“恒审思量”。你看，又恒又审，只不过我们平时没有意识到。只要我们还有这个人身，它就永远在起作用。它是恒常的，同时也是明白的，如果它不恒常，还时审时不审的话，那人就会处在断断续续的休克状态，而且第六识也就会有很大的问题。第七识非常重要，它确定了意识的主体。所以，在对个体的执着上，第七识上会有很强烈的反应。西方哲学上有一个要命的问题，就是“我是谁？我从哪里来？我到哪里去？”人们都认为有个“我”，这就是第七识的作用。不管别人怎么说，我们总是认为，这是我的，那是我的，总有一个“我”在那里，即使佛教里叫你要认识苦、空、无常、无我，你也成天努力想去做到无我，但是，谁在努力想做到无我啊？还是有个“我”在努力嘛！那么能够执着并确立一个“我”，就是第七识的作用。所以，虽然第七识有“恒审思量”的特点，但是它又有一个执着于“我”的成分在里面。

真正按唯识的道理去修行是很麻烦的，不是“转识成智”这么简单一句话就能解决的。唯识学的实修，最根本的要领，就是“六七因中转，五八果上圆”。第六识第七识，是可以通过我们的学修进行转化的。转第六识，就是要在意识、观念，要在正知正见上下功夫；转第七识，则是要在实际践行中，去落实你第六识所获得的正知正见。但是，前五识和第八识，修是修不好的，只能说是在转化第六识、第七识的过程中，自然产生变化，直到修行有了结果，有了成就以后，才能完全转识成智，智慧圆满。

以上是对“阿赖耶识图”谈了一下我个人的体会。我们理解了阿赖耶识图，对太极图的理解就很容易了。

顺则成人，逆则成仙

周敦颐先生的太极图，是直接来自五代到宋朝之间一个传奇的道士陈抟老祖。他作了一个“无极图”，后来，周敦颐先生反其道而用之，就演化成了“太极图”。这个陈抟老祖又称为华山瞌睡仙，据说他有时一觉就要睡好几个月。

有记载说，周世宗柴荣曾经把陈抟抓到京城里面去，因为陈抟预测天下即将大乱，还网罗了一大批游民组成了一支游击队，想等到天下大变后，参与逐鹿问鼎。柴荣把他抓进监狱之后，他就装傻，在里面呼呼大睡，一睡睡了一百多天。柴荣觉得这个人这么邋遢，而且只晓得睡觉，不像个要造反闹事的人，加之又听说他是一个修道的人，怕杀他会触犯天条，最后就把他放了。后来，据说赵匡胤在华山遇到陈抟的时候，陈抟一见赵匡胤，马上就把自己的队伍遣散，并预言此人今后将得天下。

陈抟是一个非常具有传奇色彩的人物。宋朝建国之后，他被皇帝请到了京城，供养得非常好，朝中的士大夫们也很喜欢与他来往。宋朝后来的一系列文化繁荣，往上几乎都可以与陈抟拉上关系。比如周敦颐先生的学说，尤其是这个《太极图说》，就是秉承陈抟所传的“无极图”而来的；而以易学闻名的邵雍，他的学说也是直接受启发于陈抟的先天易学。

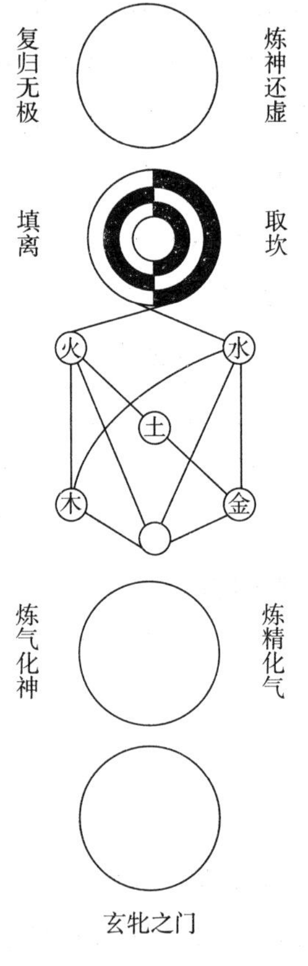

图3　无极图

周敦颐先生这里的图，和我画的“无极图”，图虽然一样，文字却不一样。我画的这个，实际上就是陈抟的“无极图”，只不过周敦颐先生通过自己对《易经》的把握，把这个“无极图”转化了成了“太极图”。周敦颐的“太极图”是从上而下来看，所谓“顺则成人”，儒家讲究社会人伦，行人间正道，所以是顺着来的。而陈抟的无极图，则体现的是道家“逆则成仙”，是采用与世人相反的方式，要从下往上来看，最后复归于无极而得道。

陈抟老祖的无极图

我们先来说说陈抟老祖的“无极图”。从下往上看，第一层是“玄牝之门”。从这点上来看，就是一个凡夫之人与修道之人的根本区别。只有进入了这道“玄牝之门”，一个人才开始了修道的历程。凡夫是触摸不到这个门的。《道德经》中说“谷神不死，是谓玄牝。玄牝之门，是谓天地根”，又说“玄之又玄，众妙之门”，也是同样的意思。

那么，这个“玄牝之门”到底是什么呢？道教历来把这个东西说得很神秘、很玄虚。其实，这道大门就是禅宗所讲的在心性上的那一个顿悟。所以，悟与不悟，是禅门修行的一道门槛。严格来说，悟之前是谈不上修的，因为不认识路头嘛，悟后才堪称真修。所以，禅宗讲悟后起修、悟后真修。

那么，悟后真修的内容是什么呢？就是陈抟“无极图”所画的这个过程。只不过禅宗有禅宗的风格，不执着于这些东西，也不这么明说而已。为什么要悟？就是要认识自己的心性，认识自己的本来面目，认识这个般若空性。你只有认识到了，才有资格进入“玄牝之门”，才不是盲修瞎炼，才是悟后真修。到了这一阶段之后，你自然会明白什么是“炼精化气，炼气化神”。实际上，从下面第二个图到上面的第二个图，都是“炼精化气，炼气化神”的过程。到了最上面，就是道家所说的“炼神还虚，复归无极”，这是最高的境界。

在“炼精化气，炼气化神”的过程中，修炼到了“五行图”这个部分，道家来讲就是“五气朝元”。什么嫣女元婴、三花聚顶、五气朝元，这些道家丹经的名词，听起来感觉很提劲、很神秘、很高深莫测，实际上也还是有具体所指的。所谓五气，就是五行的含义，只不过道家讲究气化、气功，五行通过气化的作用而继续上行归元，就是所谓的“取坎填离”。这也是道家的基本说法。我们讲《周子通书》的时候就讲过，“坎”“离”是《易经》八卦里很重要的两个卦。

“无极图”的每一个步骤要细说的话，又要花很多时间，因为这是道家修炼的一整套功夫，短时间内说不清楚，我也没有实际操练过，更没能力说清楚了。我们这里只要有这么一个基本概念就行了。

“顺则成人，逆则成仙”，这就是儒家与道家在修行路数上的这么一种取舍、一种区别。按佛教的说法，这就是愿力不同，状态和路数就各不相同。在整个丹道家的修行里面，都是拿自己的身体做实验，这一系列过程都是在自家身心里发生作用的，所以，道家的修炼是把时间和空间统统纳入到身体中来进行的。凡是真正进入修炼状态的人，身心总是在产生着变化，这些变化一步步就形成了不同的状态。陈抟画的这个“无极图”，就是用来表示丹道修炼时身心的一步步变化。

这个“无极图”代代相传，先是传给了陈抟的弟子种放，然后种放传穆修，穆修又传给寿涯禅师。由此可见，宋代前期的大师们，都是没有什么樊篱的。儒家学说也好，道家学说也好，佛家学说也好，大家都能够相互启发。周敦颐就是从寿涯和尚那里得到了“无极图”。我们讲《周子通书》第一章的时候，就讲到了周敦颐跟着寿涯禅师参禅的事情。

关于无极图的部分，我们就说到这里。下面我们就结合文字部分，来串讲周敦颐《太极图说》的正文。

下篇：《太极图说》正文略解

有无是个大问题

原文：“无极而太极。”

“无极而太极”，开宗明义，指的就是图1最上面那个白圈。无极和太极看起来是两个概念，实际上说的是同一个东西，只不过是不同学术系统里面，有不同的称呼而已。无极一词，来自于道家。《道德经》里面说：“知其白，守其黑，为天下式。为天下式，恒德不忒，复归于无极。”无极就是产生天地最根本的那个东西。而儒家的思想是直承《易经》，虽然《易经》的卦爻辞里并没有太极的说法，但传说孔夫子作《易传》之后，就有“故易有太极，是生两仪”这一说了。这说明易之阴阳二气、阴阳二仪，其来源就是太极。

儒家讲究的是顺生以成人，所以是太极生两仪，两仪生四象，四象生八卦，八卦依次重叠，形成了六十四个重卦，大千世界也就这样形成了，人类社会也就这样形成了。就像数学一样，以零为界，零以上的正数就代表儒家，1、2、3、4、5……以至于无穷无尽；零以下就是负数，就像道家学说一样，他理路正好相反。他讲的是“归”，一步步从宇宙万象回归于无极。虽然是两个不同的方向，但是我们要明白的是，无极就是太极，太极就是无极，只是他们的着眼点不一样。

所以，我们学习传统文化，有、无是一个大问题。无极，就像佛教里面所说的“空”的感觉；太极，好像是佛教里面所说的“有”的感觉，《心经》里面的句子大家已经很熟悉了，世间万物是空有不二的，“色即是空，空即是色，色不异空，空不异色”，色空是一个东西。一般人不明白这个理，容易理解成太极是从无极当中生出来的，觉得无极是太极的老妈，实际上，周敦颐先生的意思是，无极就是太极。

宋代的另一个大儒张载对此说法非常不高兴，觉得周敦颐把“无极”这个概念放进去，作为儒家的正统来说，其学术渊源就不正了。张载是反对“无极”这个说法的，后来还跟一心维护周敦颐的朱熹进行了多次辩论，但谁也说服不了谁，最终也没什么结果。我们不管他们的这些争论，但应该留意的是，周敦颐的《太极图说》，他的太极理论的来源，确实是从道家陈抟、种放、穆修，一直到寿涯和尚这里得来的。周敦颐是个很淳朴的人，不像后来的二程、朱熹，总还有点儒家正统的面子思想。比如二程从来就不提他们的老师周敦颐先生曾受到过禅家的印可，而朱熹更是把佛、道两家视为外道、偏门，认为儒家才是正门。

从文化史上来说，宋代理学产生，本来就是从禅宗那里受到了启发，这才回到儒学的原典里面，从《易经》《中庸》等典籍里面找到了可以与道家、佛家形成鼎立局面东西。这才完善了儒家的一套形而上的理论。

所以，周敦颐在这里很清晰地表明了“无极而太极”的看法，他明明白白地说了，道家所谓的“无极”，就是儒家所说的“太极”。我们看朱熹在这里的解释也说：“上天之载，无声无臭，而实造化之枢纽，品汇之根柢也。故曰：无极而太极。非太极之外，复有无极也。”他也是承认“无极”就是“太极”这种说法的。

动静与阴阳

原文：“太极动而生阳，动极而静，静而生阴。静极复动。一动一静，互为其根；分阴分阳，两仪立焉。”

这一句，说的就是图1中的第二个图了。“太极动而生阳”，我们学《周子通书》的时候也讲到了“至诚则动，动则变，变则化”。我们说周敦颐先生在《周子通书》里面，把“至诚”提高到了本体论的高度。本体论是什么呢？就是太极。在儒家学说里面，太极就是一个“至诚”的概念。至诚则动，所以“太极动而生阳”。

我们从这段文字里看来，感觉好像太极是先要动，由动生出个阳，然后又静下来，再生出个阴。其实不是这样的。“动极而静”，就是动的背后，也可以说是动到极处就会静下来，也可以说是动到极处就是静，只不过我们体会不到而已。其实，不管事物是动还是静，只要超出了我们的感官范畴，我们就感觉不到了。比如地球的运行变化，宇宙星体的运行变化，我们一般是感觉不到的。大地好像从来都那么安静，没有动过，实际上它里面动得很厉害，只是我们感觉不到。我们能体会到的大地之动，都是在非常的情况下，比如地震。

前面说“太极动而生阳，动极而静，静而生阴”，接着又说“静极复动”。我们看，这一静一动，是相互循环的过程。所以下面说“一动一静，互为其根”。其实，动和静之间，是一个瞬间的时间概念，动中有静，静中有动，是同时发生的，并不是说太极先有动，动了之后才有静，静了之后又复动。如果追溯到最深处，就会知道它是无所谓动，也无所谓静的。用佛教的说法，就是不生不灭、不垢不净。用中国本土的说法，就是“一阴一阳之谓道”，就是这样一种感觉，并不是一阴、一阳之外还有一个道，还有一个太极。只不过我们为了说明、认识这个太极，而把它强分为阴、阳这两种状态而已。实际上，如果离开了阴阳，你哪里去找得到一个太极啊!?

下面说“分阴分阳，两仪立焉。”从《易经》的角度出发，“易有太极，是生两仪”，就是分了阴阳二仪。两仪立焉，进一步就产生了乾坤二卦。这一段，我们就说到这里。

前面我们说到了“无极而太极”。不管是无极也好，还是太极也好，对于我们普通人来说，要理解它，首先就要从自身的角度去体会。传统文化讲究天人合一，天地是大宇宙，天地的变化是大化；人体是小宇宙，也遵从于太极阴阳的变化规律。所以古人说“天地一太极，人身一太极”，就是这个理。

我们书院很多朋友跟着胥老师学太极拳，就是要在自己的身体上找到太极的感觉，在每一招每一式中都要去体会阴阳的变化。同时在精神修养上面，不管是学禅还是学道，也都要在精神上面，在意识层面上去体会太极的感觉。就像前面我们谈到的“阿赖耶识图”，要在我们精神的各个层面中，去体会一阴一阳的变化。只要我们把这些东西都拉到自己身上来体会，在自己的精神中明明了了其间的变化，那么就不会走上弯路、歧路，就不会把这些东西仅仅当成学问来做，而是把它变成营养，在自己的身心性命上得到涵养。

从阴阳到五行的演化

原文：“阳变阴合，而生水、火、木、金、土。五气顺布，四时行焉。”

我们平常说五行，习惯上总是按金、木、水、火、土这样的顺序来说，但是，这里说“阳变阴合，而生水、火、木、金、土”，顺序是不同的。图上也是先生水、火，再生木、金、土。这个也是有自身的道理。

从《易经》卦象上来说，水、火对应的就是坎卦和离卦。我们看周敦颐“太极图”即图1中的第二个图“阳动阴静”，左半边其实是一个变了形的坎卦，右半边则是一个变了形的离卦。坎为水，离为火，是最能体现出阴阳五行的变化特点。因此，这里阳变阴合而首先生水、火，这个次序是很有道理的。要记住啊！这一套东西都是人的精神中体会出来的一套理论，并不是真的有太极这么一个东西，也并不是说真的就先有一个太极，然后又生出一汪水、一团火。不是这个意思。其实，本无先后可言，本无生灭可言，只是在人的精神中，在人的意识层面上，最先感受、最明显的感受，是从水、火这两种元素的变化中来的。

在荆门郭店的考古挖掘中，曾发现了一本远古的书籍，后来叫《郭店简帛书》，其中有一篇的名字叫《太一生水篇》。从这个篇名看，太一就是太极嘛，它也是说太极首先生水这样一个次序。所以，这里“阳变阴合，而生水、火、木、金、土”，在五行相生的顺序上，是有这么一个讲究的。

“五气顺布，四时行焉”。四时指的就是四季。正是因为有了五行之气的变化，才会产生春夏秋冬四季的交替。如果我们将阴阳五行的学说，和一年四季、东南西北的方位，还有天干地支结合起来，就可以形成以下的一些基本概念，比如说东方甲乙木，代表的是春天；南方丙丁火，是夏天；西方庚辛金，代表的是秋天；北方壬癸水，指冬天；中央戊己土，分属四季。如下图：

通过该图可以看到，天干、五行、四季都是一一相对应的。天干，就是“甲乙丙丁戊己庚辛壬癸”，这种对应就体现了五气的顺布。所谓顺布就是顺生，水生木，

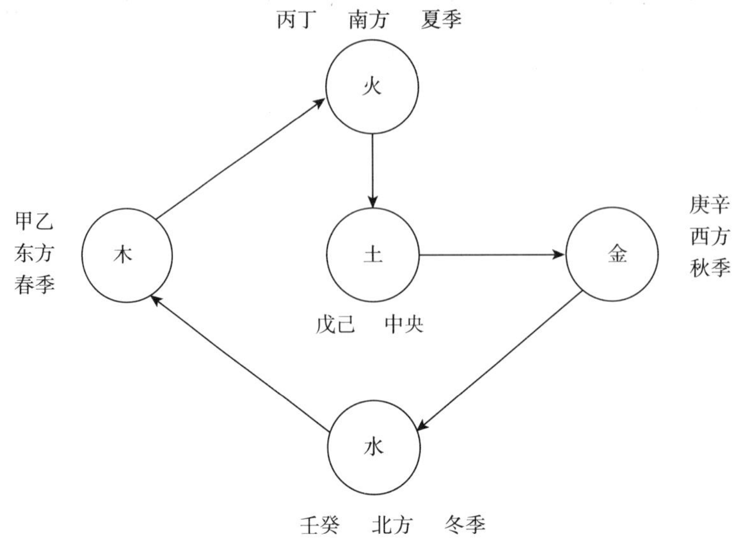

图4　五行四时干支相生图

树木有了水才能够生长，如果没有水那就成了沙漠了；木生火，木柴一直是人类最传统的生火材料；火生土，东西被火烧了以后就变成泥巴了；土生金，金属物质这些都是埋藏在土地里的；金反过来又生水。这就是一个五行顺生的过程。从季节来说，东方是春季，南方是夏季，西方是秋季，北方是冬季，中央是土。

为什么会把土放在中央呢？这是因为在四季里面都有土的作用。我们可以这样去理解，一年四季的运行，是站在地球的角度上来说的，是站在大地的角度上来说的；春夏秋冬的四季变化，也都是在大地上产生的。如果没有地球或不在地球上，而是站在太阳系其他的星球上面，或者不在太阳系而在其他星系，那就没有春夏秋冬这样的四季变化了。所以说土，代表了地球，它是春夏秋冬四季变化的基础，是分属四季的。另外，这个图也可以把十二地支、易经八卦等内容纳入进去。当然，这就复杂了。大家可以自己去试试看。

万物都是一合相

原文："五行一阴阳也，阴阳一太极也，太极本无极也。五行之生也，各一其性。"

这是对五行思想的发挥。"五行一阴阳也"，金木水火土这五行，也是要分阴分阳的。

我们看前面这个图，东方是甲乙木，南方丙丁火，西方庚辛金，北方壬癸水，中央戊己土。从十天干的顺序来看，甲乙丙丁戊己庚辛壬癸，其处在一、三、五、七、九这些阳位上的甲、丙、戊、庚、壬，当然就属阳；而处在阴位，即二、四、六、八、十这些位置上的乙、丁、己、辛、癸，则属阴。比如甲木就称为阳木，乙木就称为阴木；火也是如此，丙火为阳火，丁火为阴火，以此类推，金、水、土都是如此。中医里面也有此类说法，比如有人的表症是上火了，那么医生拿脉，最重要的就是判断其表症的阴阳，如果判断是阳火，那就需要泻一下，如果是阴火，那就不能采用泻的办法了。

“阴阳一太极也”。阴阳是太极所变化出来的，但实际上，太极是无时不变的，它从来就没有一个静止的时候。它是生生不息的，从来就没有一个起点，也没有一个终点。所以，阴阳本身就是太极。《易经》里说“一阴一阳之谓道”，如果道没有一阴一阳的这种变化来体现，那么就不能称之为道。所以我们反复说，太极并不是真有这么一个实在的、神奇的东西。尤其是我们刚刚开始学习这个“太极图”的时候，特别容易产生一个时间上的先后次序，好像图上的第一个圈圈是祖父，第二个圈圈是爷爷，第三个圈圈是父亲，第四个圈圈是儿子，好像就是这样一个一个生出来的。其实不是这样，这是为了让它形成一个理论，让我们能够通过这个理论去了解，不得不有了这样一个先后的顺序。但实际上，这一切东西都在一刹那同时俱足，一切都在我们当下这一瞬间形成。我们只有从这个角度出发，才能把这些理念跟我们自己当下一念所产生的这个心体，沟通起来。

所以，周敦颐先生说：“五行一阴阳也；阴阳一太极也；太极，本无极也。”这就又是“色即是空，空即是色”的感觉了。禅宗说“十世古今始终不离当念，无边刹土自他不隔毫端”，也完全是一个意思了。

“五行之生也，各一其性。”五行之生，指的是我们对五行道理的认识。我们产生了对金、木、水、火、土的认识，并以此衍生出五行各自不同的特性。在日常生活中，我们都会有这样一些认识，比如春生夏长、秋收冬藏、日升月落、昼伏夜出，等等。然而，如果从我们当下的这一刻，我们当下这一念产生的时候，是没有四季这样的分别的，当下就是当下，哪有其余！就像我们早晨刚醒来，刚刚进入了意识状态的时候，人是清醒的，同时脑子里又没有什么杂念。只有在第二念、第三念生起了，哦，今天是星期几了？啊，我要上班了；我要穿什么衣服呢？穿夹衣太热，得穿衬衫，于是才有了现在是夏天的概念。这个五行的道理也是一样。就是因为我们产生了要认识自然规律的这么一个念头，于是才会有了不同的概念产生，才会划分出不同的个性，不同的特点，这才有了我们现在所谈的五行，有了五行的不同的特征。

所以，五行的概念从我们人的精神中产生出来，就各自具有各自的特性。但是，五行本身产生于人的精神，这个是一体的。前面说“天地一太极”，万事万物也是一太极。我们只有在这种感觉上翻过去，才会对此有更深切、更实在的体会。

《金刚经》里面有一个“一合相”的说法：“如来说一合相，即非一合相，是名一合相。”一合相是什么？就是太极！就是天地万物一切，我们把这一切用一个词来表达，就是宇宙。实际上，离开了天地万物，并没有一个所谓的宇宙。宇宙就是天地万物的组合，就是一合相。宇宙里面有很多很多的东西啊！有星球，有生命，有各种各样的物质，有各种各样的元素。这样一细分，宇宙这个东西就找不到了，所以又不是一合相了，“即非一合相”了。而且，每个组成部分又有各自不同的组成。比如说“人”，这就是一合相，把我们所有人都概括完了。但是，“人”又非一合相，我们人又是由眼耳鼻舌身意四肢百骸等组成，并且在现代科学技术的研究下，发现某些人体内的细菌和我们人是共生的关系。细菌肯定不是人，但如果离开了这些细菌，人都无法存活了；而它离开了人，也找不到可以生存的地方居住，于是就寄住在我们的身体里面，在我们的血液里面。你这么一细分，“人”又没有了，只有五脏六腑等东西。所以，万事万物也都是一合相，又并非一合相，只是给它安上了一个名字而已。

我们以此来体会“五行一阴阳也；阴阳一太极也；太极，本无极也。五行之生也，各一其性。”就有豁然贯通的感觉了。如果我们把注意力投放在五行的某个侧面，那么这个侧面的“各一其性”的特性就表现出来了。但如果我们的注意力是全面的，超出了这些表象特征，那么它就是一体的，就是太极。

当下一念，妙合而凝

原文：“无极之真，二五之精，妙合而凝。乾道成男，坤道成女，二气交感，化生万物。万物生生，而变化无穷焉。”

这里对应的是图 1 太极图中倒数第二个圆圈，周敦颐先生这里也标明了“乾道成男，坤道成女”。那么，“无极之真”是什么？“二五之精”又是什么？这是很有说头的东西，但实际上真要说出个所以然来，又不好说。就像陶渊明说的那样：“此中有真义，欲辩已忘言。”这里面确实有真义，但要说出来却又找不到合适的语言来表达，然而展开来说的话，什么太极啊，无极啊，道啊，生生不已啊……可以分出很多很多的东西出来。

什么是无极之真？还是用佛学的概念来讲易懂一些，这个无极之真，就是般若，就是空性；用儒家的概念来讲，这个无极之真就是太极，就是《中庸》里说的这个中，就是我们精神中这个“喜怒哀乐之未发”的状态。那么“二五之精”呢？二，指的是阴阳二气，我们看到一个东西，意识中首先就会分出一个“二”来，分出阴阳来。比如说看到我，我是“一”，是阳，我之外的一切东西是另一个“一”，是阴，加起来就是“二”。我们对事物的判断，首先就有是非、好坏、上下、前后等的看法，总是用“二”来判断。五，指的是金、木、水、火、土这五行。阴阳的变化、五行的相生相克，前面说“五行顺布，四时行焉”，春夏秋冬这四季是五行相生所体现出来的一种正常状态。如果是相反的状态，即相克的话，那就很麻烦了。

但是，任何事情都是如此，有常态的存在，也有非常态的存在，有常道也有非常道。常态之下，大地都是安安静静的，很顺利平和的，万物自然生息；但是一到非常态的时候，就很麻烦了，“5・12”大地震所带来的破坏就是非常态，大家都是有目共睹的。我们的念头也是一样，念头一旦产生以后，就都会处在这样一种相对立的状态，所以我们眼中的万事万物，也都是处在一种“二”的状态。

“妙合而凝”，就是把无极之真、阴阳二气、金木水火土五行变化，等等这一切，合为一体，并凝固下来。所谓凝固，就是刚才所说的，要在自己身上找到这种感觉，要在当下一念上面找到感觉，并固化下来。

“乾道成男，坤道成女”。这里的男女，不是指的具体的男人女人，是指天地变化所能够生发万物的阴阳二气，而且更多的是从《易经》乾坤二卦的角度上来说的。“二气交感，化生万物。”通过“乾道成男，坤道成女”这二气的交感，就产生了万事万物。我们周围的任何事物，都是通过阴阳二气的交感而产生的，例子很多，举目可见，大家可以自己体会，我这里就不详举了。

“万物生生，而变化无穷焉。”我们看宇宙万物，一切的一切，都是从“无极之真”这么一点，生发出了阴阳二气，然后结合着金木水火土这五行的相互交感，相互变化，就产生了这个世界的万事万物，使这个世界变得丰富多彩。

人生天地间

原文：“惟人也，得其秀而最灵。”

周敦颐先生提出了前面这么一大堆理念，最后都要归结到“人极”上来，要为人立极，要为人的存在上，立下一个标准，而且是一个可以放之四海而皆准的标准。

“惟人也，得其秀而最灵。”周敦颐先生牢牢站在儒家以人为本的精神上，指出了在天地所化生的万物中间，只有人能够“得其秀而最灵”，只有人能够在万物中得到最灵秀的精神。只有我们人能够学习这些抽象而精辟的道理，没有谁看到过阿猫阿狗在学习“太极图”嘛！只有人在这里学，只有人才能够去理解这些东西。通过“得其秀而最灵”的精神，在自己的精神中间，就能找到这个感觉。除了人之外，其他的生物就不行了。周敦颐先生坚持儒家的以人为本，后面我们也要谈到，天是一极，地是一极，人独立于天地之间，是与天地并列的一极。我们只有明白了人在天地之间的位置，才会知道生而为人是多么珍贵！

佛家爱说人生难得，人是最难得的生命，在整个生命现象当中，在六道轮回当中，得到人身，那真是太不容易了！学佛的人，是不愿意到天上当神仙的，因为只有人才能真正理解这个道，才能真正得道，即使是天人，对道的体认都不如人。所以，佛家说任何修行都只有在人道上才能够成佛，天道是成不了佛的。当然地狱道、饿鬼道、畜生道这些就更不可能成佛了。因此，不管是佛教还是道教或是儒教，都把人放在了最重要的位置上。

人世纷纭，重归伊甸

原文：“形既生矣，神发知矣，五性感动，而善恶分，万事出矣。”

这里就指出了人事是怎么产生的。从最初我们得到了人身，有了人形，或者说父母精卵结合，在母亲的子宫里面有了最基本的人的形状后，到最后身体得到了完全，也就是“形既生矣”。这个时候，“神发知矣”，我们的精神就产生出来，与我们的身体相结合，于是可以认识世界，甚至有产生改造世界的智慧出来。有了我们人的智慧，有了我们人的精神，就能“五性感动”，使我们能够感受到金木水火土这五种基本元素的特性，你就知冷知热，知软知硬，就能对周围的事物有了直接的感受。紧接着，就会“善恶分”，就产生了善恶的区别。为什么感受到五行，就产生了善恶呢？实际上这里就表明了，人之所以要分善分恶，是因为趋利避害的本能，这种本能就是从五行的生克关系中体会出来的。五行相生，那就是很好的事情，比如树木要生长，我们就给它灌水，这是相生，对树来说是好事情，水生木嘛。反之是金克木，我们拿锯子把树锯掉，对树来说就不是好事情，它们相克了。

人对善恶好坏的认识，就是从五行的相生相克中体会出来的。比如我遇到一个人，他能帮助我，那就是相生，他对我而言就是好事情，即所谓得贵人相助。反之，这个人看上去有克我之相，或者命理五行与我是相克的，那就要远离他。这些观念，都是从五行生克中体会出来的善恶，而且这种善恶只有我们的精神才能体会出来，没有人的精神作用，首先五行的感觉就分不出来，更何况其余。

经过“形既生矣，神发知矣，五性感动，而善恶分”这一系列的过程后，结果就是“万事出焉”。这就出事了，很多很多的事情就随之而来了。但是，并不是说有了人，这些事才出来的，而是这些事本身就有，本身就存在那里，万事万物本身就存在，只不过有了我们人身，我们具备了可以认识五行生克作用的精神、智慧，万事万物之间的生克关系就在我们的精神中显现出来了。

基督教的《圣经》里说，亚当和夏娃是人类的始祖，自由自在地生活在伊甸园中。有一天，夏娃偷吃了智慧树上的果子，就产生了就能够区分万物的智慧，就有了美丑观念，知道了害羞，就有了男女、好坏的区分。有一天上帝到伊甸园来看他们，亚当和夏娃一害羞，马上就躲起来，然后拿树叶遮住了自己的身体，才出来见上帝。这下子，上帝知道他们偷吃了禁果，出事了，于是这对人类的始祖就被赶出了无忧无虑、一派混沌的伊甸园，开始了漫长而充满艰辛的流浪生活。这就象征了人类在大地上的命运。基督教里面把人类始祖偷吃禁果，也就是偷吃智慧之果这件事，称之为人类的原罪。这是任何人一生下来就带有的罪业。

《圣经》里的这段故事很精彩啊！实际上，世上本来就没有什么事，或者说，这个世界本来就是这样，一切现成。只不过有了我们人心的分别，也就是偷吃了智慧之果，这才产生了万事万物的差异。于是就有了是非好坏之分，矛盾产生了，趋利避害产生了，人类社会的钩心斗角、打打杀杀这些乱七八糟的东西也都产生了。当然，并不是说人心的这个分别作用完全就是坏事，但是呢，我们也要从正反两个方面都认识清楚。

基督教的理想是重返伊甸园，重新回到上帝的怀抱中，那么，人类的重返之道是什么呢？说白了，就是前面讲的陈抟的“无极图”，就是从“玄牝之门”到“复归无极”的那一套功夫；也就是老子《道德经》中“弃圣绝智”“见素抱朴”“道法自然”的这一整套学问。

中正仁义，静立人极

原文：“圣人定之以中正仁义，而主静，立人极焉。”

“圣人定之以中正仁义”，在这种万象纷纭的人事过程当中，唯有圣人能够做到中正仁义。中，就是不偏不倚；正，就是不歪不斜；仁，就是仁慈仁爱；义，就是责任感。《易经》中说“利者，义之和也”，有责任感以后，并且大家都遵循它，就肯定能够实现共赢，实现群体利益的最大化。

主静，这也是周敦颐思想的重要特点，也是通过对《易经》的贯通才产生的。我们在学习《周子通书》的时候，也学习了“慎动”。《易经》里也说，人心只要一动，就会产生吉、凶、悔、吝这四种结果，里面真正的好结果，只有吉一种，其他四分之三都是不好的结果，所以说要主静。这个主静，一方面可以理解为以静为主，另一方面可以理解成慎动。动的时候一定要小心，拿不准的时候最好还是静下来，让心处于静思静虑之中，直到有了把握再动。通过“主静”这么一个过程，我们才能认识到人心当中最优秀的状态，也就是中正仁义的状态。这种中正仁义的精神状态，就是“立人极焉”。

人极，就是做人的最终的目标，在儒家看来，也就是仁义中正的状态。如果不立这个仁义中正作为人极的话，那么人和其他的生物也就没有什么两样了，完全是趋利避害，完全是凭着生物的本能反应，和老虎豹子牛羊猫狗也就没什么区别了。一切生物的本能，超不出延续生命和繁衍后代这两种。所以，如果没有仁义中正在这个地方作为“人极”的标杆立起来，那么生而为人的最终目标，人之所以为人的意义，也就没有了。

人事须合于天理

原文："故圣人与天地合其德，日月合其明，四时合其序，鬼神合其吉凶。君子修之吉，小人悖之凶。"

这一句完全是《易经》里面的原句，我们在《周子通书》里面也说得很多了。圣人的德行是与天地相合的。天道自强不息、生生不息，地德柔顺朴实，厚德载物，人的心胸也要向大地一样的宽广，所以圣人与天地之德是相合的。

那么圣人的智慧呢，则是与"日月合其明"，圣人的精神是非常光明的，白天像太阳一样照耀大地，晚上像月亮一样为夜行人照亮道路，这是圣人的智慧。"四时合其序"，是指圣人的生命，圣人的精神，也与一年四季春夏秋冬的感觉是相合的。我们在讲《周子通书》时说，汉儒把仁义礼智信这五常与五行相配合，把自然界的春夏秋冬与人类社会的庆赏罚刑相配合，也有这种感觉在里面。"鬼神合其吉凶"，虽然孔夫子说过"敬鬼神而远之"，讲的是"未知生，焉知死"，但是从《易经》的角度上来体会的，又有更深一层的含义。

古人认为，人的意识、人的理性只能够认识世界的必然性和规律性，比如说我们能够根据经验和常理推出来，今天过了是明天，明天过了是后天，春天过了是夏天，夏天过了是秋天，一年四季就是通过一种规律性的判断能够推衍出来。但是，还有一些非理性的东西，是我们人找不到或者说还没有找到其中的规律性，这时所感觉到的，只是一种偶然性。人可以认识到必然性的东西，但是对于偶然性就很难能够认识。然而，人又时时受制于偶然性，处在偶然性和必然性的交集点上生烦恼，起祸端。我们的生命中既有必然性也有偶然性。这种没办法抓住的偶然性，古人就只好把它归之为"鬼神"，所谓"鬼神莫测之机"，也就是指偶然的难以预测性。

对于必然性我们可以理解，肚子饿了要吃饭，困了就要睡觉，该怎么做就怎么做。但是面对偶然性该怎么办？我们每一个人都经常要面对偶然性的取舍啊！那到底是取还是舍？到底是做还是不做？到底是有利还是不利？在这个左右两难之境，古人就会借助占筮来决定，来为自己作判断。

《易经》最早是纯粹以占筮功能而面世的。古人认为只有鬼神才能通达偶然性，于是通过占筮让鬼神来判断事情。实际上对于鬼神，我们现在大可不必迷信，以为在我们的精神之外还另有一个什么鬼神的存在。借用佛教唯识学的道理，我们的第七识，也称之为末那识，心理学称之为潜意识，就是我们精神深处的直觉判断。

我在讲《周子通书》的时候也说过，打卦真正就是一念之诚。心真正诚敬的时候，卦就准，否则卦就不准。古人没有心理学，他就解释为你心不诚的话，鬼神就不帮你，反之鬼神就会来帮你，所以你要敬鬼神。但是在现代心理学看来，只有心诚了，将心头的杂念排除以后，你潜意识的功能才会发挥出来，这个时候你所作出的判断才会比较准确。所以《易经》里说的这个鬼神，对于我们现代人来说，就可以理解为我们精神中的某种力量。

这里说圣人与“鬼神合其吉凶”是什么意思呢？因为圣人和我们普通人不一样，普通人心不至诚，只能对显表的规律性的、必然性的东西进行认识，对深层的、偶然性的事情就不能做出认识判断。而圣人呢，他的心念纯然，是“至诚而动”的，那么对偶然性的东西也能做出正确的判断，正确的认识。我们应该从这种角度来理解，而不是把它神秘化。圣人至诚，所以能够具有这种洞彻一切的精神能量，能够始终保持“洁静精微”的精神状态，自然就能够认识偶然性。

实际上，偶然性在根本上还是必然性，只不过偶然性背后的必然性原理，我们还没有找到而已。

“君子修之吉”，圣人之道，也就是中正仁义之道，君子如果能够真正发心发愿学修此道，那么肯定就能越来越吉祥太平，肯定是越来越有和气，人的精神肯定也越来越有喜神，那么做事情也就会越来越顺利。

“小人悖之凶”，小人呢，他不信这一套，他才不管什么仁义礼智信、什么仁义中正呢！只信奉“人不为己，天诛地灭”，所以他才不管那么多呢！小人不相信仁义礼智信这一套，面对偶然性也毫无办法的，就只有随风飘零，被命运之手牵着鼻子走，最终不会有什么好的结果。

三极立而正道生

原文：“故曰：立天之道，曰阴与阳；立地之道，曰柔与刚；立人之道，曰仁与义。又曰：原始反终，故知死生之说。”

这一段，是周敦颐先生对整个太极图的总结。“立天之道”，就是天极，就是所谓的天道，就是人与世界的本体，西方人称之为上帝、真主，是造物之主。在这里，周子认为对于天极，就是通过阴阳变化来体会，一阴一阳之谓道，要在这上面来找感觉。

“立地之道，曰柔曰刚”，对于地道，也就是地极，要在刚与柔的变化中找体会。大地有很温柔、很温和的时候，能够生发万物、承载万物，但是如果它刚起来呢，就很吓人了。另外，在大地的组成部分中，也有原野草地、湖泊河流、良田沃野这样柔性的事物，同时也有高山巨崖、冰川沙漠、岩石矿物等刚性的事物。所以，我们要细细去体会大地的这种一刚一柔的状态，也要在我们的精神中，去找一找这种刚柔相济的感觉。

“立人之道，曰仁曰义”，从仁义的角度上来体会人极，来体会作为一个人的终极目标。前面我们在讲“圣人定之中正仁义”的时候，对这个讲得很多，也讲得很清楚，这里就不再发挥了。

“原始反终，故知死生之说。”这就把道家思想和儒家思想结合在一起了。道家是反的，儒家是正的，一反一正，总之不断地循环，以此也就知道生死是怎么回事了。

佛教里面也经常说，要为生死而发菩提心。佛教的整个一套理论，也都是从生死这个问题上面建立起来的。传说释迦牟尼出家前，从他所居住城的四个门看到生、老、病、死这四种人，就感觉到自己作为王子，面对生老病死有什么用呢？还不是和他们一样的结果，还不如出家修行。后来出家修行得了道，解脱了生死，也创立了佛教。所以，佛教的这一整套系统，都是从“生死”二字中得来的。在这里，如果你真正明白了周敦颐先生所讲的，你明白了“太极图”的这一整套学修理论，并且能够真正身体力行，那么你的生死问题也能够得到解脱。

二程子之微意

原文：“大哉易也，斯其至矣！”

这里周敦颐先生大为赞叹，易学的精神太了不起了！简直达到了最广、最大、最深、最高、最极致的地步！

前面我们对周敦颐先生的《太极图说》简单地通说了一遍，基本框架、基本精神都说到了。大家有心要在这一套学问上深研的话，可以再通过对《易经》《周子通书》《参同契》等经典的研究，进一步有所深入。我这番讲解也就是提供一块敲门砖，让大家能够找到最基本的感觉，找到太极学说最基本的入口处。

朱熹在对《太极图说》最后的注释中提出了一点小疑问："抑尝闻之，程子昆弟之学于周子也，周子手是图以授之。程子之言性与天道多出于此。然卒未尝明以此图示人，是则必有微意焉。学者亦不可以不知也。"程颐、程颢两兄弟得到了周敦颐先生的"太极图"，从二程的学说里面也可以看得出来，他们在谈到心性和天道的时候，其理论就是从《太极图说》中来的。但是，为什么二程兄弟总是不把这个太极图拿出来示人呢？是不是有什么深意呢？

其实，二程兄弟标榜自己是儒家的正统，而这个"太极图"，里面确实有不少道家的精神和思想存在，确实是从陈抟"无极图"中变化而来的，而且，其中也包含了佛教的精神和方法。周敦颐"太极图"的根本元素，从他画出的圆相、分阴分阳的手法上看，确实往上要溯源到佛教禅宗那里。二程兄弟博览群书，当然对此是非常清楚的。更何况周敦颐本人并不隐讳这个渊源，在《弘益纪闻》中，就记载了周敦颐曾对人说："吾此妙心，实得启迪于南老，发明于佛印。易道义理，廓达之学，若不得东林开遮拂拭，断不能表里洞然，该贯弘博矣。"南老即黄龙慧南禅师，佛印、东林，则分别指佛印了元禅师和东林常总禅师。这些人都是当时第一流的大禅师，周敦颐丝毫不隐瞒他们对自己学问的启迪与引导。所以，周敦颐的确是一位非常自然通透的人，真正是一位得道高人，没有对他的学生隐瞒这些问题。从这里看来，二程兄弟跟其师相比，确实还是有那么一点点的分别心，还不能达到周子的那种坦然朴素的境界。

不过，二程兄弟的这种分别心，对后来宋明理学的传承和发扬，还是起到了一定的作用，让儒学重新占据了传统文化的主流地位。所以说，这也是仁者见仁，智者见智的事情。朱熹所谓的"必有微意"，大概也是说的这个意思吧！

后 记

2008年，从恩师冯学成先生手上正式接下龙江书院的第一年，本人首次系统开讲的第一部儒家经典，就是《周子通书》。当时初登杏坛，处处如临渊履冰，战战兢兢，凡开口之前，必做详细的教学预案。故此书讲完之时，忽有脱胎换骨之感，于历代圣贤所传旨要，恍然有会于心。

周敦颐先生为宋代新儒学开山鼻祖，其学精深渊奥，先得力禅悟，后证之于易庸，终会通于儒道禅三家，从此蔚为大观，开出了宋明理学与心学之端绪。周子之学，由太极而自在出入于三教，既圆融理事，又无后人支离与太简之弊。故今之学人，若从《周子通书》入手，再精研其《太极图说》，待知诚而行笃，功夫自然成片，当可直入中华圣学之殿堂，得传圣教之心髓。

本次印行之文本，以2008年所讲《周子通书》和《太极图说》的现场录音为基础。原龙江书院同仁胡晓宇先生，将全部录音听读、整理成文；慧韬书院同仁刘致远先生，将全文细分章节目次，精心编辑成最后的定稿；慧韬书院同仁赖辉霞、姚伟二位，承担了全书的校对工作。

谨向为本书付出心力的所有朋友，表示由衷的感谢！

史幼波·慧韬书院

2014年12月20日

互联网 +

	书名．作者	内容/特色	读者价值
互联网+	**移动互联新玩法：未来商业的格局和趋势** 史贤龙　著	传统商业、电商、移动互联，三个世界并存，这种新格局的玩法一定要懂	看清热点的本质，把握行业先机，一本书搞定移动互联网
	创造增量市场：传统企业互联网转型之道 刘红明　著	传统企业需要用互联网思维去创造增量，而不是用电子商务去转移传统业务的存量	教你怎么在“互联网 +”的海洋中创造实实在在的增量
	画出公司的互联网进化路线图：用互联网思维重塑产品、客户和价值 李　蓓　著	18 个问题帮助企业一步步梳理出互联网转型思路	思路清晰、案例丰富，非常有启发性
	7 个转变，让公司 3 年胜出 李　蓓　著	消费者主权时代，企业该怎么办	这就是互联网思维，老板有能这样想，肯定倒不了
	重生战略：移动互联网和大数据时代的转型法则 沈　拓　著	在移动互联网和大数据时代，传统企业转型如同生命体打算与再造，称之为“重生战略”	帮助企业认清移动互联网环境下的变化和应对之道
	跳出同质思维，从跟随到领先 郭　剑　著	66 个精彩案例剖析，帮助老板突破行业长期思维惯性	做企业竟然有这么多玩法，开眼界
	今后这样做品牌：移动互联时代的品牌营销策略 蒋　军　著	与移动互联紧密结合，告诉你老方法还能不能用，新方法怎么用	今后这样做品牌就对了
	互联网 +“变”与“不变”：本土管理实践与创新论坛集萃．2016 本土管理实践与创新论坛　著	本土管理领域正在产生自己独特的理论和模式，尤其在移动互联时代，有很多新课题需要本土专家们一起研究	帮助读者拓宽眼界、突破思维
	微商生意经：揭秘 33 个微商鲜为人知的赚钱秘诀 伏泓霖　罗晓慧　著	本书为 33 个真实案例，分享案例主人公在做微商过程中的经验教训	案例真实，有借鉴意义

行业类：零售、白酒、食品/快消品、农业、医药、建材家居等

	书名．作者	内容/特色	读者价值
零售·超市·餐饮·服装·汽车	**1. 总部有多强大，门店就能走多远** **2. 超市卖场定价策略与品类管理** **3. 连锁零售企业招聘与培训破解之道** **4. 中国首家未来超市：解密安徽乐城** **5. 三四线城市超市如何快速成长：解密甘雨亭** IBMG 国际商业管理集团　著	国内外标杆企业的经验 + 本土实践量化数据 + 操作步骤、方法	通俗易懂，行业经验丰富，宝贵的行业量化数据，关键思路和步骤
	涨价也能卖到翻 村松达夫　【日】	提升客单价的 15 种实用、有效的方法	日本企业在这方面非常值得学习和借鉴
	零售：把客流变成购买力 丁　昀　著	如何通过不断升级产品和体验式服务来经营客流	如何进行体验营销，国外的好经营，这方面有启发
	餐饮企业经营策略第一书 吴　坚　著	分别从产品、顾客、市场、盈利模式等几个方面，对现阶段餐饮企业的发展提出策略和思路	第一本专业的、高端的餐饮企业经营指导书
	赚不赚钱靠店长：从懂管理到会经营 孙彩军　著	通过生动的案例来进行剖析，注重门店管理细节方面的能力提升	帮助终端门店店长在管理门店的过程中实现经营思路的拓展与突破
	汽车配件这样卖：汽车后市场销售秘诀 100 条 俞士耀　著	汽配销售业务员必读，手把手教授最实用的方法，轻松得来好业绩	快速上岗，专业实效，业绩无忧

续表

白酒	**变局下的白酒企业重构** 杨永华　著	帮助白酒企业从产业视角看清趋势,找准位置,实现弯道超车的书	行业内企业要减少90%,自己在什么位置,怎么做,都清楚了
	1. 白酒营销的第一本书 **2. 白酒经销商的第一本书** 唐江华　著	华泽集团湖南开口笑公司品牌部长,擅长酒类新品推广、新市场拓展	扎根一线,实战
	区域型白酒企业营销必胜法则 朱志明　著	为区域型白酒企业提供35条必胜法则,在竞争中赢销的葵花宝典	丰富的一线经验和深厚积累,实操实用
	10步成功运作白酒区域市场 朱志明　著	白酒区域操盘者必备,掌握区域市场运作的战略、战术、兵法	在区域市场的攻伐防守中运筹帷幄,立于不败之地
	酒业转型大时代:微酒精选2014－2015 微酒　主编	本书分为五个部分:当年大事件、那些酒业营销工具、微酒独立策划、业内大调查和十大经典案例	了解行业新动态、新观点,学习营销方法
快消品·食品	**乳业营销第一书** 侯军伟　著	对区域乳品企业生存发展关键性问题的梳理	唯一的区域乳业营销书,区域乳品企业一定要看
	食用油营销第一书 余　盛　著	10多年油脂企业工作经验,从行业到具体实操	食用油行业第一书,当之无愧
	中国茶叶营销第一书 柏　龑　著	如何跳出茶行业"大文化小产业"的困境,作者给出了自己的观察和思考	不是传统做茶的思路,而是现在商业做茶的思路
	调味品营销第一书 陈小龙　著	国内唯一一本调味品营销的书	唯一的调味品营销的书,调味品的从业者一定要看
	快消品营销人的第一本书:从入门到精通 刘　雷　伯建新　著	快消行业必读书,从入门到专业	深入细致,易学易懂
	变局下的快消品营销实战策略 杨永华　著	通胀了,成本增加,如何从被动应战变成主动的"系统战"	作者对快消品行业非常熟悉、非常实战
	快消品经销商如何快速做大 杨永华　著	本书完全从实战的角度,评述现象,解析误区,揭示原理,传授方法	为转型期的经销商提供了解决思路,指出了发展方向
	一位销售经理的工作心得 蒋　军　著	一线营销管理人员想提升业绩却无从下手时,可以看看这本书	一线的真实感悟
	快消品营销:一位销售经理的工作心得2 蒋　军　著	快消品、食品饮料营销的经验之谈,重点图书	来源与实战的精华总结
	快消品营销与渠道管理 谭长春　著	将快消品标杆企业渠道管理的经验和方法分享出来	可口可乐、华润的一些具体的渠道管理经验,实战
	成为优秀的快消品区域经理 伯建新　著	37个"怎么办"分析区域经理的工作关键点	可以作为区域经理的'速成催化器'
	销售轨迹:一位快消品营销总监的拼搏之路 秦国伟　著	本书讲述了一个普通销售员打拼成为跨国企业营销总监的真实奋斗历程	激励人心,给广大销售员以力量和鼓舞
	快消老手都在这样做:区域经理操盘锦囊 方刚　著	非常接地气,全是多年沉淀下来的干货,丰富的一线经验和实操方法不可多得	在市场摸爬滚打的"老油条",那些独家绝招妙招一般你问都是问不来的
农业	**农资营销实战全指导** 张　博　著	农资如何向"深度营销"转型,从理论到实践进行系统剖析,经验资深	朴实、使用!不可多得的农资营销实战指导
	农产品营销第一书 胡浪球　著	从农业企业战略到市场开拓、营销、品牌、模式等	来源于实践中的思考,有启发
	变局下的农牧企业发展9大策略 彭志雄　著	食品安全、纵向延伸、横向联合、品牌建设……	唯一的农牧企业经营实操的书,农牧企业一定要看

续表

医药	**新医改下医药营销与团队管理** 史立臣　著	探讨新医改对医药行业的系列影响和医药团队管理	帮助理清思路，有一个框架
	医药营销与处方药学术推广 马宝琳　著	如何用医学策划把“平民产品”变成“明星产品”	有真货、讲真话的作者，堪称处方药营销的经典！
	新医改了，药店就要这样开 尚　锋　著	药店经营、管理、营销全攻略	有很强的实战性和可操作性
	电商来了，实体药店如何突围 尚　锋　著	电商崛起，药店该如何突围？本书从促销、会员服务、专业性、客单价等多重角度给出了指导方向	实战攻略，拿来就能用
	在中国，医药营销这样做：时代方略精选文集 段继东　主编	专注于医药营销咨询15年，将医药营销方法的精华文章合编，深入全面	可谓医药营销领域的顶尖著作，医药界读者的必读书
	OTC医药代表药店开发与维护 鄢圣安　著	要做到一名专业的医药代表，需要做什么、准备什么、知识储备、操作技巧等	医药代表药店拜访的指导手册，手把手教你快速上手
	引爆药店成交率1：店员导购实战 范月明　著	一本书解决药店导购所有难题	情景化、真实化、实战化
	引爆药店成交率2：经营落地实战 范月明　著	最接地气的经营方法全指导	揭示了药店经营的几类关键问题
	医药企业转型升级战略 史立臣　著	药企转型升级有5大途径，并给出落地步骤及风险控制方法	实操性强，有作者个人经验总结及分析
建材家居	**建材家居营销实务** 程绍珊　杨鸿贵　主编	价值营销运用到建材家居，每一步都让客户增值	有自己的系统、实战
	建材家居门店销量提升 贾同领　著	店面选址、广告投放、推广助销、空间布局、生动展示、店面运营等	门店销量提升是一个系统工程，非常系统、实战
	10步成为最棒的建材家居门店店长 徐伟泽　著	实际方法易学易用，让员工能够迅速成长，成为独当一面的好店长	只要坚持这样干，一定能成为好店长
	手把手帮建材家居导购业绩倍增：成为顶尖的门店店员 熊亚柱　著	生动的表现形式，让普通人也能成为优秀的导购员，让门店业绩长红	读着有趣，用着简单，一本在手、业绩无忧
	建材家居经销商实战42章经 王庆云　著	告诉经销商：老板怎么当、团队怎么带、生意怎么做	忠言逆耳，看着不舒服就对了，实战总结，用一招半式就值了
工业品	**解决方案营销实战案例** 刘祖轲　著	用10个真案例讲明白什么是工业品的解决方案式营销，实战、实用	有干货、真正操作过的才能写得出来
	变局下的工业品企业7大机遇 叶敦明　著	产业链条的整合机会、盈利模式的复制机会、营销红利的机会、工业服务商转型机会……	工业品企业还可以这样做，思维大突破
	工业品市场部实战全指导 杜　忠　著	工业品市场部经理工作内容全指导	系统、全面、有理论、有方法，帮助工业品市场部经理更快提升专业能力
	工业品营销管理实务 李洪道　著	中国特色工业品营销体系的全面深化、工业品营销管理体系优化升级	工具更实战，案例更鲜活，内容更深化
	工业品企业如何做品牌 张东利　著	为工业品企业提供最全面的品牌建设思路	有策略、有方法、有思路、有工具
	丁兴良讲工业4.0 丁兴良　著	没有枯燥的理论和说教，用朴实直白的语言告诉你工业4.0的全貌	工业4.0是什么？本书告诉你答案
	大客户营销，好策略带动强执行 叶敦明　著	从业务开发、发起攻势、关系培育、职业成长四个方面，详述了大客户营销的精髓	满满的全是干货
	营销取胜靠订单：订单驱动下的工业品营销实践 唐道明　著	其实，所有的企业都在围绕着两个字在开展全部的经营和管理工作，那就是“订单”	开发订单、满足订单、扩大订单。本书全是实操方法，字字珠玑、句句干货，教你获得营销的胜利

续表

金融	**交易心理分析** (美)马克·道格拉斯　著 刘真如　译	作者一语道破赢家的思考方式,并提供了具体的训练方法	不愧是投资心理的第一书,绝对经典
	精品银行管理之道 崔海鹏　何　屹　主编	中小银行转型的实战经验总结	中小银行的教材很多,实战类的书很少,可以看看
	支付战争 Eric M. Jackson　著 徐　彬　王　晓　译	PayPal 创业期营销官,亲身讲述 PayPal 从诞生到壮大到成功出售的整个历史	激烈、有趣的内幕商战故事! 了解美国支付市场的风云巨变
房地产	**产业园区/产业地产规划、招商、运营实战** 阎立忠　著	目前中国第一本系统解读产业园区和产业地产建设运营的实战宝典	从认知、策划、招商到运营全面了解地产策划
	人文商业地产策划 戴欣明　著	城市与商业地产战略定位的关键是不可复制性,要发现独一无二的"味道"	突破千城一面的策划困局

经营类:企业如何赚钱,如何抓机会,如何突破,如何"开源"

	书名. 作者	内容/特色	读者价值
抓方向	**让经营回归简单. 升级版** 宋新宇　著	化繁为简抓住经营本质:战略、客户、产品、员工、成长	经典,做企业就这几个关键点!
	企业由小到大要过哪些坎 卢　强　著	老板手里的一张"企业成长路线图"	现在我在哪儿,未来还要走哪些路,都清楚了
	企业二次创业成功路线图 夏惊鸣　著	企业曾经抓住机会成功了,但下一步该怎么办?	企业怎样获得第二次成功,心里有个大框架了
	老板经理人双赢之道 陈　明　著	经理人怎养选平台、怎么开局,老板怎样选/育/用/留	老板生闷气,经理人牢骚大,这次知道该怎么办了
	简单思考:AMT 咨询创始人自述 孔祥云　著	著名咨询公司(AMT)的 CEO 创业历程中点点滴滴的经验与思考	每一位咨询人,每一位创业者和管理经营者,都值得一读
	企业文化的逻辑 王祥伍　黄健江　著	为什么企业绩效如此不同,解开绩效背后的文化密码	少有的深刻,有品质,读起来很流畅
	使命驱动企业成长 高可为　著	钱能让一个人今天努力,使命能让一群人长期努力	对于想做事业的人,'使命'是绕不过去的
思维突破	**移动互联新玩法:未来商业的格局和趋势** 史贤龙　著	传统商业、电商、移动互联,三个世界并存,这种新格局的玩法一定要懂	看清热点的本质,把握行业先机,一本书搞定移动互联网
	画出公司的互联网进化路线图:用互联网思维重塑产品、客户和价值 李　蓓　著	18 个问题帮助企业一步步梳理出互联网转型思路	思路清晰、案例丰富,非常有启发性
	重生战略:移动互联网和大数据时代的转型法则 沈　拓　著	在移动互联网和大数据时代,传统企业转型如同生命体打算与再造,称之为"重生战略"	帮助企业认清移动互联网环境下的变化和应对之道
	创造增量市场:传统企业互联网转型之道 刘红明　著	传统企业需要用互联网思维去创造增量,而不是用电子商务去转移传统业务的存量	教你怎么在"互联网 +"的海洋中创造实实在在的增量
	7 个转变,让公司 3 年胜出 李　蓓　著	消费者主权时代,企业该怎么办	这就是互联网思维,老板有能这样想,肯定倒不了
	跳出同质思维,从跟随到领先 郭　剑　著	66 个精彩案例剖析,帮助老板突破行业长期思维惯性	做企业竟然有这么多玩法,开眼界
	麻烦就是需求　难题就是商机 卢根鑫　著	如何借助客户的眼睛发现商机	什么是真商机,怎么判断、怎么抓,有借鉴
	2015 本土管理实践与创新论坛思想荟萃	加速本土管理思想的孕育诞生,促进本土管理创新成果更好地服务企业、贡献社会	各个作者本年度最新思想,帮助读者拓宽眼界、突破思维

续表

管理类:效率如何提升,如何实现经营目标,如何“节流”			
	书名．作者	内容/特色	读者价值
通用管理	1. 让管理回归简单．升级版 2. 让经营回归简单．升级版 3. 让用人回归简单 宋新宇　著	宋博士的“简单”三部曲,影响20万读者,非常经典	被读者热情地称作“中小企业的管理圣经”
	边干边学做老板 黄中强　著	创业20多年的老板,有经验、能写、又愿意分享,这样的书很少	处处共鸣,帮助中小企业老板少走弯路
	阿米巴经营的中国模式 李志华　著	让员工从“要我干”到“我要干”,价值量化出来	阿米巴在企业如何落地,明白思路了
	阿米巴中国落地实践三部曲之科学划分阿米巴 胡八一　著	重点讲解如何科学划分阿米巴单元,阐述划分的实操要领、思路、方法、技术与工具	最大限度减少“推行风险”和“摸索成本”,利于公司成功搭建适合自身的个性化阿米巴经营体系
	欧博心法:好管理靠修行 曾　伟　著	用佛家的智慧,深刻剖析管理问题,见解独到	如果真的有‘中国式管理’,曾老师是其中标志性人物
流程管理	1. 用流程解放管理者 2. 用流程解放管理者2 张国祥　著	中小企业阅读的流程管理、企业规范化的书	通俗易懂,理论和实践的结合恰到好处
	跟我们学建流程体系 陈立云　著	畅销书《跟我们学做流程管理》系列,更实操,更细致,更深入	更多地分享实践,分享感悟,从实践总结出来的方法论
战略落地	公司大了怎么管:从靠英雄到靠组织 AMT 金国华　著	第一次详尽阐释中国快速成长型企业的特点、问题及解决之道	帮助快速成长型企业领导及管理团队理清思路,突破瓶颈
	低效会议怎么改:每年节省一半会议成本的秘密 AMT 王玉荣　著	教你如何系统规划公司的各级会议,一本工具书	教会你科学管理会议的办法
	年初订计划,年尾有结果:战略落地七步成诗 AMT 郭晓　著	7个步骤教会你怎么让公司制定的战略转变为行动	系统规划,有效指导计划实现
企业案例·老板传记	宗:一位制造业企业家的思考 杨　涛　著	1993年创业,引领企业平稳发展20多年,分享独到的心得体会	难得的一本老板分享经验的书
	简单思考:AMT咨询创始人自述 孔祥云　著	著名咨询公司(AMT)的CEO创业历程中点点滴滴的经验与思考	每一位咨询人,每一位创业者和管理经营者,都值得一读
	六个核桃凭什么:从0到150亿 张学军　著	首部全面揭秘养元六个核桃裂变式成长的巨著	学习优秀企业的成长路径,了解其背后的理论体系
	三四线城市超市如何快速成长:解密甘雨亭 IBMG国际商业管理集团　著	国内外标杆企业的经验+本土实践量化数据+操作步骤、方法	通俗易懂,行业经验丰富,宝贵的行业量化数据,关键思路和步骤
	中国首家未来超市:解密安徽乐城 IBMG国际商业管理集团　著	本书深入挖掘了安徽乐城超市的试验案例,为零售企业未来的发展提供了一条可借鉴之路	通俗易懂,行业经验丰富,宝贵的行业量化数据,关键思路和步骤
	借力咨询:德邦成长背后的秘密 官同良　王祥伍　著	讲述德邦是如何借助咨询公司的力量进行自身与发展的	来自德邦内部的第一线资料,真实、珍贵,令人受益匪浅
人力资源	回归本源看绩效 孙　波　著	让绩效回顾“改进工具”的本源,真正为企业所用	确实是来源于实践的思考,有共鸣
	曹子祥教你做绩效管理 曹子祥　著	复杂的理论通俗化,专业的知识简单化,企业绩效管理共性问题的解决方案	轻松掌握绩效管理
	把招聘做到极致 远　鸣　著	作为世界500强高级招聘经理,作者数十年招聘经验的总结分享	带来职场思考境界的提升和具体招聘方法的学习
	人才评价中心．超级漫画版 邢　雷　著	专业的主题,漫画的形式,只此一本	没想到一本专业的书,能写成这效果

续表

人力资源	**走出薪酬管理误区** 全怀周　著	剖析薪酬管理的8大误区,真正发挥好枢纽作用	值得企业深读的实用教案
	集团化人力资源管理实践 李小勇　著	对搭建集团化的企业很有帮助,务实,实用	最大的亮点不是理论,而是结合实际的深入剖析
	我的人力资源咨询笔记 张　伟　著	管理咨询师的视角,思考企业的HR管理	通过咨询师的眼睛对比很多企业,有启发
	本土化人力资源管理8大思维 周　剑　著	成熟HR理论,在本土中小企业实践中的探索和思考	对企业的现实困境有真切体会,有启发
	HRBP是这样炼成的之"菜鸟起飞" 新　海　著	以小说的形式,具体解析HRBP的职责,应该如何操作,如何为业务服务	实践者的经验分享,内容实务具体,形式有趣
企业文化	**华夏基石方法:企业文化落地本土实践** 王祥伍　谭俊峰　著	十年积累、原创方法、一线资料,和盘托出	在文化落地方面真正有洞察,有实操价值的书
	企业文化的逻辑 王祥伍　著	为什么企业之间如此不同,解开绩效背后的文化密码	少有的深刻,有品质,读起来很流畅
	企业文化激活沟通 宋杼宸　安　琪　著	透过新任HR总经理的眼睛,揭示出沟通与企业文化的关系	有实际指导作用的文化落地读本
	在组织中绽放自我:从专业化到职业化 朱仁健　王祥伍　著	个人如何融入组织,组织如何助力个人成长	帮助企业员工快速认同并投入到组织中去,为企业发展贡献力量
	企业文化定位·落地一本通 王明胤　著	把高深枯燥的专业理论创建成一套系统化、实操化、简单化的企业文化缔造方法	对企业文化不了解,不会做?有这一本从概念到实操,就够了
生产管理	**高员工流失率下的精益生产** 余伟辉　著	中国的精益生产必须面对和解决高员工流失率问题	确实来源于本土的工厂车间,很务实
	车间人员管理那些事儿 岑立聪　著	车间人员管理中处理各种"疑难杂症"的经验和方法	基层车间管理者最闹心、头疼的事,'打包'解决
	1. **欧博心法:好管理靠修行** 2. **欧博心法:好工厂这样管** 曾　伟　著	他是本土最大的制造业管理咨询机构创始人,他从400多个项目、上万家企业实践中锤炼出的欧博心法	中小制造型企业,一定会有很强的共鸣
	欧博工厂案例1:生产计划管控对话录 **欧博工厂案例2:品质技术改善对话录** **欧博工厂案例3:员工执行力提升对话录** 曾　伟　著	最典型的问题、最详尽的解析,工厂管理9大问题27个经典案例	没想到说得这么细,超出想象,案例很典型,照搬都可以了
	苦中得乐:管理者的第一堂必修课 曾　伟　编著	曾伟与师傅大愿法师的对话,佛学与管理实践的碰撞,管理禅的修行之道	用佛学最高智慧看透管理
	比日本工厂更高效1:管理提升无极限 刘承元　著	指出制造型企业管理的六大积弊;颠覆流行的错误认知;掌握精益管理的精髓	每一个企业都有自己不同的问题,管理没有一剑封喉的秘笈,要从现场、现物、现实出发
	比日本工厂更高效2:超强经营力 刘承元　著	企业要获得持续盈利,就要开源和节流,即实现销售最大化,费用最小化	掌握提升工厂效率的全新方法
	比日本工厂更高效3:精益改善力的成功实践 刘承元　著	工厂全面改善系统有其独特的目的取向特征,着眼于企业经营体质(持续竞争力)的建设与提升	用持续改善力来飞速提升工厂的效率,高效率能够带来意想不到的高效益
	3A顾问精益实践1:IE与效率提升 党新民　苏迎斌　蓝旭日　著	系统的阐述了IE技术的来龙去脉以及操作方法	使员工与企业持续获利

续表

员工素质提升	**跟老板"偷师"学创业** 吴江萍　余晓雷　著	边学边干，边观察边成长，你也可以当老板	不同于其他类型的创业书，让你在工作中积累创业经验，一举成功
	销售轨迹：一位快消品营销总监的拼搏之路 秦国伟　著	本书讲述了一个普通销售员打拼成为跨国企业营销总监的真实奋斗历程	激励人心，给广大销售员以力量和鼓舞
	在组织中绽放自我：从专业化到职业化 朱仁健　王祥伍　著	个人如何融入组织，组织如何助力个人成长	帮助企业员工快速认同并投入到组织中去，为企业发展贡献力量
	企业员工弟子规：用心做小事，成就大事业 贾同领　著	从传统文化《弟子规》中学习企业中为人处事的办法，从自身做起	点滴小事，修养自身，从自身的改善得到事业的提升
	手把手教你做顶尖企业内训师：TTT培训师宝典 熊亚柱　著	从课程研发到现场把控、个人提升都有涉及，易读易懂，内容丰富全面	想要做企业内训师的员工有福了，本书教你如何抓住关键，从入门到精通

营销类：把客户需求融入企业各环节，提供"客户认为"有价值的东西

	书名．作者	内容/特色	读者价值
营销模式	**变局下的营销模式升级** 程绍珊　叶　宁　著	客户驱动模式、技术驱动模式、资源驱动模式	很多行业的营销模式被颠覆，调整的思路有了！
	卖轮子 科克斯【美】	小说版的营销学！营销理念巧妙贯穿其中，贵在既有趣，又有深度	经典、有趣！一个故事读懂营销精髓
	弱势品牌如何做营销 李政权　著	中小企业虽有品牌但没名气，营销照样能做的有声有色	没有丰富的实操经验，写不出这么具体、详实的案例和步骤，很有启发
	老板如何管营销 史贤龙　著	高段位营销16招，好学好用	老板能看，营销人也能看
	动销：产品是如何畅销起来的 吴江萍　余晓雷　著	真真切切告诉你，产品究竟怎么才能卖出去	击中痛点，提供方法，你值得拥有
组织和团队	**升级你的营销组织** 程绍珊　吴越舟　著	用"有机性"的营销组织替代"营销能人"，营销团队变成"铁营盘"	营销队伍最难管，程老师不愧是营销第1操盘手，步骤方法都很成熟
	用数字解放营销人 黄润霖　著	通过量化帮助营销人员提高工作效率	作者很用心，很好的常备工具书
	成为优秀的快消品区域经理 伯建新　著	37个"怎么办"分析区域经理的工作关键点	可以作为区域经理的'速成催化器'
	一位销售经理的工作心得 蒋　军　著	一线营销管理人员想提升业绩却无从下手时，可以看看这本书	一线的真实感悟
	快消品营销：一位销售经理的工作心得2 蒋　军　著	快消品、食品饮料营销的经验之谈，重点突出	来源于实战的精华总结
	销售轨迹：一位快消品营销总监的拼搏之路 秦国伟　著	本书讲述了一个普通销售员打拼成为跨国企业营销总监的真实奋斗历程	激励人心，给广大销售员以力量和鼓舞
	用营销计划锁定胜局：用数字解放营销人2 黄润霖　著	全方位教你怎么做好营销计划，好学好用真简单	照搬套用就行，做营销计划再也不头痛
	快消品营销人的第一本书：从入门到精通 刘　雷　伯建新　著	快消行业必读书，从入门到专业	深入细致，易学易懂
营销案例	**解决方案营销实战案例** 刘祖轲　著	用10个真案例讲明白什么是工业品的解决方案式营销，实战、实用	有干货、真正操作过的才能写得出来
	招招见销量的营销常识 刘文新　著	如何让每一个营销动作都直指销量	适合中小企业，看了就能用

续表

营销案例	**我们的营销真案例** 联纵智达研究院　著	五芳斋粽子从区域到全国/诺贝尔瓷砖门店销量提升/利豪家具出口转内销/汤臣倍健的营销模式	选择的案例都很有代表性，实在、实操！
	中国营销战实录：令人拍案叫绝的营销真案例 联纵智达　著	51个案例，42家企业，38万字，18年，累计2000余人次参与……	最真实的营销案例，全是一线记录，开阔眼界
	双剑破局：沈坤营销策划案例集 沈　坤　著	双剑公司多年来的精选案例解析集，阐述了项目策划中每一个营销策略的诞生过程，策划角度和方法	一线真实案例，与众不同的策划角度令人拍案叫绝、受益匪浅
产品	**产品炼金术Ⅰ：如何打造畅销产品** 史贤龙　著	满足不同阶段、不同体量、不同行业企业对产品的完整需求	必须具备的思维和方法，避免在产品问题上走弯路
	产品炼金术Ⅱ：如何用产品驱动企业成长 史贤龙　著	做好产品、关注产品的品质，就是企业成功的第一步	必须具备的思维和方法，避免在产品问题上走弯路
	新产品开发管理，就用IPD 郭富才　著	10年IPD研发管理咨询总结，国内首部IPD专业著作	一本书掌握IPD管理精髓
品牌	**中小企业如何建品牌** 梁小平　著	中小企业建品牌的入门读本，通俗、易懂	对建品牌有了一个整体框架
	采纳方法：破解本土营销8大难题 朱玉童　编著	全面、系统、案例丰富、图文并茂	希望在品牌营销方面有所突破的人，应该看看
	中国品牌营销十三战法 朱玉童　编著	采纳20年来的品牌策划方法，同时配有大量的案例	众包方式写作，丰富案例给人启发，极具价值
	今后这样做品牌：移动互联时代的品牌营销策略 蒋军　著	与移动互联紧密结合，告诉你老方法还能不能用，新方法怎么用	今后这样做品牌就对了
渠道通路	**快消品营销与渠道管理** 谭长春　著	将快消品标杆企业渠道管理的经验和方法分享出来	可口可乐、华润的一些具体的渠道管理经验，实战
	传统行业如何用网络拿订单 张　进　著	给老板看的第一本网络营销书	适合不懂网络技术的经营决策者看
	采纳方法：化解渠道冲突 朱玉童　编著	系统剖析渠道冲突，21个渠道冲突案例、情景式讲解，37篇讲义	系统、全面
	学话术　卖产品 张小虎　著	分析常见的顾客异议，将优秀的话术模块化	让普通导购员也能成为销售精英
	向高层销售：与决策者有效打交道 贺兵一　著	一套完整有效的销售策略	有工具，有方法，有案例，通俗易懂
	通路精耕操作全解：快消品20年实战精华 周　俊　陈小龙　著	通路精耕的详细全解，每一步的具体操作方法和表单全部无保留提供	康师傅二十年的经验和精华，实践证明的最有效方法，教你如何主宰通路

思想·文化

	书名．作者	内容/特色	读者价值
思想·文化	**史幼波中庸讲记（上下册）** 史幼波　著	全面、深入浅出地揭示儒家中庸文化的真谛	儒释道三家思想融汇贯通
	史幼波心经讲记（上下册） 史幼波　著	句句精讲，句句透彻，佛法经典的多角度阐释	通俗易懂，将深刻的教理以浅显的语言讲出来
	史幼波大学讲记 史幼波　著	用儒释道的观点阐释大学的深刻思想	一本书读懂传统文化经典
	史幼波《周子通书》《太极图说》讲记 史幼波　著	把形而上的宇宙、天地，与形而下的社会、人生、经济、文化等融合在一起	将儒家的一整套学修系统融合起来